道路交通事故痕迹物证鉴定概论

冯　浩　潘少猷　编著

科学出版社
北京

内 容 简 介

本书论述了道路交通事故痕迹物证鉴定的专业理论和基础知识，主要内容包括：绪论、道路交通事故物证鉴定的现场勘验、道路交通事故痕迹鉴定、道路交通事故微量物证鉴定、道路交通事故涉案者交通行为方式鉴定、道路交通事故车辆安全技术状况鉴定、道路交通事故车辆速度鉴定、基于EDR的道路交通事故技术鉴定、道路交通事故信号灯指示状态鉴定。

本书内容系统、实用性强、适用范围广，可以作为从事道路交通事故技术鉴定的司法鉴定人、鉴定助理的专业技术培训教材，也可以作为道路交通事故调查和处理人员的技术参考书；本书还可以作为司法鉴定、交通工程、交通管理、汽车保险等专业的教材或教学参考书。

图书在版编目（CIP）数据

道路交通事故痕迹物证鉴定概论 / 冯浩，潘少猷编著. — 北京：科学出版社，2020.3

ISBN 978-7-03-063254-8

Ⅰ. ①道… Ⅱ. ①冯… ②潘… Ⅲ. ①公路运输－交通运输事故－痕迹学（法学）－司法鉴定 Ⅳ. ①U491.31 ②D918.91

中国版本图书馆CIP数据核字（2019）第249558号

责任编辑：谭宏宇 / 责任校对：郑金红
责任印制：黄晓鸣 / 封面设计：殷 靓

科学出版社 出版
北京东黄城根北街16号
邮政编码：100717
http: // www. sciencep. com
南京展望文化发展有限公司排版
上海时友数码图文设计制作有限公司印刷
科学出版社发行 各地新华书店经销

*

2020年 3 月第 一 版 开本：787 × 1092 1/16
2023年12月第四次印刷 印张：18 3/4
字数：410 000

定价：220.00元

（如有印装质量问题，我社负责调换）

前言

Preface

司法鉴定意见作为法定证据的一种，对于协助查明案件事实、保障诉讼活动顺利进行具有重要作用。道路交通事故中涉及的司法鉴定直接影响到事故认定，是每一起交通事故获得公平、公正处理和审理的重要技术保障。《中华人民共和国道路交通安全法》《中华人民共和国道路交通安全法实施条例》和《道路交通事故处理程序规定》等法规要求，道路交通事故处理中涉及专业性较强的检验，公安交通管理部门应当委托专门机构进行鉴定。随着我国司法改革的不断深入，大约从 2000 年开始，全国各地的道路交通事故检验、鉴定工作逐步从公安交通管理部门的事故处理工作中分离出来，实现了“侦鉴分离”，由案件承办单位根据调查需要委托专业的司法鉴定机构进行技术鉴定。经过近二十年的发展，司法鉴定已经成为道路交通事故调查的重要手段，司法鉴定意见已经成为道路交通事故处理和审理工作的主要依据。

为了规范道路交通事故相关痕迹物证检验鉴定工作的开展，促进鉴定技术发展，本书在回顾、总结我国道路交通事故痕迹物证鉴定近二十年探索发展历程的基础上，针对该专业缺少系统性理论支撑的现状和发展困境，围绕技术指导和专业建设两个方向，借鉴国内外关于道路交通事故调查和重建技术的基本方法和实践经验，以物理学和痕迹物证的相关基础理论为支撑，结合车辆工程、交通工程、痕迹学、微量物证、法医损伤、事故重建等相关学科和技术，探索构建道路交通事故痕迹物证司法鉴定专业的技术体系和理论方法，论述了目前该专业主要鉴定项目的目的、内容和技术方法，结合典型鉴定案例，从理论方法和鉴定实践两个方面，为广大读者提供了学习参考和借鉴。

本书共有九章，包括：第一章绪论、第二章道路交通事故物证鉴定的现场勘验、第三章道路交通事故痕迹鉴定、第四章道路交通事故微量物证鉴定、第五章道路交通事故涉案者交通行为方式鉴定、第六章道路交通事故中车辆安全技术状况鉴定、第七章道路交通事故车辆速度鉴定、第八章基于 EDR 的道路交通事故鉴定、第九章道路交通事故信号灯指示状态鉴定。其中，潘少猷负责第六章的编写，并参与了第一章、第八章的编写；罗仪文负责第四章的编写；冯浩负责本书其他章节的编写，并对全书进行统稿和定稿。本书部分内容汲取了司法鉴定科学研究院道路交通事故技术鉴定研究室近二十年的探索成果，在此衷心感谢陈建国老师和道路交通事故技术鉴定研究室全体同仁的大力支持和帮助。

本书编写过程中，参阅了部分国内外文献，若引用或理解存在不妥之处，敬请谅解，并借此向文献及资料的原作者表示衷心的感谢！

本书的出版得到了司法鉴定科学研究院、红十字会与红新月会国际联合会全球道路安全合作伙伴（Global Road Safety Partnership, GRSP）的资助，也得到了“十三五”国家重点研发计划项目课题“道路交通事故数字化仿真再现技术研究”（项目编号：2016YFC0800702-1）、国家自然科学基金面上项目“基于数字化现场重构的交通伤机制研究”（项目编号：81571851）等项目的资助。在此，作者一并表示感谢。

由于道路交通事故痕迹物证鉴定的内容和技术仍处于探索阶段，加之作者水平有限，书中如有粗谬之处，敬请读者批评指正。

冯　浩　潘少猷

二〇一九年十二月

目录

Contents

第一章
绪 论

据公安部交通管理局统计数据，2013～2017 年，全国共发生涉及人员伤亡的交通事故约 100 万起，平均每年约 20 万起。按照《中华人民共和国道路交通安全法》《中华人民共和国道路交通安全法实施条例》和《道路交通事故处理程序规定》等法规要求，道路交通事故处理中涉及专业性较强的检验，公安交通管理部门应当委托专门机构进行鉴定。鉴定意见将直接影响公安、法院等办案单位对事故的事实判断、原因分析、责任认定和司法审判，社会影响巨大。同时，随着我国法制化进程的不断推进，人民群众法律意识和维权意识不断提高，对于道路交通事故的相关鉴定意见普遍关注。

司法鉴定意见作为法定证据的一种，对于协助查明案件事实、保障诉讼活动顺利进行具有重要作用。2014 年 1 月司法部发布了《司法部关于推进公共法律服务体系建设的意见》，将司法鉴定明确为公共法律服务的组成部分之一。道路交通事故中涉及的司法鉴定意见直接影响到事故认定，是每一起交通事故获得公平、公正处理和审理的重要技术保障。

2019 年 7 月，中共中央办公厅、国务院办公厅印发了《关于加快推进公共法律服务体系建设的意见》，文件要求：积极为促进司法公正和社会公平正义提供法律服务。健全统一司法鉴定管理体制，加强司法鉴定管理与司法办案工作的衔接，健全鉴定负责制，统一司法鉴定标准，为案件事实认定提供技术支持。

随着我国司法改革的不断深入，在 2000 年左右，全国各地的道路交通事故检验鉴定工作开始从公安交通管理部门的事故处理工作中分离出来，逐步实现了“侦鉴分离”，由案件承办单位根据调查需要委托专业的司法鉴定机构进行技术鉴定。经过近二十年的发展，司法鉴定已经成为道路交通事故调查的重要手段，司法鉴定意见已经成为道路交通事故处理和审理工作的主要依据。针对道路交通事故处理和审理工作的需要，目前我国道路交通事故的鉴定内容主要包括以下三种类型。

第一类是法医学类鉴定，这类鉴定也是道路交通事故最早开展的鉴定内容，主要包括驾驶员血液中酒精浓度鉴定、受伤人员损伤程度和“三期”鉴定、伤残程度鉴定、死亡原因鉴定等。

第二类是物证类鉴定，鉴定内容主要包括碰撞痕迹鉴定、事故车辆属性鉴定、车辆行驶速度鉴定、交通信号灯状态鉴定、车辆安全技术状况鉴定、道路交通设施鉴定等，以及由痕迹鉴定所延伸的微量物证鉴定。

第三类是同时利用以上两种鉴定类型的综合鉴定，鉴定内容主要包括驾乘关系鉴定、两轮车当事人骑行或推行状态鉴定、伤残和死亡与事故之间的因果关系鉴定等。

在学科支撑方面，道路交通事故鉴定主要涉及痕迹学、法医学、车辆工程学、道路工程学、交通工程学和事故重现技术等。在以上三类鉴定中，法医学类的鉴定项目发展历程相对较长，鉴定的技术方法也相对成熟。近年来，随着我国汽车工业和交通运输业的快速发展，道路交通事故一直处于高发态势，相关检验鉴定需求也不断增大，以服务于道路交通事故调查、审理为目的，涉及车辆安全技术状况、车辆行驶速度、痕迹鉴定等一系列工程技术类检验、鉴定项目也随之产生。但与法医学、痕迹学等传统鉴定项目以学科命名不同，道路交通事故技术鉴定是以案件性质结合鉴定方法命名，其发展历程也相对较短。为了更好地服务于案件侦查、审判等司法实践环节，确保道路交通事故的司法公正，根据所涉鉴定项目的鉴定目的、鉴定对象、学科技术和服务对象等特点，结合全国相关从业机构和从业人员近二十年的实践探索，建议将道路交通事故所涉及的痕迹物证类鉴定称为"道路交通事故痕迹物证鉴定"，并将其作为独立的鉴定专业进行规划发展。

第一节 道路交通事故痕迹物证鉴定的现状

一、现有鉴定项目

目前，道路交通事故痕迹物证鉴定的项目主要包括以下内容。

（一）车辆安全技术状况鉴定

车辆作为道路交通系统的主要组成元素，在道路交通事故中往往会由于碰撞而发生车体变形和功能损坏；也存在事故发生前车辆已经存在安全隐患，在不符合正常使用标准要求的情况下，上路行驶而导致事故发生的可能性；同时，也存在车辆安全系统及部件因突发性机械故障而引发交通事故的可能性。因此，事故车辆安全技术状况与交通事故发生之间的因果关系是道路交通事故调查的主要内容，也是道路交通事故认定及审判的重要依据。

在道路交通系统中，车辆的制动系统、转向系统、行驶系统、传动系统、电控系统、灯光及信号装置等均与行车安全或事故发生存在直接关系。从业技术人员应同时具备车辆安全检测和痕迹检验的技术能力，在检验、鉴定实践中，应根据个案基本情况、事故形态或过程确定与事故发生相关的检验项目，针对检验中发现的不能满足相关标准或使用要求的故障、缺陷，需要进一步结合案情、事故形态或痕迹检验、鉴定意见等，判断车辆技术故障、缺陷的形成原因，及其与事故发生之间的因果关系。同时，车辆安全技术状况的检验、鉴定结果也可以为道路交通事故技术鉴定的其他项目提供参考和依据。

（二）道路交通事故车辆速度鉴定

车辆行驶速度（简称车速）是道路交通事故成因分析和事故认定的重要依据，在道路交通事故调查和道路交通事故诉讼过程中，事故车辆行驶速度是一项重要的鉴定内容。车速鉴定技术最早起源于欧美等发达国家，经历了近60年的发展，已经形成了一套较为成熟的理论体系和技术方法。目前，道路交通事故车速重建主要采用以下四种方法。

第一种方法是基于事故形态和经典力学的传统计算方法，这种方法在事故形态和过程分析的基础上，利用经典力学中牛顿力学三大定律、功能原理、动量守恒、能量守恒等理论，以及在实验数据基础上建立的经验公式求解事故中各物体运动过程的速度，这种方法是车速计算的基本方法，也是使用最广泛的方法。2006年公安部发布的GA/T 643-2006《典型交通事故形态车辆行驶速度技术鉴定》主要采用了这种方法。

第二种方法是道路交通事故重建软件的车速模拟计算，这种方法根据事故车辆、道路信息，以及动力学、碰撞力学相关理论和实验数据建立车辆及其碰撞模型，以车辆碰撞速度、角度等碰撞初始条件作为输入参数，以车辆运动轨迹和位置作为目标约束函数，建立事故过程重建模型进行不断模拟优化。

第三种方法是基于事件记录数据的事故重建，随着汽车电子系统的不断发展，部分现代汽车已经具备记录车辆碰撞前车辆运行状态和驾驶操作的功能，其中最具代表性的是EDR数据，在欧美等国家EDR数据已经成为道路交通事故调查的重要手段。

第四种方法是基于视频图像的速度重建，随着城市建设的推进和处理突发性事件的需要，一些重要路段、交叉口等主要交通节点普遍设置了视频监控设备，这些设备不仅有一定的监视作用，其拍摄的视频图像也为道路交通事故车速重建提供了重要线索。2009年国内首次对基于视频图像的车速度鉴定方法进行了探索，提出了根据区间运行速度和点速度的定义，利用现场固定物和车辆自身结构为参照物的空间标定方法，并结合录像帧率计算事故车辆的行驶速度。2014年公安部发布了GA/T 1133-2014《基于视频图像的车辆行驶速度鉴定》，为利用视频图像进行道路交通事故车速鉴定提供了标准依据。

（三）交通事故参与者驾乘关系鉴定

人是道路交通系统中最具主动性的组成元素，驾车人的操作行为直接影响车辆的运动方向和速度，同时也可以控制车辆行车灯、车位灯、转向及危险警告信号等功能的使用，是影响交通安全的主要因素。在道路交通事故的调查及审理工作中，需要确定事故车辆事故发生时多名当事人的驾乘关系，明确事故责任主体，也需要据此判断驾车人是否存在无证驾驶、酒驾或毒驾等违法行为。因此，驾乘关系鉴定是道路交通事故技术鉴定的重要项目之一。

车辆在事故过程中由于碰撞力的作用，其行驶状态将在短时间内发生突变，而车内乘员则会在惯性作用下保持车辆碰撞前的运动趋势，车辆与乘员的运动、受力差异，以及车辆局部压溃、变形均可以导致乘员与车内部件发生接触、碰撞，在此过程中，人体接触部位可能发生擦挫伤、骨折等损伤，车内部件也可能发生破裂、变形，携带乘员个人基因信息的生物组织、血液及毛发，以及乘员衣物的织物纤维、碎屑也可能在碰撞过程中转移到车内的接触位置。因此，从事驾乘关系鉴定的技术人员应该掌握痕迹学、法医学及力学的基本知识，具备利用相关专业检验、鉴定结果进行综合分析的能力，在鉴定实践中，应该首先从现场痕迹、车辆痕迹及人体损伤的检验入手，充分利用人体特征性损伤、特征性痕迹，以及物质转移等具有唯一性认证条件的检验、鉴定结果，结合车辆运动状态、乘员位置及约束条件，分析车内乘员的运动趋势，综合判断事故发生时当事人在车内的位置。

（四）道路交通事故痕迹鉴定

道路交通事故痕迹是指由于涉案人、车的行为活动所引起的交通事故现场一切物质形态的变化。在交通事故中，发生过接触的车辆之间、车辆与道路设施之间或车辆与人体之间都存在着相互作用，并会在接触面上形成某些表现形式的痕迹，具体表现为结构变形（凹陷、弯折、扭曲、断裂）、刮擦、整体分离和表面物质交换。按照痕迹的存在的载体不同，交通事故痕迹也可分为人体体表痕迹、衣着痕迹、车体痕迹、路面痕迹、固定物痕迹、附着物、散落物等。

在道路交通事故调查和审理阶段，可以通过对事故涉嫌车辆、人员及指认现场的痕迹进行勘验，确定是否构成车辆、人体、道路设施间的接触和是否存在其他肇事车辆；通过痕迹检验，确认肇事车辆之间、车辆与人体、车辆与路侧设施的接触部位，为碰撞形态鉴定提供依据；通过对事故现场的地面痕迹和散落物等痕迹物证可以推断或计算出碰撞的空间位置；针对交通逃逸案件，可通过事故现场勘察和涉嫌肇事车辆痕迹检验，为侦破逃逸事故和鉴别肇事车辆提供依据；针对涉嫌利用伪造交通事故现场骗取保险赔偿的案件，可通过事故现场勘察和肇事车辆痕迹检验，对事故的真实性进行判断。

痕迹检验、鉴定是道路交通事故调查的基础工作，也是事故形态鉴定、车辆安全技术状况与事故关系鉴定、驾乘关系鉴定、速度鉴定等其他技术鉴定项目的基础和依据。痕迹检验、鉴定应该从部位、尺寸、高度、受力方向及形态等方面对痕迹进行检验和记录，对于物质交换及整体分离痕迹需要进行外观比对和理化检验，重点关注并充分利用特征性痕迹、物质交换、整体分离痕迹以及由多处痕迹共同组成的特征性痕迹群，确认造痕、承痕关系，以及造痕体和承痕体的相对运动关系。

二、现有工作基础

（一）具有专业学术基础

伴随着汽车工业和交通运输业的发展，道路交通事故也同时产生。1940 年，美国西北大学交通研究中心出版了第一本关于道路交通事故调查的著作《事故调查手册》，1941 年，在瑞士苏黎世出版了第一本关于道路交通事故重建的著作《机动车事故力学》。此后的七十余年间，道路交通事故调查、重建一直是道路交通安全和汽车安全技术研究的重要内容。

20世纪70年代，美国、欧洲和日本等发达国家形成了道路交通事故调查与重建的基本理论和方法。80年代，吉林工业大学（现吉林大学）在国内率先开始了关于交通事故方面的研究，此后清华大学、上海交通大学、同济大学、长安大学等高校也先后开展了道路交通事故调查和重建的研究工作。目前，国内也已经形成一大批关于道路交通事故调查和重建的专业论著。

（二）鉴定服务得到认可

道路交通事故仍处于高发阶段，道路交通事故的相关鉴定需求大，在现有司法鉴定案件中占有相当大的比例。经过近二十年的发展，司法鉴定已经成为道路交通事故技术调查的主要途径，得到了公安交通管理部门、人民法院等办案单位的普遍认可。如上海市公安局交通警察总队于2018年制定的《上海市道路交通事故鉴定机构服务质量评价办法》，参照了GA 1272-2015《公安机关道路交通事故鉴定机构建设规范》和公安部83号令的规定，将常用鉴定项目进行了分类。在其物证类中包含了三部分，第一部分是车辆类：车辆技术状况检测、车体痕迹鉴定等；第二部分是道路类：路面痕迹鉴定、摩阻系数等；第三部分是综合类：交通方式、驾乘关系、车速鉴定、车载设备数据分析等。

（三）技术标准基本完备

道路交通事故痕迹物证鉴定专业的标准技术体系框架已经初步构建。相关检验鉴定项目也具有相对完备的技术标准，具体如表1-1所示。

表1-1　道路交通事故痕迹物证鉴定的项目及相关标准

项　　目	标　　准
交通事故痕迹物证勘验	GA 41-2014 道路交通事故痕迹物证勘验 GA/T 1450-2017 法庭科学车体痕迹检验规范 GA 49-2014 道路交通事故现场图绘制 GA 50-2014 道路交通事故现场勘验照相 GA/T 1508-2018 法庭科学车辆轮胎痕迹检验技术规范 GA/T 1509-2018 法庭科学现场制图规范 GA/T 1497-2018 法庭科学整体分离痕迹检验术语
车辆金属号码显现	GA/T 952-2011 法庭科学机动车发动机号码和车架号码检验规程
车辆安全技术状况鉴定	GB 7258—2017 机动车运行安全技术条件 GB 21861-2014 机动车安全技术检验项目和方法 GB 17761-2018 电动自行车安全技术规范 GB 3565-2005 自行车安全要求 GA/T 642-2006 交通事故车辆安全技术检验鉴定 GA 802-2014 机动车类型　术语和定义 GB/T 12996-2012 电动轮椅车 GA/T 1508-2018 法庭科学车辆轮胎痕迹检验技术规范

续 表

项 目	标 准
交通设施安全技术状况鉴定	GB 14887–2011 道路交通信号灯 GB 50688–2011 城市道路交通设施设计规范 GB 5768–1999 道路交通标志标线 JTG B01–2014 公路工程技术标准 JTG D81–2017 公路交通安全设施设计规范
车辆痕迹鉴定	GA/T 1087–2013 道路交通事故痕迹鉴定 GA 41–2014 道路交通事故痕迹物证勘验 GA/T 1450–2017 法庭科学车体痕迹检验规范 GA/T 1497–2018 法庭科学整体分离痕迹检验术语 GA/T 1508–2018 法庭科学车辆轮胎痕迹检验技术规范
轮胎痕迹鉴定	GA/T 1087–2013 道路交通事故痕迹鉴定 GA 41–2014 道路交通事故痕迹物证勘验 GA 240.43–2003 刑事犯罪信息管理代码 第 43 部分：车辆轮胎痕迹分类和代码 GA/T 1508–2018 法庭科学车辆轮胎痕迹检验技术规范
交通设施痕迹鉴定	GA/T 1087–2013 道路交通事故痕迹鉴定 GA 41–2014 道路交通事故痕迹物证勘验 GA/T 1509–2018 法庭科学现场制图规范
人体及穿戴物痕迹鉴定	GA/T 1087–2013 道路交通事故痕迹鉴定 GA 41–2014 道路交通事故痕迹物证勘验 GA/T 944–2011 道路交通事故机动车驾驶人识别调查取证规范 SF/Z JD0101001–2016 道路交通事故涉案者交通行为方式鉴定
车辆速度鉴定	GB/T 33195–2016 道路交通事故车辆速度鉴定 GA/T 1133–2014 基于视频图像的车辆行驶速度技术鉴定

（四）专业培训助力业务提升

司法鉴定科学研究院、全国司法鉴定人继续教育基地基本每年举办一次全国性专业培训活动。此外，山东、安徽、四川、陕西、江苏、湖南、广东等各省司法行政管理部门和鉴定协会也经常组织道路交通事故痕迹物证鉴定专业的培训。

技术培训是从司法鉴定技术指导和职业培训的角度积极响应并落实司法部《关于严格准入严格监管提高司法鉴定质量和公信力的意见》的具体举措。提供高质量的专业技术培训服务供给，是促进道路交通事故鉴定从业人员能力提升，规范相关检验鉴定工作，进一步提升本专业司法鉴定质量和公信力的有效途径。

（五）能力验证提高技术水平

从 2012 年开始，中国合格评定国家认可委员会（CNAS）和司法部司法鉴定管理局联合委托司法部司法鉴定科学技术研究所（现司法鉴定科学研究院）开展了道路交通事故车速鉴定能力验证计划，目前已经连续实施 8 年，参加机构数量逐年增加，2019 年报名参加的机构有 340 余家。从 2014 年开始，开展道路交通事故痕迹鉴定能力验证计划，目前已经连续实施6年，参加机构数量逐年增加，2019年报名参加的机构有360余家。

本专业开展的能力验证和测量审核活动也得到了办案单位的认可。2018年，公安部交通管理局发布了《道路交通事故鉴定机构服务质量评价办法（试行）》，其中的评价内容包括：审查鉴定机构面向公安机关交通管理部门开展业务的鉴定项目在周期内参加实验室间比对（包括能力验证、测量审核）所获得结果的情况。

（六）规范管理促进健康发展

从2009年开始，部分从业机构已经开始了实验室认可和资质认定工作，项目已经包括：道路交通事故车辆安全技术状况鉴定、道路交通事故车辆属性鉴定、道路交通事故痕迹鉴定、道路交通事故车辆行驶速度鉴定。此后，越来越多从业机构开始参加并通过认证认可。

第二节　道路交通事故痕迹物证鉴定专业的发展探索

一、凝练智慧形成共识

为了推进道路交通事故痕迹物证鉴定专业的健康发展，相关管理部门、鉴定协会和从业技术人员积极探索。

2014年8月，司法部司法鉴定管理局在上海召开了“道路交通事故司法鉴定技术和管理工作研讨会”，来自全国11个省（区、市）的司法鉴定行业主管部门负责人、部分鉴定机构代表，高校和科研院所专家共22人参与研讨。会议主要围绕道路交通事故司法鉴定执业分类、目前存在问题等听取了各方意见和建议。

为了促进道路交通事故痕迹物证鉴定专业健康发展，凝练行业智慧、达成共识，探索道路交通事故痕迹物证鉴定专业发展思路。自2016年，司法部司法鉴定科学技术研究所（现司法鉴定科学研究院）开始举办“道路交通事故技术鉴定论坛”，并于2016年3月，在海南海口组织召开了首次会议。来自全国多家鉴定机构的20余位负责人参加，就论坛的举办目的、模式及道路交通事故技术鉴定的规范化行动达成了一致意见。与会代表表示，论坛对道路交通事故技术鉴定发展具有重要的促进意义，并提出论坛应当定期举行，为该专业鉴定提供交流与服务平台。

2016年9月，由司法部司法鉴定科学技术研究所、中国汽车技术研究中心共同主办，北京中机车辆司法鉴定中心承办的道路交通事故技术鉴定论坛第二次会议在北京召开。来自司法行政部门、交管部门、鉴定机构、科研高校等领域的20余位领导专家参加了会议，与会专家就专业发展、执业资质和专业要求、能力验证等方面进行了深入交流和探讨，初步达成了部分共识。

2017年8月，司法部司法鉴定科学技术研究所在上海召开了第三届道路交通事故技术鉴定论坛暨道路交通事故技术鉴定标准体系研讨会，依托“十三五”国家重点研发项目子课题《司法鉴定标准化体系建设与示范》，在本次会议上提出了“道路交通事故技术鉴定专业标准体系”，来自司法、公安、高校和鉴定机构的与会专家就标准体系初稿进行了研讨，充分肯定了构建道路交通事故技术鉴定标准体系的重要性和必要性，一致认可标准体系的整体框架，并对部分具体标准的表述、层级提出了意见和建议。

2018 年 9 月，司法鉴定科学研究院在上海召开了第四届道路交通事故痕迹物证鉴定论坛首次会议，与会代表重点分析了道路交通事故痕迹物证鉴定专业面临的技术难题以及管理现状，提出了针对该专业执业分类的建议和专业发展规划，并就达成的共识形成了会议纪要。与会代表将本次会议达成的共识带回各地，得到了来自山东、陕西、安徽、广东、四川、云南、重庆等地司法鉴定协会和从业机构的普遍认可。

2018 年 10 月，司法鉴定科学研究院与山东省司法鉴定协会联合在山东烟台召开了第四届道路交通事故痕迹物证鉴定论坛第二次会议，来自山西、辽宁、广东、宁夏、重庆等地的司法鉴定管理干部、部分地区司法鉴定协会负责人和机构负责人参加了本次会议，与会代表进一步对首次会议达成的共识进行了研讨，并对从业人员资质、仪器设备等问题进行了深入交流。

二、执业分类探索

（一）分类基础

在《全国人民代表大会常务委员会关于司法鉴定管理问题的决定》的基础上，参照《司法鉴定职业分类规定（试行）》的专业分类依据，结合全国相关从业机构和从业人员近二十年的实践探索，以及第四届道路交通事故技术鉴定论坛首次会议和第二次会议达成的共识，以为促进司法公正和社会公平正义提供法律服务，为案件事实认定提供技术支持为目的，提出“道路交通事故痕迹物证鉴定”的司法鉴定执业分类建议。

（二）分类依据

根据专业设置情况、学科发展方向、技术手段、检验和鉴定内容，并参考国际惯例提出执业分类的建议。

1. 技术手段

运用痕迹物证的相关理论和方法，结合车辆工程、交通工程、痕迹物证、法医病理学、事故重建等技术。

2. 检验和鉴定内容

通过痕迹检验、功能检查、书证审查、理论计算和综合分析，对道路交通事故的过程、状态和成因等道路交通事故诉讼相关调查过程中涉及的专门性问题进行鉴别和判断并提供鉴定意见。

3. 国际惯例

欧洲法庭科学联盟（European Network of Forensic Science Institutes）的专业分类中也将道路交通事故分析（Road Accident Analysis）作为独立的一个专业，与传统的DNA鉴定、指纹鉴定、笔迹鉴定、痕迹鉴定等专业并列。

美国法庭科学学会（American Academy of Forensic Sciences）中的工程技术类别（Engineering Sciences）中也包含交通事故重建（Accident Reconstructions Forensic Engineering）这一专业。

（三）分类探索

1. 专业名称

执业分类的专业名称为“道路交通事故痕迹物证鉴定”。

2. 定义表述

运用痕迹物证的相关理论和方法，结合车辆工程、交通工程、痕迹物证、法医病理学、事故重建等技术，并通过痕迹检验、功能检查、书证审查、理论计算和综合分析，对道路交通事故的过程、状态和成因等道路交通事故诉讼相关调查过程中涉及的专门性问题进行鉴别和判断并提供鉴定意见的活动。

3. 分类建议

从使用的理论、方法和技术手段，以及鉴定对象和鉴定内容等方面来看，该专业的鉴定项目应属于“物证”和“痕迹”的范畴。

4. 主要项目

交通事故痕迹物证勘验、交通事故痕迹鉴定、车辆安全技术状况鉴定、交通设施安全技术状况鉴定、道路交通事故车速鉴定、交通事故痕迹物证因果关系鉴定，具体包括以下内容。

（1）交通事故痕迹物证勘验

在开展道路交通事故相关痕迹物证鉴定的过程中，鉴定人应该根据具体的鉴定项目和适用的技术方法，根据现有现场勘查获得的信息和各种物证，利用痕迹物证的勘验方法和相关专业的检验方法，对缺少的物证进行复勘和现场检验。具体内容包括：对交通事故涉案车辆、交通设施、人员及穿戴物的痕迹进行检验；对道路交通事故现场或事故发生地点进行勘察、测量；对车辆及交通设施的技术状况进行检验。

（2）交通事故痕迹鉴定

利用痕迹鉴定的基本方法，判断车辆、人体、交通设施间是否发生过接触、碰撞，以及是否存在其他嫌疑车辆，确认肇事车辆之间、车辆与人体、车辆与交通设施的碰撞部位和事故形态，判断或计算出碰撞点的空间位置，为侦破逃逸事故和鉴别肇事车辆提供依据。具体内容包括：车辆金属号码显现，利用物理、化学或光学的技术手段，显现、辨识涉案车辆的金属号码，包括车架敲击、铸印，发动机或电动机的敲击、铸印等；车辆痕迹鉴定，判断以车辆为承痕客体和造痕客体的痕迹，以及痕迹形成的过程，如油漆痕迹、维修痕迹、浸泡痕迹、改装痕迹等；轮胎痕迹鉴定，包括判断嫌疑车辆轮胎与现场遗留轮胎印痕的统一性，判断事故车辆轮胎破损痕迹的形成过程和原因；交通设施痕迹鉴定，判断以交通设施为承痕客体和造痕客体的痕迹，以及痕迹形成的过程，如路面痕迹、护栏痕迹等；人体及穿戴物痕迹鉴定，判断以交通事故涉案人员及其穿戴物为承痕客体和造痕客体的痕迹，以及痕迹形成的过程，如损伤痕迹、体表结痂痕和脱痂痕、布纹擦痕。

（3）车辆安全技术状况鉴定

根据个案基本情况、事故形态或过程确定与事故发生相关的检验项目（如制动系、转向系、行驶系、灯光、信号装置，以及改装情况等），通过对车辆或相关安全部件的痕迹、状态和功能的检验，结合事故痕迹和碰撞形态，判断相关检验结果的技术符合性及其形成过程，并为进一步判断车辆安全技术状况与事故发生之间的因果关系鉴定提供基础依据。具体内容包括：判断涉案事故车辆的类型（如机动车、非机动车）、判断车辆相关技术状况或性能的符合性。

（4）交通设施安全技术状况鉴定

根据个案基本情况、事故形态或过程确定与事故发生相关的检验项目（如信号灯指示状态、标志、标线、道路线形、路面等），通过对事故地点相关交通设施的痕迹、状态和功能的检验，结合事故过程和现场痕迹，判断相关检验结果的技术符合性及其形成过程，并为进一步判断交通设施与事故发生之间的因果关系鉴定提供基础依据。具体内容包括：判断交通事故涉案车辆、人员在事故发生前进入道路管控区域时对应的交通信号灯指示状态（如绿灯、黄灯、红灯）；判断事故发生区域交通工程设施相关功能的技术符合性（如标志、标线等）；判断事故发生区域道路工程设施相关功能的技术符合性（包括道路平、纵、横线形，以及路面情况等）。

（5）道路交通事故车速鉴定

车速鉴定是以事故现场、痕迹等客观物证为依据，以物理学相关知识为理论基础，结合交通工程、车辆工程、道路工程等工程学科，以及汽车检测、碰撞实验技术，以分析、计算涉案车辆的行驶速度或速度变化状态。具体内容包括：确定车辆行驶速度（包括碰撞、倾覆或坠落瞬间的速度等）；确定采取避险时的行驶速度（包括采取制动、转向等避险措施瞬间的速度等）；确定车辆在某段距离或过程的平均行驶速度；确定车辆在某段距离或过程的速度变化状态（包括加速、减速等）。

（6）交通事故痕迹物证因果关系鉴定

基于以上交通事故痕迹物证鉴定中的各项鉴定，综合判断道路交通事故涉案人员、车辆、交通设施等要素在事故过程中的状态、痕迹形成过程及与事故之间的因果关系（包括驾乘关系、骑推行状态、车辆及交通设施与事故发生之间的因果关系）。

道路交通事故中在其他专业中已有的鉴定项目，不包含在本专业内。在鉴定实践中可以视需要，按照相关程序规定引用相关鉴定的数据、结果或意见。

第二章

道路交通事故物证鉴定的现场勘验

在交通事故处理过程中，公安机关交通管理部门负责道路交通事故现场勘查，拍摄现场照片，绘制现场图，及时提取、采集与案件有关的痕迹、物证等，制作现场勘查笔录。由于现场勘查人员很难准确判断下一步需要进行鉴定的项目，同时还可能受到道路、环境和天气等客观因素的影响，往往无法全面收集到后续鉴定所需要的物证。

在鉴定过程中，鉴定人应该根据具体的鉴定项目和拟采用的技术方法，根据现有现场勘查获得的信息和各种物证，对缺少的物证进行复勘和现场检验。因此，本章主要针对道路交通事故物证鉴定中现场勘验的目的、内容和方法进行论述，并通过典型现场勘验案例进行示范。

第一节　现场勘验的目的和内容

一、现场勘验的目的

现场勘验是道路交通事故物证鉴定的重要基础，是相关物证获取的重要手段，现场勘验包括发现、固定、提取、保存、送检等环节。现场勘验的直接目的，就是针对具体的鉴定项目和使用的技术方法，验证委托方提供的关键信息，获取缺少的证据支持。

二、现场勘验的内容

从鉴定的角度出发，在鉴定所需要的客观证据中，需要通过现场勘查和检验的形式获取的物证和信息就是现场勘验的内容。目前，道路交通事故物证鉴定主要包括：痕迹和事故形态鉴定、交通行为方式鉴定、车辆速度鉴定、车辆技术状况与事故的因果关系鉴定等鉴定项目。以下逐项分析各鉴定项目所需的物证和信息。

（一）痕迹和事故形态鉴定

痕迹和事故形态鉴定主要是依据人体、衣着、车辆、路面和交通设施在碰撞过程中形成整体分离、物质交换和形象痕迹进行鉴定。所以，此类鉴定的勘验内容以痕迹物证勘验为主，既需要全面的检验，更需要在发现对于鉴定有关键性作用的承痕体痕迹、附着痕迹、断离和缺损痕迹的基础上，进一步有针对性地搜寻与之相对应的造痕体及痕迹、物质交换来源及痕迹、整体分离痕迹。必要的时需要对事故现场进行测绘，测量事故现场中车辆、人员、道路、交通设施的现场位置，以及体现在路面和交通设施上的痕迹形状、尺寸和位置等信息。

（二）涉案者交通行为方式鉴定

交通行为方式鉴定主要是依据当事人与被鉴定车辆在事故过程中由于相对运动而产生的各种痕迹物证和损伤进行鉴定。在确认车辆碰撞痕迹和事故形态的基础上，重点结合当事人与被鉴定车辆间的二次碰撞所产生的痕迹和损伤，对当事人所处的特征位置或状态进行分析判断。所以，此类鉴定也是以痕迹物证勘验为主，同时还需要对体表损伤进行检验，必要时还要对事故现场进行测绘。

（三）车辆技术状况鉴定

车辆技术状况鉴定主要是根据事故形态，对与事故发生有关联的车辆某些功能或技术指标进行检验，并结合碰撞痕迹和车辆结构、技术原理，分析判断被鉴定车辆相关功能、技术指标的下降或失效与事故发生之间的因果关系。所以，此类鉴定也涉及一般性的痕迹物证勘验，同时还需要对车辆相关功能和技术指标进行检验或检测，并着重对影响功能发挥和指标下降的相关痕迹物证进行检验。

（四）车辆速度鉴定

车辆速度鉴定可以根据委托方提供的材料和现场条件，选择基于事故形态、视频图像、事件记录数据进行鉴定，各种车辆速度鉴定方法需要不同的痕迹物证依据，现场勘验的内容和重点也有所差异。

1. 基于事故形态的速度鉴定

这种方法主要根据车辆碰撞形态和事故过程，使用牛顿定律、动量守恒、功能原理等经典力学的理论方法，结合车辆检验、碰撞试验和事故重建技术鉴定车辆速度。所以，此类鉴定同样需要痕迹物证勘验和现场测绘的支持，同时，视情况对车辆塑性变形量、车辆制动性能和道路坡度等进行现场检验。

2. 基于视频图像的速度鉴定

这种方法主要是根据视频图像帧中的车辆影像痕迹，检验车辆在不同图像帧间的行驶时间和行驶距离，使用速度定义公式或运动学方法，计算车辆对应行驶过程的平均速度。所以，此类鉴定的勘验内容主要是现场测量图像中的参考距离和参考物的位置，可能包括：车辆特征点间的外廓尺寸、道路标线等参考物的尺寸。如果使用近景摄影测量计算空间位置，则还需要对摄像机的镜头畸变进行检验。

3. 基于车载事件记录数据的速度鉴定

这种方法主要是利用车载事件记录系统、汽车行驶记录仪、具有汽车行驶记录功能的车载卫星定位装置等车载设备记录的数据，并通过与车辆碰撞形态和事故过程的匹配分析，确认记录数据的相关性和准确性，进而根据读取的数据分析和计算事故车辆速度。所以，此类鉴定也涉及一般性的痕迹物证勘验，同时还包括从以上设备中读取数据的过程。

此外，部分车辆在碰撞过程中会由于某些部件损坏或功能失效而产生故障冻结数据（freeze frame data），某些车辆在记录故障信息的同时还会记录当时的车辆运行工况，其中也有可能包含速度信息。所以，车速鉴定的勘验也可能涉及故障代码的读取，以及车辆损坏情况的勘验。

（五）交通信号灯指示状态鉴定

信号灯指示状态鉴定主要是根据视频图像帧中的车辆位置和可见信号灯指示状态或交通流状态，结合信号灯的配时方案、车辆行驶速度，以及车辆所处位置与停车线或交通管控区域边界的距离，反推车辆进入管控区域时对应视频中不可见信号灯的指示状态。所以，此类鉴定的勘验内容与上述基于视频图像的车速鉴定相似，同时还需要获取信号灯的配时方案，必要时需要进行现场的路口进行测绘。

第二节　现场勘验的方法

现场勘验应依次按照发现、固定、提取、保存、送检的顺序进行。通过本章第一节的总结可以发现，痕迹物证勘验和现场测绘是大部分鉴定项目所需要勘验项目。因此，以下具体论述痕迹物证勘验和现场测绘的方法，其他勘验内容将在对应章节中进行论述。

一、痕迹物证勘验

（一）痕迹分类

从承痕体、造痕体和痕迹形态等角度出发，可以形成不同的痕迹物证分类方法。

1. 按照承痕体分类

GA 41-2019《道路交通事故现场痕迹物证勘查》按照承痕体和存在形式分类，将痕迹分为：

（1）地面痕迹

车辆、人体或其他相关物体与地面接触，在地面上形成的痕迹，典型地面痕迹主要包括滚印、压印、拖印、侧滑印、挫划印等。

1）滚印：滚印是指车辆轮胎相对于地面作纯滚动运动时，留在地面上的印迹，制动开始阶段也会留下制动滚印。能清晰反映轮胎胎面花纹形态、花纹组合形态、胎面磨损、机械损伤和行驶方向等特征。

2）压印：压印是指车辆轮胎受制动力作用，沿行进方向相对于地面作滚动、滑移复合运动时，留在地面上的印迹。压印是制动拖印的前段，与拖印黑带接连，压印因受制动力影响，印痕形态一般都有纵向滑移，花纹结构拉长变形。

3）拖印：拖印是指车辆轮胎受制动力作用，沿行进方向相对于地面作滑移运动时，留在地面上的印迹。特征为带状，不显示胎面花纹，宽度与胎面宽度基本一致。基本上印迹与车辆行驶方向一致，有时也会因制动跑偏或外加力矩的影响而有所偏离。

4）侧滑印：车辆轮胎受制动力或碰撞冲击力或转向离心力的作用，偏离原行进方向相对于地面作横向滑移运动时，留在地面上的印迹。特征为印迹宽度一般大于或小于轮胎胎面宽度，一般不显示胎面花纹，有时可能出现一组斜向排列的平行短线状印迹。

5）挫划印：挫划印是指硬物或其突出部分在路面上移动时，对路面造成的滚轧、刮擦印迹或沟槽。

（2）车体痕迹

车辆与其他物体或人体接触，在车体上形成的痕迹，主要包括车体的变形、破损、表面物质增减或部件整体分离等。

（3）人体痕迹

人体与其他物体或人体接触，在衣着、人体体表等形成的印痕、伤痕。

（4）其他痕迹

在树木、道路交通设施、建筑物、牲畜以及其他物品等表面所形成的痕迹。

2. 按照痕迹形态分类

（1）立体痕迹

立体痕迹是指造痕体与承痕体在相互作用时，承痕体的接触部位发生了与造痕体表面结构形象特征相对应的凹凸变化形成的痕迹。立体痕迹可以同时反映造痕体三维接触面的外部结构。交通事故中的立体痕迹常见于碰撞严重的接触部位，常见的表现形式有：凹陷、弯折、翘起、堆积和压缩。一般情况下，可以通过立体痕迹直观的判断接触部位的受力方向。

（2）平面痕迹

造型客体作用于承受客体，使承受客体表面只发生了某些物质的增减，未改变其结构形态而形成的痕迹。平面痕迹依据承受客体上物质的增加或减少，又分为加层痕迹和减层痕迹。加层痕迹又依据增加的物质有无颜色差别，又分为有色和无色痕迹。交通事故中的平面痕迹常见于轻微碰撞的接触部位，或质地较硬的承痕体上，常见的表现形式有：擦痕、刮痕和刮擦痕。加层痕迹和减层痕迹是典型的物质转移（交换）痕迹，交通事故中常见的加层痕迹和减层痕迹一般分别出现在一组对应的承痕部位和造痕部位上，而且加层痕迹和减层痕迹常常伴随着擦痕、刮痕或刮擦痕的出现，结合加层痕迹和减层痕迹的微量物证鉴定结果，可以作为“唯一性认定”的条件。因此，对于是否发生碰撞或接触存在争议的情况下，痕迹勘验中应特别注意此类痕迹。

（3）整体分离痕迹

整体分离痕迹又称“断离痕迹”。整体在外力作用下，分离成若干部分时，分离部位呈现的迹象。被分离物可以是同质单体物，或同质合体物，或异质合体物。交通事故中常见的整体分离痕迹有：断落的油漆碎片、玻璃碎屑、灯具罩壳碎片、保险杠碎块、塑料饰板碎块等。此类痕迹往往是逃逸案件的现场勘查重点，办案人员现场搜集散落物后留存备检，待查获嫌疑车辆后可以通过整体分离痕迹进行鉴定。因此，如现场提取到嫌疑车辆的散落物，则在现场勘验中也应特别注意此类痕迹。

（二）现场勘验内容

1. 地面痕迹物证

（1）地面痕迹

地面痕迹应勘查以下内容：

1）地面轮胎痕迹的种类、形状、方向、长度、宽度和痕迹中的附着物等。

2）逃逸车辆两侧轮胎痕迹的间距和前后轮胎痕迹止点的间距。

3）滚印、压印、拖印、侧滑印、挫划印分段点相对路面边缘的垂直距离，痕迹与道路中心线的夹角，痕迹的滑移量、旋转方向及旋转度数；突变点位置；弧形痕迹弦长、弦高；轮胎跳动引起的间断痕迹及距离。

4）车体、人体、牲畜以及其他物体留在地面上的挫划印等痕迹的分布、长度、宽度、深度，痕迹中心或起止点、突变点的位置。

（2）地面物证

地面物证应勘查以下内容：

1）地面附着物、散落物、遗洒物、抛撒物、血迹、生物组织等的种类、形状、颜色，及其位置关系和分布形态。

2）附着物、散落物、遗洒物、抛撒物的起始位置、着地方向和终点位置。

3）脱落的零部件及碎片表面痕迹及断口形态。

2. 车体痕迹物证

车体痕迹、物证应勘查以下内容：

1）车体上各种痕迹所在的部位及其长度、宽度、凹陷深度；痕迹上、下边缘距离地面的高度，痕迹与车体一侧的距离。

2）车辆部件的损坏、断裂、变形。

3）车辆与其他车辆、人体、牲畜、物体第一次接触的部位和受力方向及另一方相应的接触部位。

4）道路交通事故涉及车辆灯光信号装置时，车辆灯泡或灯丝及其碎片，部件安装、导线连接状况。

5）车体上遗留的纤维、毛发、血迹、生物组织、牲畜、漆片等附着物的种类、形状、颜色及其分布位置。

6）车内方向盘、变速杆、驾驶室内外门把手、驾驶位周围、安全气囊和脚踏板等处的附着物及遗留物的种类、形状、颜色及其分布位置。

7）需要确定车辆驾驶人的，应提取方向盘、变速杆、驾驶室门把手、驾驶位周围、安全气囊和脚踏板等处的手、足痕迹及生物检材，具体方法见GA/T 944。

8）其他与道路交通事故有关的车体附着物的种类、形状、颜色及其分布位置。

3. 人体痕迹物证

人体痕迹、物证应勘查以下内容：

1）衣着上钩挂、撕裂、开缝、脱扣等破损痕迹，油漆、油污等附着物，鞋底痕迹。

2）衣着上痕迹、附着物的位置、形状、特征及造成痕迹的作用力方向。

3）与交通事故致伤物相关的特征性损伤。

4）体表损伤的部位、类型、形状尺寸及造成损伤的作用力方向；损伤部位距足跟的距离，损伤部位的附着物。

5）伤、亡人员的血迹、组织液、毛发、体表上的附着物等。

6）人体附着物的种类、形状、颜色及其分布位置，以及与人体相关的酒精、毒品等摄入类物证。

4. 其他痕迹物证

其他痕迹、物证应勘查以下内容：

1）树木、道路交通设施、建筑物等固定物上痕迹的长度、宽度、深度及距离地面的高度，以及造痕体。

2）牲畜的种类、颜色、大小及其体表痕迹。

（三）现场勘验方法

1. 痕迹物证的发现

痕迹物证发现方法包括：

1）根据道路交通事故的类型及其特点，通过观察事故发生时所接触到的物体和接触部位所显现出来的异常现象，确定勘验的重点部位。

2）观察道路交通事故现场或其图像，在道路交通事故现场地面、事故车辆、伤亡人员及其他有关物体的接触部位寻找可疑物；发现留在现场的地面痕迹、车体痕迹、人体痕迹及其他痕迹。

3）采用多波段光源、红外光源、紫外光源、警犬气味识别、试剂、电子显微等手段和装备，在不同角度下观察，发现痕迹物证。

4）勘验、确定相应痕迹的造痕体及承痕体，以及造痕体和承痕体的接触部位。对于连续发生多次接触，应分析是否为本次事故所形成，查找造痕体和承痕体第一次接触时的具体部位。

5）痕迹被尘土、散落物覆盖时，在不妨碍其他项目勘验的前提下，可照相后清除覆盖物再勘验。

2. 痕迹物证的固定

在提取痕迹前应对发现的痕迹进行固定，一般主要采用照相、摄像、标记、绘图和笔录等方法固定。随着数字成像技术的发展，立体摄影、三维扫描等技术也逐步应用于痕迹固定。

（1）拍照

照相是现场勘验常用的固定、记录方式之一，按其记录范围和对象，可以分为方位照相、概览照相、中心照相和细目照相。

1）方位照相：从远距离采用俯视角度拍摄交通事故发生地点周围环境特征和所处位置的照相方式。视角应覆盖整个现场范围：一张照片无法包括的，可以使用回转连续拍摄法或者平行连续拍摄法拍照。

2）概览照相：从中远距离采用平视角度拍摄交通事故现场有关车辆、尸体、物体的位置及相互间关系的照相方式。以现场中心物体为基点，沿现场道路走向的相对两向位或者多向位分别拍摄。

3）中心照相：在较近距离拍摄交通事故现场中心、重要局部、痕迹的位置及有关物体之间的联系的照相方式。

4）细目照相：采用近距或微距拍摄路面、车辆、人体上的痕迹及有关物体特征的照相方式。照相机镜头主光轴与被摄痕迹面相垂直。拍摄范围应覆盖整个痕迹，一张照片无法覆盖的，可以采用分段拍摄。

现场勘验过程中应特别注意微量物质交换痕迹的拍照固定，如皮屑、纤维、毛发、油漆等微量物质转移痕迹。为了达到清晰固定、记录的目的，现场勘验时应使用可以实现微距拍摄的便携拍照设备。图 2-1、图 2-2 均为现场勘验时拍摄的图像。

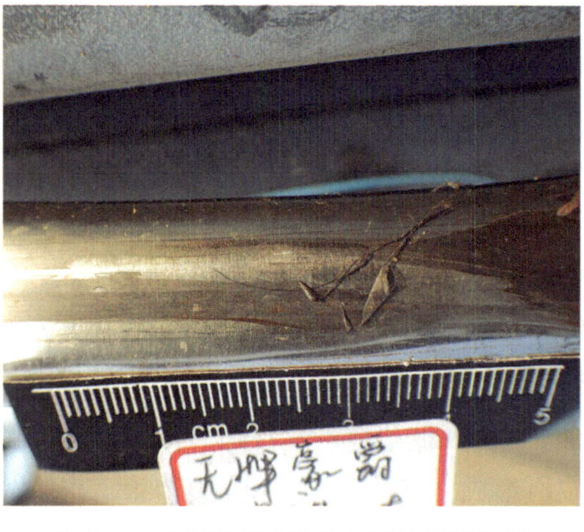

图 2-1　金属护栏上黏附的深色膜状物质

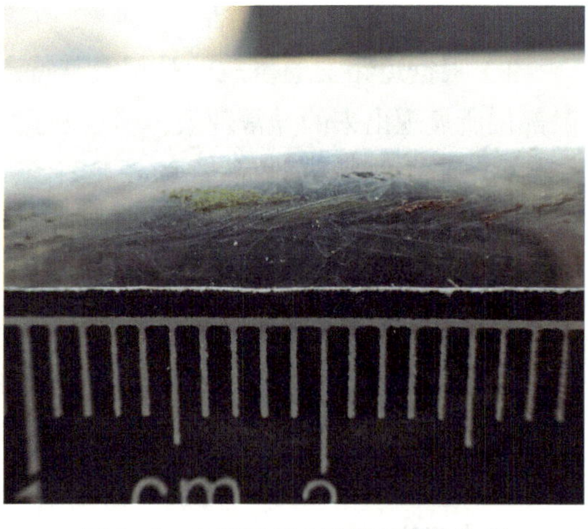

图 2-2　金属护栏上黏附的黄色物质

（2）摄影测量

使用摄影测量的方法，将拍摄的二维图像，经过摄影测量专业软件的处理，可以生成事故现场的正射影像，或事故现场、事故车辆及其他痕迹物证的三维影像。同时，也可以在生成的三维影像中实现距离测量。目前，在基于二维图像获得的三维影像中进行距离测量的精度可以控制在 3～5 cm。

图 2-3 是利用无人机拍摄图像的场景，图 2-4 是利用无人机所拍摄的图像，并使用倾斜摄影测量软件进行三维重建得到的效果。

图 2-3　利用无人机拍摄图像

图 2-4　利用无人机拍摄，并使用倾斜摄影测量软件生成的三维影像

（3）激光三维扫描系统

激光扫描系统一般由现场激光扫描组件和三维图像信息采集处理系统组成。采用相位法测距原理进行全景三维测量和整体建模，并可以集成彩色照相系统，实现零视差自动颜色叠加，同时具有三维图像采集、数据预处理管理以及将数据输出成主流三维软件支持格式的功能。利用该系统可以快速实现道路交通事故现场全景三维点阵扫描，以及车辆变形测量等现场勘查工作。该系统的使用将显著提高交通事故勘查的技术水平、工作效率和精度，如图 2-5 所示。

以三维形式记录、重现痕迹、物证是道路交通事故鉴定技术研究的重要发展方向，其应用可以突破传统拍照记录方式所得到的二维图像技术给后期鉴定和重建所带来的技

图 2-5 利用激光三维扫描系统得到的三维点云

术限制。该设备是一种便携式小场景三维扫描仪，适用于痕迹勘验、变形测量等小范围三维扫描，它能快速可靠地以三维方式记录空间信息，以高密度、高质量三维点云的形式客观反映扫描区域内的物质形状和空间尺寸，通过后期处理可以把得到的三维数据与其他三维数据或大场景三维数据进行匹配整合。

3. 痕迹物证的提取

（1）一般要求

提取痕迹、物证应做好保护和记录工作，要求如下：

1）对确认或疑似痕迹、物证，应及时提取，不得破坏提取物。

2）在勘查和提取物证的过程中，应防止所提的物证被污染。需要标注时，应使用粉笔或蜡笔在物证附近标注，不得标注在物证上。提取物证所用的工具、包装物、容器等必须干净，用同一工具提取不同部位的物证时，每提取一次，应将工具擦拭干净。提取油脂、血迹、生物组织等特殊物证，不得重复使用同一工具，不得用手直接接触物证。

3）对固态实物应分别包装，对分离物或脱落物，在包装时应注意其边沿不被损坏；对需化验的物质（如血迹、汽油等），包装时应严防污染或相互混杂。

4）对提取物，应注明名称、提取人、见证人、提取时间、地点、部位、天气、提取方法等情况，宜对提取过程全程录像。

5）对衣着上无法及时提取的痕迹，如车轮花纹痕迹等，应连同衣物一起提取，并防止痕迹被破坏。

（2）直接提取

直接提取痕迹、物证的方法如下：

1）提取时不得用手直接接触痕迹和物证部位；黏附在车体或其他较大物体表面的

固体物质，可根据物质性质，用刀片剥离、棉签吸取、胶带粘取、镊子夹取、剪刀剪取等方法提取。必要时，可采用剪、挖、锯等方法将物证连同部分载体一并提取。

2）多层结构的物证（如油漆涂料）应保证层次结构的完整，多种成分混合的物证（如织物）或不均匀的物证（如油污）应分部位提取。

3）提取人体血液时，应符合相关规定。

（3）间接提取

无法直接提取的痕迹、物证，采取间接提取的方法如下：

1）用照相或录像法提取。

2）遗留在光滑路面上的加层轮胎花纹痕迹、物证，可采用静电吸附法等提取。

3）遗留在路面上的立体痕迹，如泥土路面上的足迹、轮胎花纹痕迹等，可采用石膏灌注法提取；也可使用三维扫描的方式固定提取。

4）对于具有一定弹性而且不易断裂和破碎物体表面的痕迹，可用硅橡胶加一定量过氧化物的方法固化提取。

5）对于车辆或物体表面较大面积的痕迹，可使用硬塑料提取法。

6）对于手印，可采用粉末、502 胶、茚三酮等显现后照相提取。

7）黏附在小件物品及易分解车辆零部件表面的量小的物质，可用醋酸纤维素薄膜（AC 纸）等方法提取。

8）血液、油脂等液体物质，可用滤纸、纱布或脱脂棉擦取。

（4）提取物证的注意事项

提取黏附在小件物品和车辆零部件表面的物质，应当将有关物品和车辆零部件全部提取。对于黏附在车体上和其他较大物体表面的物质，可以根据物质的性质，采取相应的方法提取。对于固体物质，如塑料、反光膜、油漆、干燥血痕以及人体组织等，可以用刀片刮取。为了防止物证丢失，应将物证和部分载体一起提取。必要时还可以采用剪、挖、锯等方法进行提取。提取物证的过程中可能会对物证或其黏附的载体产生损坏或损毁，在提取前应根据相关规定，取得委托方或所有人的同意。

1）油漆物证的提取：在交通事故现场发现较完整的油漆碎片，可利用镊子夹取，放入收集袋或容器中。小块油漆碎片可以使用 AC 纸、透明胶带粘取或用干净棉花擦取，然后用白纸包装并放入收集袋或容器中保存。对于微小的油漆颗粒，则可以使用检材收取勺或手术刀刮取后放入收集袋或容器中。对于刮擦痕迹部位的油漆附着物，应首先进行痕迹检验和拍照，再进行检材提取。

提取嫌疑车辆油漆样本时，应首先根据对方车辆或受害人身上接触部位、距地高度等信息，检验嫌疑车辆的接触部位和痕迹，在具备痕迹形成条件和物质交换条件的基础上，确定样本油漆的提取部位。由于车辆油漆普遍具有多层喷涂的工序，因此，提取油漆样本时应确保提取完整的油漆层面。

2）塑料和合成树脂物证的提取：对于黏附在痕迹部位的非本客体形成的物质，往往是因刮擦作用形成的附着物，可借助放大镜观察，用手术刀片轻轻刮取附着物。若附着物较多或具有一定硬度，可用不锈钢镊子提取，然后放入收集袋或容器中。

3）毛发、纤维物证的提取：由于毛发、纤维掉落或附着的数量较少，毛发和纤维的物质转移痕迹不易发现，必要时应使用光源照射寻找纤维物证。在提取附着物之前，应用照相机拍下纤维的原始依附状态。成束纤维可用非金属镊子夹取，放在白纸中包好；量少时可使用 AC 纸或透明胶质粘取，再贴在载玻片上固定。如纤维黏附较紧，无法直接提取时可考虑割取客体或整体提取。

4）橡胶和轮胎物证的提取：较大块轮胎胎面胶碎末可用不锈钢镊子直接夹取，放入检材收集袋或容器中，并注明轮胎位置和具体部位。若轮胎检材量较少时，应使用纱布或棉球沾上水后沾擦轮胎微量痕迹处，然后将纱布或棉球连同微量附着物一起放进检材收集瓶中。若轮胎物证很细小且分布面较大，可以使用静电提取器提取。同时注意提取嫌疑肇事车辆比对检验用轮胎物证。

5）油斑物证的提取：将衣服上的油斑沿斑痕边缘剪下，放在带塞子的密封玻璃容器中，注明检材在衣服上的部位名称和受害人姓名后送检。当动植物油或矿物油洒落在水泥或沥青路面上时，用不锈钢镊子夹住脱脂棉球或纱布条蘸取，然后迅速放进磨口玻璃容器中送检。当动植物油或矿物油洒落在地面的沙石或泥土中，用手术刀或不锈钢小匙等刮取被油浸渍的泥土或用不锈钢镊子夹取带油迹的沙石，一起放进磨口玻璃容器中送检。

客体比较坚硬而且不吸油类物质（如金属或汽车表面），应使用镊子夹住棉球或纱布擦下油迹后，装入玻璃容器中送检。客体比较软且又会吸油类的物质（如木质材料），可用手术刀将浸油的客体一起取下，装入磨口玻璃容器中。注意将瓶口密封，不能使用橡皮塞，也不能用纸张包裹油斑检材。

6）汽车玻璃物证的提取：为防止金属元素对分析的影响，不应使用金属镊子直接提取，可用非金属镊子提取，也可以戴上手套直接提取。当玻璃碎片上有指纹、血迹、油漆、纤维等附着物时，要立即将该玻璃碎片另行妥善保管，不应破坏该附着物的原始状态。

7）法医物证（生物检材）的提取：对于勘验中发现的生物检材和疑似生物检材，提取所用的工具必须洁净，禁止同一提取工具反复使用；取证时尽量穿戴隔离服、口罩和隔离手套，禁止用手直接接触物证，以免污染和破坏物证，影响鉴定结果的准确性。

为了保证事故物证检验鉴定结果的正确性，在现场勘查和提取过程中，应防止物证被污染。在提取物证之前，不能在物证部位及附近用粉笔和圆珠笔以及蜡笔等勾画。提取物证的各种工具应清洁无污染。用同一工具提取不同部位的物证时，每提取一次后，应将工具擦拭干净，应使用不同的工具分别提取检材和样本。提取物证特别是油脂和人体组织等，不能直接用手接触物证。所提取的物证必须及时标明提取部位和名称，以防混淆。取证检验的物品和车辆应暂时扣留，检验鉴定结束后才能返还。

以上是交通事故现场中常见的几种微量物证的提取方法。在提取时尽量保持物证的原貌，尽量采用无损的提取方式，并确保提取过程不会对检材产生污染。提取、包装、保存还要符合法律、法规的关于提取物证的规定和要求。同时要与现场照相、绘图、记录相配合。对提取的微量物证，根据需要及时送检。

二、现场测量

鉴定过程中现场测量的目的是根据具体鉴定项目的需要，核实道路交通事故现场图中的重要数据和信息，或是根据道路交通事故现场图中已有的定位信息，补充测量鉴定中需要的其他数据。测量的内容可能包括：车辆位置，路面痕迹的形状、起点和止点位置，轮胎印痕曲线半径，护栏、灯杆等固定设施上的痕迹，部分案件还可能需要勘验事故路段的横向坡度、纵向坡度、平曲线半径和地形地貌等空间信息。

从测量对象和范围的角度分析，现场测绘的空间范围大于痕迹物证的测量的范围，对于一起交通事故而言，现场测绘可以认为是宏观层面，部位痕迹是中观层面，细目痕迹是微观层面。从测量的目的分析，痕迹物证的测量在于对象位置的固定，而测绘既包括定位测量，又包括相关对象的空间位置复现或重建，准确体现关注物体间的空间位置和距离信息。

目前，测量方法包括：传统定点测量、基于近景摄影测量的平面测量、基于无人机航拍的二维现场重建、基于无人机航拍的三维现场重建、基于激光三维扫描的空间点云重建。

（一）传统定位测量

传统定点测量的方法包括：点线定位法、直角坐标定位法、极坐标定、位法三角定位法，以及结合和点线定位法和直角坐标定位法的综合定位法。对于现场道路的坡度，可以使用坡度仪等仪器进行测量。

1. 点线定位法

（1）基准点

基准点也叫固定点，是现场定位时基准坐标系的原点。通常在说明某一个物体的位置时，总是以相对于另一个固定参考物的距离作为参照。道路交通事故现场测量中通常是在事故现场邻近的地方，选定一个或者多个具有永久性标记的固定点，作为确定现场方位的基准点。选取基准点的目的是为了确定道路交通事故现场所处的具体位置，大多数情况下其还是现场测量的基准。

道路交通事故现场预选的基准点，必须是现场原有的、相对固定的某一点，如里程碑、电杆、交通标志、建筑物的某个拐角等。选择基准点的原则是：在事故现场的一侧；离现场较近，便于测量和绘图；要相对固定、不易移动和消失，以便于在较长时间内能够作为恢复现场的基准标志。

（2）基准线

基准线的主要作用是与基准点配合，用来确定事故现场在道路上的位置，以及作为现场测量的参照。基准线的确定是道路交通事故现场定位的基础，一切道路交通事故现场痕迹物证在现场的位置及其相互距离关系，都可通过基准线得到相应的空间定位。通常是选择道路边缘线或者道路标线作为基准线，但由于受道路交通事故现场条件的限制，并不是所有的道路交通事故现场图的绘制均能选择合适的基准线，如发生在弯道的交通事故。因此，是否要确定基准线应视具体情况而定。

（3）定位测量

测量实践中，可以分别测量待测点到准点的直线距离，以及待测点到基准线的垂直距离，并结合待测点、基准点和基准线的基本空间位置完成定点测量，如图 2-6 所示。

以道路一侧的里程桩为现场基准点，以直线路段的一侧道路边缘线为基准线，通过分别测量侧翻倒地的两轮车前、后轮心到基准线的垂直距离，以及前轮轮心到基准点的距离，实现对现场两轮车的定位测量。

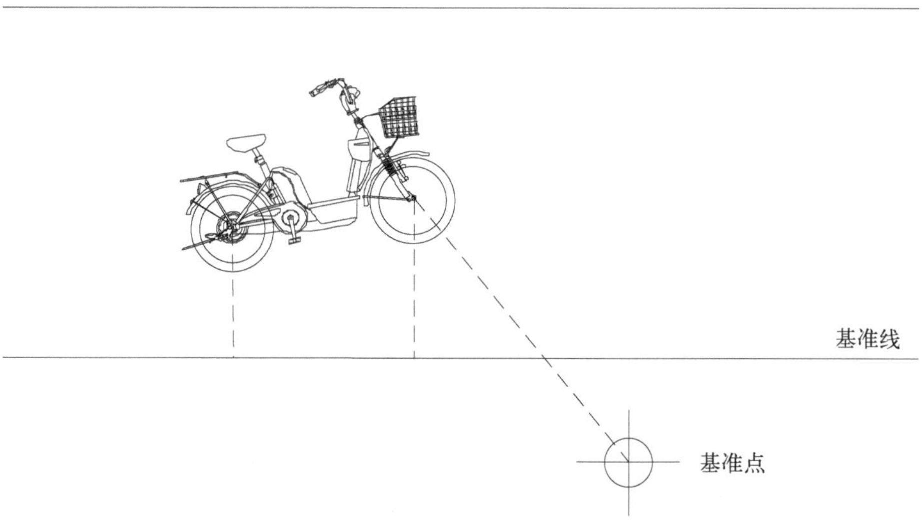

图 2-6　利用基准点和基准线的定位测量

2. 直角坐标定位法

直角坐标定位法是通过建立平面直角坐标系来确定平面内任意一点位置的方法。以基准点为原点 O，并以沿道路方向为 X 轴，垂直道路方向为 Y 轴建立坐标系统，建立平面直角坐标系。依次测量基准点到所有待测点的沿 X 轴和 Y 轴方向的距离，作为其 X，Y 方向的坐标，如图 2-7 所示。

该方法可以用于小范围的定位测量，较为实用。但由于测量现场很难建立准确垂直关系的 X 轴和 Y 轴，因此，测量误差可能会随着距离范围的扩大而增加。

3. 极坐标定位法

极坐标定位法是利用平面极坐标系来确定平面内任意一点位置的方法。选取现场某固定物为极点，选取另一固定物为基准点并与极点连接，以此连接线作为极轴；测量待测点到基准点的距离作为极径，以及待测点与基准点连接线与极轴的夹角作为极角，如图 2-8 所示。

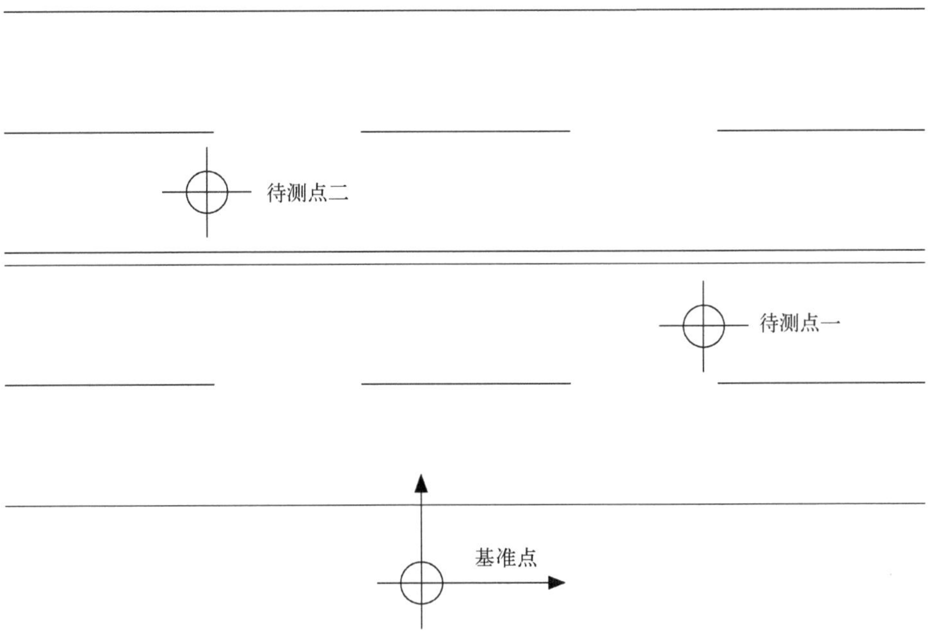

图 2-7　直角坐标定位法测量

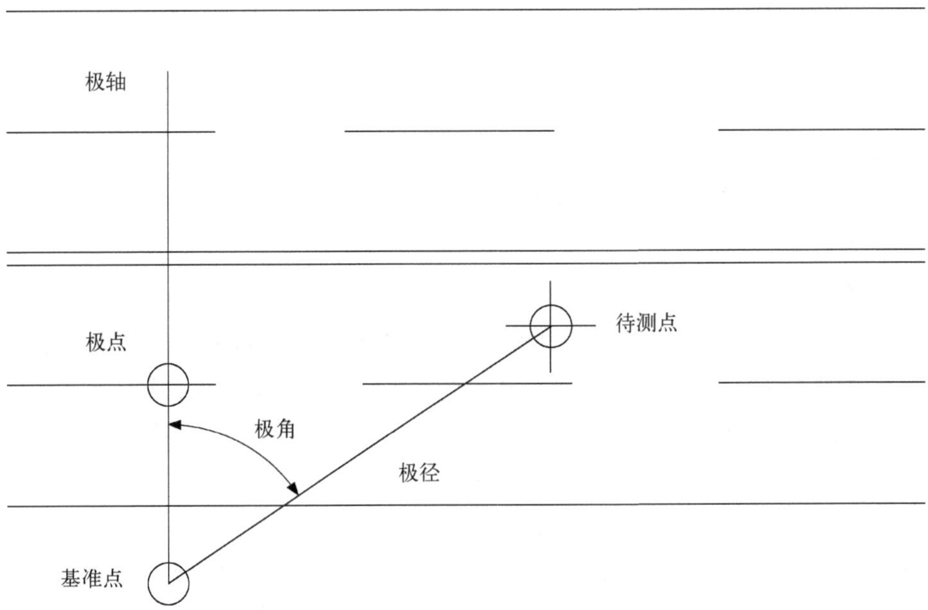

图 2-8　极坐标定位法测量

这种定位方法不需要基准线或垂直关系，所以应不受道路线形的影响，可以用于弯道路段或路口的测量。但是，这种方法需要测量角度，必须使用经纬仪等专业测量设备，同时也需要专业人员进行测量操作。

4. 三角定位法

三角定位法也称三点定位法，这种方法利用三角形的稳定性原理进行测量。选取现场两个基准点，分别量取待测点到两个基准点鉴定距离，实现对于待测点的定位测量，如图 2-9 所示。

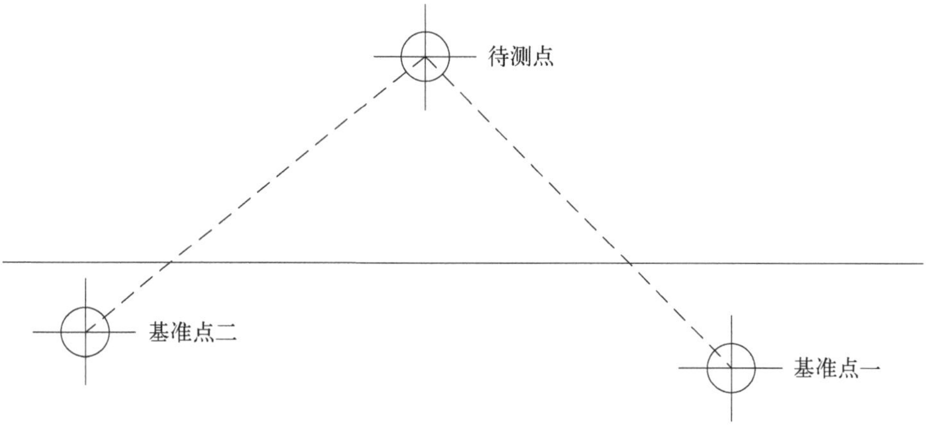

图 2-9　三角定位法测量

基于三角形的稳定性，在测量下一个待测点时，可以选用已经测量定位的测量点作为基准点，测量区域可以在已经完成的测量范围的基础上不断扩展。因此，这种测量方法可以使用较短的测量距离，实现较远范围的定位和测量。

三角定位法不使用基准线，不需要测量角度，仅需要测量直线距离。因此，这种方法适用于各种道路情况平面测量，测量精度也高于以上三种方法。

5. 弧形轨迹的测量

在侧滑和侧翻事故路面上经常可以发现弧形的轮胎印痕。当车辆发生侧滑时，会在路面上留下侧滑痕迹；当车辆发生侧翻时，有可能在离地一侧留下轮胎纵向滑动痕迹，而在另一侧留下轮胎压印。此类弧形痕迹的半径是计算车辆对应该过程行驶速度的有效依据。为此，有必要对这一类弧形轮胎印痕进行测量，以便进一步求取车辆行驶轨迹半径。行驶轨迹的测量方法可以采用以下两种方式。

第一种方法，首先，在弧形痕迹的一侧选取待测点，并在现场选取合适的基准点，或直接选用适当的两个待测点作为基准点；然后，采用以上介绍的三角定位法，分别测量基准点和待测点间的距离；最后，根据测量所得数据，在 CAD 软件上标绘基准点和待测点的相对位置关系，使用平滑曲线拟合由待测点构成的圆弧并标注其半径。

第二种方法，首先，测量弧形痕迹的玄长 C 和玄高 L；然后根据公式进一步计算该段弧形轨迹的半径，如图 2-10 及公式（2-1）所示。

$$r = \frac{C^2}{8L} + \frac{L}{2} \tag{2-1}$$

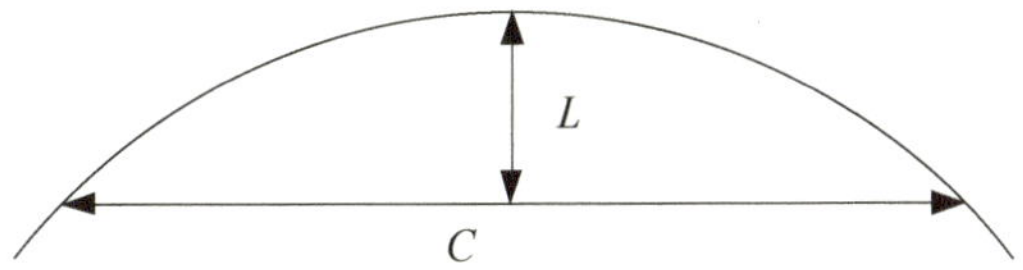

图 2-10　转弯半径（或地面弧形痕迹半径）计算测量示意图

值得注意的是，由于车辆在做圆周运动发生侧滑或侧翻的同时，可能伴随着速度降低，导致其相应的临界运动半径也会随之逐渐减小。因此，对于速度鉴定的现场测量而言，应尽可能对此类痕迹的起始阶段进行测量。

6. 坡度测量

基于事故形态进行车速鉴定时往往需要道路横向坡度或纵向坡度的数据，而目前道路交通事故现场图中大多缺少坡度信息。因此，鉴定过程中应该视需要，对事故发生地点的相关坡度进行实地测量。道路坡度可以使用水平仪等专业测量仪器进行测量、计算，也可以使用坡度尺等工具直接进行测量，如图 2-11、图 2-12 所示。

图 2-11　使用坡度尺沿道路方向测量平整路面的坡度

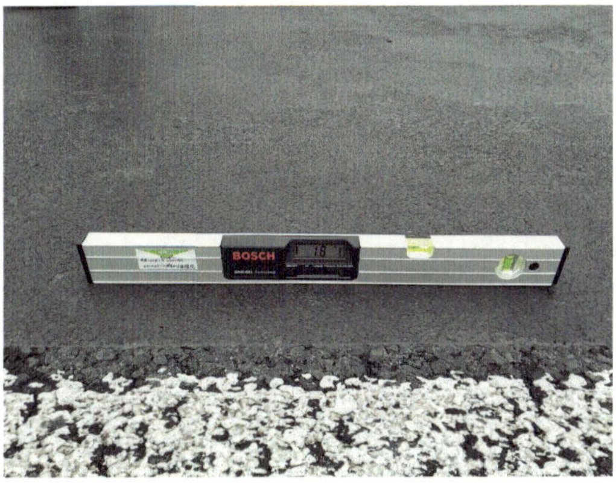

图 2-12　坡度尺显示的坡角

在测量实践中，传统定位测量的方法往往受到自然光照、气候环境和时间的限制。同时，发生在高速公路、城市快速路、主干路、桥梁路段的交通事故，对交通事故现场测量提出了更高的要求，即应在短时内采集最多的事故现场信息，又要以最快的速度恢复交通畅通，更要确保现场测量时交通安全。

传统定位测量方法无法对事故现场的信息进行再次提取。一旦现场勘查结束，现场即被撤除，若收集证据不全或数据间发生矛盾时，则无法进行复核或再次测量。

（二）基于近景摄影测量的平面测量

随着数字图像技术的快速发展，数码照相、录像广泛应用于交通事故的现场勘查，交叉路口、管控路段等重点交通区域普遍安装了视频监控设备，越来越多的车辆安装了视频行驶记录装置。交通事故现场勘验照片、录像，以及现场监控录像、车载视频等图像信息客观地记录交通事故的现场情况，包含了丰富的事故现场信息。近景摄影测量技术为进一步从这些图像中定量提取目标尺寸、位置和形状等信息提供了技术途径。

1. 二维直接线性变换

根据近景摄影测量的二维直接线性变换方法可知，如果图像上的点在实际坐标系空间中对应的点都在同一个平面上，则可以根据直接线性变换关系，推出从空间平面到图像平面的对应关系，并能由 4 个已知其在空间平面上的位置和图像平面上的位置的参考点，求出空间平面的点和其在图像平面上投影点之间的对应关系，这就是二维直接线性变换（direct linear transformation，DLT）。

二维直接线性变换标定法的基本原理如图 2-13 所示。

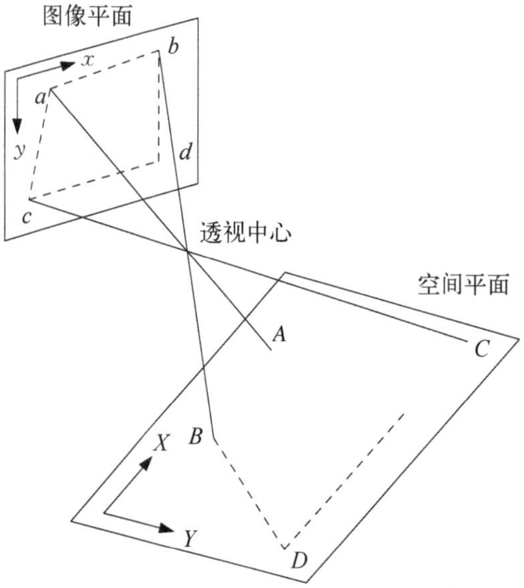

图 2-13　二维直接线性变换示意图

设三维空间坐标系中任意点（X，Y，Z）和它在二维图像平面坐标系上的坐标为（x，y），如果空间点都在同一个平面上，即 Z 为常数，则空间点和图像点的坐标满足：

$$
\begin{aligned}
x + \frac{l_1X + l_2Y + l_3}{l_7X + l_8Y + 1} = 0 \\
y + \frac{l_4X + l_5Y + l_6}{l_7X + l_8Y + 1} = 0
\end{aligned}
\tag{2-2}
$$

式（2-2）中有 8 个系数需要确定。如果已知 4 个以上标定参考点的空间位置及其在图像上对应点的位置，就可用最小二乘法确定 8 个未知系数，从而确定空间平面和图像平面的坐标变换关系。

系数近似值的解算式。选取 4 个控制点，可得以下 l 系数近似值的解算式：

$$
\begin{bmatrix}
x_1 & y_1 & 1 & 0 & 0 & 0 & x_1X_1 & x_1Y_1 \\
0 & 0 & 0 & X_1 & Y_1 & 1 & y_1X_1 & y_1Y_1 \\
x_2 & y_2 & 1 & 0 & 0 & 0 & x_2X_2 & x_2Y_2 \\
0 & 0 & 0 & X_2 & Y_2 & 1 & y_2X_2 & y_2Y_2 \\
x_3 & y_3 & 1 & 0 & 0 & 0 & x_3X_3 & x_3Y_3 \\
0 & 0 & 0 & X_3 & Y_3 & 1 & y_3X_3 & y_3Y_3 \\
x_4 & y_4 & 1 & 0 & 0 & 0 & x_4X_4 & x_4Y_4 \\
0 & 0 & 0 & X_4 & Y_4 & 1 & y_4X_4 & y_4Y_4
\end{bmatrix}
\cdot
\begin{bmatrix} l_1 \\ l_2 \\ l_3 \\ l_4 \\ l_5 \\ l_6 \\ l_7 \\ l_8 \end{bmatrix}
+
\begin{bmatrix} x_1 \\ y_1 \\ x_2 \\ y_2 \\ x_3 \\ y_3 \\ x_4 \\ y_4 \end{bmatrix}
= 0 \qquad (2-3)
$$

物方空间坐标近似值解算式。解得 l 系数后，可根据图像上目标点的坐标（x_i，y_i），按下述二元一次联立方程，解求物方空间坐标（X_i，Y_i）的近似值：

$$
\begin{aligned}
X_i(l_1 + x_i l_7) + Y_i(l_2 + x_i l_8) + (l_3 + x_i) = 0 \\
X_i(l_4 + y_i l_7) + Y_i(l_5 + x_i l_8) + (l_6 + y_i) = 0
\end{aligned}
\qquad (2-4)
$$

2. 现场测量应用

道路交通事故现场中需要测量的信息往往位于现场路面上，在一定范围内可以将路面视为平面，而且人行横道、车行道分界线、路面接缝线等地面特征物也为选取标定参考点提供了条件。因此，在鉴定实践中，可以选取图像中路面上的特征点作为标定参考点，建立像平面和空间平面间的直接线性变换关系，从而通过图像中目标像素坐标实现实体空间位置的测量。

例如：在某无信号灯控制的 T 形路口，一辆左转的三轮车与一辆直行的小型轿车发生碰撞。办案人员现场勘验时，发现事发路口一侧安装了一台摄像机，随即调取并保存了事发时的监控视频图像。通过观察视频，发现小型轿车涉嫌占道、跨线行驶在三轮车左转的目标车道上，但是视频图像中不能直接观察到路面中心标线的位置。为了调查事实，办案单位委托鉴定涉案小型轿车进入视频范围时在路面上的位置。

方案一，若监控摄像机的内参和外参均未发生变化，即摄像机的位置、角度和景深与案发时的情况保持不变，则可以直接采用现场实验的方法进行鉴定鉴定。可以将醒目、突出的标定物放置在现场路面中心线位置上，截取放置好标定物后视频图像，并将实验图像和事发时的图像进行重叠，比较目标车辆轮胎位置与标定物间的相对位置。

方案二，若监控摄像机的内参或外参均生变化，则不能按照方案一进行鉴定。可以首先在视频图像中，选取现场路面上不在一条直线上的四个特征点作为标定参考点，然后现场测量四个特征点间的实际距离信息，最后根据四个特征点的像素坐标和实际位置关系，建立像平面与空间路面的二维直接线性变换关系，从而通过图像中目标车辆的轮胎位置测量其实际位置。

该案具体鉴定过程中发现，案发之后摄像机的参数有所变化，已经不能完全复位。因此，鉴定人采取了第二种鉴定方案，通过图像观察，发现事发现场路面上有可供标定的特征点，通过现场测量，获得了四个特征点的实际空间距离，如图 2-14 所示。

图 2-14　被鉴定车辆右前轮接地位置及路面特征点

使用具有近景摄影测量功能的软件 PC-Rect，输入四个标定点的像素位置、四个标定点的实际距离，建立像平面和空间平面的二位直接线性变换关系，并将像平面进行投影变换，经过处理后得到路面的俯视比例图，进而测量目标车辆轮胎所处位置距离路面一侧边缘的距离，如图 2-15 所示。

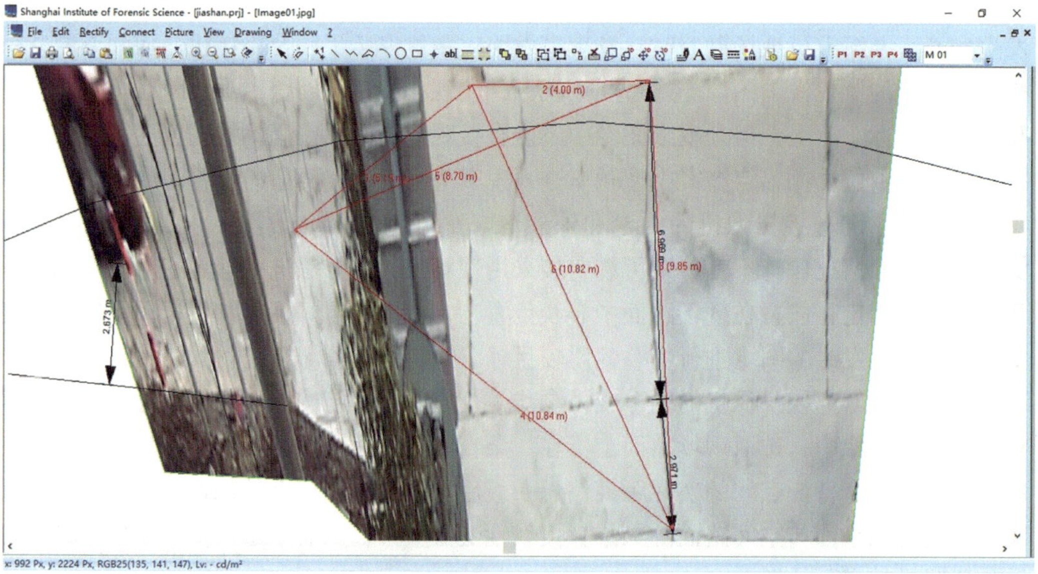

图 2-15　二维直接线性变化后得到正射图像

随着民用无人机技术的发展，无人机航拍图像也开始用于道路交通事故的现场勘验。无人机携带的摄像机在一定高度条件下俯视拍摄的图像与普通照相和录像相比，具有视野范围广，摄像主轴与现场路面近似垂直等优势条件。因此，无人机拍摄的俯视图像可以近似认为是现场平面的比例图，在使用无人机航拍图像进行现场测量时，既可以在俯视照片上标注使用传统定位测量所获取的数据。也可以根据图像中现场路面上的接缝线、标线等可以测量实际距离的参考物，计算俯视照片与现场路面实际距离的近似缩放比例关系。

当需要更高测量精度和准确性时，可以使用 PC-Rect、PhotoModler 等专业图像测量软件，将拍摄图像经过畸变矫正和二维直接线性变换，将拍摄图像转换为正投影的俯视图，即为现场比例图。

（三）基于无人机航拍图像的三维现场重建

使用连续的无人机航拍图像，还可以根据摄影测量的基本原理和多视图三维重建技术构建事故现场的实景三维模型。目前，可以应用 Agisoft PhotoScan、ContextCapture（Smart3D）、Pix4Dmapper 等专业软件处理多幅连续图像，对事故现场进行三维空间重建。

基于四旋翼小型无人机平台和机载摄像机对设置在某口的一处模拟事故现场拍摄连续图像，使用专业软件对拍摄的图像进行处理，得到现场三维重建效果，如图 2-16、图 2-17 所示。

（四）基于地面三维激光扫描的空间重建

地面三维激光扫描技术是 20 世纪 90 年代中期开始出现的一项技术，是继 GPS 空间定位系统之后又一项测绘技术新突破。三维激光扫描技术可以真正做到直接从实物中进行快速的逆向三维数据采集及模型重构，即从三维到三维的全景三维实测数据重

图 2-16　某 T 形路口的三维影像

图 2-17　一例模拟事故现场的三维影像

构。它通过高速激光扫描测量的方法，大面积高分辨率地快速获取被测对象表面的三维坐标数据。可以快速、大量的采集空间点位信息。无须做任何实物表面处理，并且景深很长，避免了光学变形因素带来的误差，激光点云中的每个三维数据都是直接采集的目标真实数据，从而使后处理的数据真实可靠，所以将它作为快速获取空间数据的有效手段。它主要是针对大中型的目标实体或实景，并能直接反映客观事物实时的、变化的、真实的形态特性。

激光三维扫描测量技术克服了传统测量技术的局限性，采用非接触主动测量方式直接获取高精度三维数据，能够对陡峭、复杂、高危环境等任意物体进行扫描，且没有白天和黑夜的限制，快速将现实世界的信息转换成计算机可以处理的数据。它具有扫描速度快、实时性强、精度高、主动性强、全数字特征等特点，三维激光扫描仪每次测量的数据不仅仅包含 X，Y，Z 点的信息，还包括 R，G，B 颜色信息，同时还有物体反色率的信息，这样全面的信息能给人一种物体在电脑里真实再现的感觉，是一般测量手段无法做到的。

激光三维扫描技术可以用于事故现场测量及重建、事故车辆勘验等，对与事故有关的场景、物体进行扫描，从而获得目标的点云及图像数据。该技术还具有不破坏检材、测量精度高、覆盖面积大等特点，相较于传统的测量勘验手段，激光扫描仪的使用有助于提高交通事故现场勘验及痕迹检验的准确性、科学性和客观性。

以 FARO Focus-3D 为例，其激光扫描范围：0.6～120 m；垂直视域：305°；水平视域：360°；测距误差：±2 mm；分辨率：测量速度：122 000/244 000/488 000/976 000 点 / 秒；激光功率（CW Ø）：20 mW，激光等级为 3R；最大 7 000 万像素；波长：905 nm。FARO Focus-3D 采用相位法测距原理进行全景三维测量和整体建模，可以集成彩色照相系统，实现零视差自动颜色叠加，同时具有三维图像采集，数据预处理管理以及将数据输出成主流三维软件支持格式的功能，可以实现交通事故现场、痕迹及事故车辆变形的全景三维点阵扫描，以及交通事故现场道路横、纵断面信息的快速测量，提高交通事故现场勘查的效率和精度。

以下应用示例是利用激光三维扫描仪对一例模拟事故现场进行勘查测量后得到的点云，以及在点云模式下测量若干待测点的水平距离和路面任意两点间的垂直落差，如图 2-18 所示。

图 2-18　在点云模式下的测量示意图

以下是在图像模式下，测量若干待测点的水平距离和路面任意两点间的垂直落差，如图 2-19 所示。

图 2-19　在图像模式下的测量示意图

第三章

道路交通事故痕迹鉴定

道路交通事故痕迹是指由于涉案人、车的行为活动所引起的交通事故现场一切物质形态的变化。在交通事故中，发生过接触的车辆之间、车辆与道路设施之间或车辆与人体之间都存在着相互作用，并会在接触面上形成某些表现形式的痕迹。

道路交通事故的痕迹检验鉴定应该从部位、尺寸、高度、受力方向及形态等方面对痕迹进行检验和记录，对于物质交换及整体分离痕迹需要进行外观比对和理化检验，重点关注并充分利用特征性痕迹、物质交换、整体分离痕迹以及由多处痕迹共同组成的特征性痕迹群，确认造痕、承痕关系，以及造痕体和承痕体的相对运动关系。

痕迹鉴定是道路交通事故物证鉴定的基础，可以通过痕迹鉴定解决涉案车辆、人员、设施是否发生碰撞，以及碰撞形态、事故过程和碰撞点位置等专门性的技术问题。同时，道路交通事故痕迹鉴定也是事故形态鉴定、车辆安全技术状况与事故关系鉴定、驾乘关系鉴定、速度鉴定等鉴定项目的基础。

第一节　道路交通事故痕迹鉴定的目的和内容

一、道路交通事故痕迹鉴定的目的

道路交通事故痕迹鉴定的目的可以分为直接目的和间接目的，直接目的是指通过痕迹鉴定直接解决的专业性技术问题，间接目的是指通过痕迹鉴定为其他鉴定项目提供技术基础和依据。

道路交通事故痕迹鉴定的直接目的包括：通过对嫌疑车辆、人员及现场进行痕迹检验，判断车辆、人体、交通设施间是否发生过接触、碰撞，以及是否存在其他嫌疑车辆；通过痕迹检验，确认肇事车辆之间、车辆与人体、车辆与交通设施的碰撞部位，判断事故形态；根据事故现场地面痕迹和散落物等痕迹物证，判断或计算出碰撞点的空间位置；针对交通逃逸案件，通过事故现场勘察和涉嫌肇事车辆痕迹检验，为侦破逃逸事故和鉴别肇事车辆提供依据；针对涉嫌利用伪造交通事故现场骗取保险赔偿的案件，可通过事故现场勘察和肇事车辆痕迹检验，对事故的真实性进行判断。

道路交通事故痕迹鉴定的间接目的包括：为道路交通事故行为方式鉴定、车辆安全技术状况鉴定、车辆速度鉴定，以及其他与道路交通事故痕迹相关的鉴定内容提供技术支撑和基础依据。

二、道路交通事故痕迹鉴定的内容

从委托事项和鉴定目的的角度出发，道路交通事故痕迹鉴定的内容包括：

（一）是否发生碰撞

涉案车辆、行人及其他物体间是否发生过接触或碰撞。如在交通事故逃逸案件中，判断嫌疑车辆是否与现场车辆、行人或物体发生过接触或碰撞，此类鉴定可以简称为是否发生碰撞。在鉴定实践中，除了采用基于痕迹形象特征进行鉴定以外，还可能会将痕迹检验中发现的疑似物质交换物证进行微量物证鉴定或法医物证鉴定，在痕迹检验的基础上，结合理化检验和生物学检验的结果确认是否存在物质交换。该项鉴定是确认碰撞事件是否发生，明确事故责任主体的重要依据。

（二）事故形态及过程

复杂交通事故中的碰撞部位及过程。如在两车多次碰撞事故中，判断车辆每次碰撞的部位及顺序；在多车碰撞事故中，判断车辆间的碰撞部位及顺序；判断碰撞时车辆、当事人的行进方向，以及所处姿态或体位，此类鉴定可以简称为事故形态。该项鉴定是分析事故过程，进行事故认定和案件审理的重要基础，同时，也是道路交通事故车速鉴定、交通行为方式鉴定的基础。

（三）碰撞点位置

涉案车辆、行人发生碰撞时，车辆或行人在路面上所处的位置，以下简称为碰撞点位置。如对于机动车与非机动车的碰撞事故，判断事故车辆所处车道位置，涉案的机动车是否行驶在机动车道内，非机动车是否行驶在非机动车道内；涉案车辆是否存在跨线行驶、逆向行驶的行为。该项鉴定与相关法律条款准确对应，是分析事故过程，确认事故责任的重要依据。

（四）辅助其他鉴定项目

事故形态是车辆速度鉴定、交通行为方式鉴定的重要基础，因此，痕迹鉴定对于这两项鉴定都具有十分重要的作用。有时，在部分案件中甚至可以通过痕迹鉴定直接判断当事人的交通行为方式。同时，对于车辆碰撞痕迹的检验鉴定也是车辆安全技术状况与事故发生之间因果关系鉴定的基础，如车辆相关安全部件的损坏、失效与事故发生之间的前后次序和因果关系。

第二节　道路交通事故痕迹鉴定的方法

一、相关术语

1. 客体

客体是指客观存在的事物，是主体认识和实践的对象。交通事故物证鉴定客体，是指与事故案件相关的，能证明事故真实情况，并且需要运用专门的科学技术知识进行鉴定的物体。鉴定客体与鉴定对象不同，鉴定客体是实体物和某种事实或现象的自身，鉴定对象是鉴定客体的物质表现，它既包括客体的自身，也包括其反映形象，以及与事故有关的事实和现象。

2. 检材

检材是鉴定中的习惯术语。多数情况下是被鉴定客体留下的反映形象，有时是其自身的一部分。检材是案件中的证据材料，一般是通过现场勘验、调查获得的，如交通事故现场中的轮胎痕迹、地面损伤痕迹、油漆、玻璃、散落物等。检材在未作出鉴定结论以前，不能确定它的证据价值。

3. 样本

样本是供鉴定客体的反映形象或者自身的一部分。一般是在交通事故处理过程中，依照法律程序，通过侦查或调查获取的。它是侦查与鉴定中的“已知物”，是供鉴定分析、比较的对象。

在鉴定实践中，一般是通过检材与样本的分析比较，发现与确定它们之间的相同特征与不同特征体系是否相同，从而证明检材与样本两者是否为被鉴定的客体所形成。如一起肇事逃逸案件，在现场上只遗留下车辆轮胎的滚印痕迹。现场勘查人员提取后得到的是检材，通过对检材进行检验或种属认定后可知是某类型货车所遗留，通过时间、方向、装载、现场散落物等证据，又进一步查到几台嫌疑车辆，并提取了这几辆车的相应轮胎滚印痕迹样本，然后，通过检材与样本的分析、比较、同一认定，确定它们之间是否有相同特征，就可以进一步确定哪一个样本反映形象的特征与检材反映形象特征是完全相同的，从而找到被鉴定客体。

二、物质转移原理

（一）物质的含义

物质是自然科学和社会科学领域一个基本概念，是指独立于人的意识之外的客观存在。它包括有形的物质与无形的物质，一切客观存在的都属于物质的范围。随着现代科学技术的发展，司法鉴定中物质概念的范围也在不断拓展。目前进行鉴定的物质对象可以归纳为三类。

第一类是实物型物质。它是有形的，可以用肉眼和科学仪器观察到的物质实体。如毒物、毒品、爆炸物、金属微粒、泥土、粉尘、纤维、油渍、人体微细物质等。它是司法鉴定最常见的对象。

第二类是痕迹型物质。它是实物型物质（含物品、物体）的外表形态结构及其组成部分，由于机械作用、理化作用和自然变化，形成于载体物上的痕迹。如手印、足迹、工具痕迹、牙齿痕迹、碎裂痕迹、笔迹、图像、印刷字迹等，这些是司法鉴定最为多见的物质对象。鉴定这类物质，主要不是确定其理化成分、结构特点和生物特性，而是寻找其形成痕迹的“物”或“人”，或者判明痕迹形成的原因。

第三类是信息型物质。它是随着电子技术的发展而出现的新的物质类型。如声频与视频录音带和录像带、光碟、软盘等储存的信息，计算机系统和网络系统有关部位留存的电磁痕迹及其内容。这类物质与前两类物质有许多不同，它是由光电转化、声电转化、光化学转化、电磁转化形成的转化物质痕迹，其中许多物质痕迹在一定条件下还可“复原”。这种转化物质痕迹是逐渐增多的新兴鉴定对象。

上述三类司法鉴定物质都与物质转移原理有密切关系，明确其转移的条件、过程及转移后的特点，对于选用鉴定方法和评断鉴定意见的证明力具有重要意义。

（二）物质转移原理

物质转移是指物体的物质或信息被其他客体物承载、交换、吸收、转化，而在其他客体物上存留一定的物质、信息的物质运动过程，包括物质实体的自身转移、物质实体外表结构形态的形象转移、信息物质的吸收或转化等转换形式。从鉴定的角度解析物质转移，证据是一种信息，而信息是物质的一种表现，鉴定中的证据信息是一种客观存在，它可以在不同客体间以不同的方式进行交换、转移、传递，并在其承载客体上留存相应信息，从而可被获取和运用。

（三）物质转移原理的科学依据

无论是物质量的转移还是物的外表结构形态特征被转移成痕迹物质，或者是物质中蕴涵信息的转移，它们都具备一定的科学基础，遵循各自的转移规律。一般认为，物质不灭、能量守恒和人的行为的物质性，是物质转移原理的科学依据。尽管不同类型的物质转移方式有所不同，但都要以物质不灭、能量守恒或能量转化作为先决条件。物质的任何转移形式，首先要有物质体存在，电子信息转移也不例外。唯物辩证法认为，行为是物质性的表现形式，是一种物质运动。司法鉴定中涉及的鉴定对象（或专门性问题），都是行为人的刑事行为、民事行为、行政行为导致的结果。行为主体的物质性运动必然在一定的时间、空间条件下实施，从而改变事物的原有状态，引起有关物质按照自己的运动特点转移。

（四）物质转移的条件

物质转移是物质运动的客观规律。司法鉴定中常见的物质转移过程一般需要两个条件：转移客体的条件，多数是要在两个客体之间进行，外力作用条件，包括行为人的作用、自然界相关因素的作用、参与转移物之间的理化作用、机械作用等。外力作用的方式，可以是接触、吸收、传递、化合、分解等多种。物质转移的结果，必然导致参与转移的一方、双方或者各方引起一定的变化。

（五）物质转移的方式

物质转移的方式主要有三种。

第一，物质量与质的转移，即传统物质转移理论中的物质交换方式。由于行为主体或造型主体之间发生接触或交换关系，接触体或交换体之间产生一定的形态变化，或者被黏附、脱落某种物质，或者被吸收、带走某种物质，使相关方发生量或质的变化。

第二，物的外表形态结构被承受体“复印”而转移成痕迹型物质。这种转移方式并不完全遵守能量守恒法则，而是以“接触复制”的方式，或者以感觉、记忆方式实现转移的。如形象痕迹、记忆痕迹的形成，即超出了物质交换的范围。

第三，物质中蕴含信息的转移。如电子数据是由于人的行为产生自动转移的结果，其数据、图像或痕迹不仅寓存于主动入侵的计算机与被侵害的计算机之中，同时还保留于登录所途经的网络站点之中。学术界普遍认为，电子信息转移是物质转移的一种特殊方式。

（六）在司法鉴定中的意义

1. 物质转移原理是获取鉴定材料的科学依据

鉴定材料是鉴定的物质基础。鉴定材料虽有分散性、多变性、隐蔽性等特点，但它是一种客观存在，不会完全被自然或人为因素掩盖、隐藏、破坏，也不会自动消失。侦查人员、鉴定人可以根据物质转移原理及相关规律，应用科学技术方法进行勘验、检查，从而有效地发现、提取鉴定材料。

2. 物质转移原理是鉴定人选用鉴定方法的基本依据

司法鉴定领域，研究物质转移原理的目的之一，是寻找鉴定材料形成的规律性。物质转移的三种方式，实质上就是鉴定材料的形成方式。鉴定方法是依据鉴定材料的性质和特点选定的。如对于由物质交换原理形成的鉴定材料，鉴定所要解决的多是定性、定量问题，主要应当采用理化检验、生化检验方法；对于物的外表形态和结构或人的行为习惯形成的鉴定材料，鉴定多是解决同一认定问题，鉴定主要选用数学统计法、物理比较法、电子学比较法等；对电子信息转化或传递原理产生的鉴定材料，鉴定主要是解决恢复事实、显示事实、辨明事实真伪等问题，多用电子技术方法实现鉴定要求。

3. 物质转移原理对评断鉴定意见的证明作用有一定指导意义

多数司法鉴定对象都是经过物质转移方式形成的，其转移方式不同，对鉴定意见的证明作用也有差别。尤其是对物证类和声像资料类鉴定意见的评断更要重视这一原理的运用。物质转移不完全是物质形态和信息的复制，会根据不同转移条件和方式发生量或质的变化。每种鉴定对象或每个鉴定对象，都要随转移条件和方式的差异发生不同的变化，因而在其量和质方面既有相同的部分又有变化的部分。鉴定主体之间，由于主客观因素的差异和制约，对同一事项的鉴定意见可能出现不同的量或质的差别。鉴定人、司法人员、律师工作者应当遵循物质型、痕迹型、信息型不同鉴定材料的转化特点规律评断鉴定材料因转移过程可能发生的变化及对鉴定的影响，从证据链总体上考察鉴定意见的客观性、可靠性。

三、同一认定原理

（一）同一的含义

1.“同一”的概念

司法鉴定同一认定原理中的“同一”是指客体的自身同一，即被鉴定客体物与其自身为同一物。“客体自身同一”，是自然辩证法中一个基本观点。在自然界和人类社会，没有两个完全相同的人、相同的物，只有“同一”的自身。所谓客体自身，是指具体的人或物各方面物质特性的唯一性表现。如人的肤纹特性、外貌特性、遗传物质基因特性、书写习惯特性等与其自身同一；印章、鞋底、枪支弹道、车轮胎花纹特性与自身同一。同一认定原理中所说的客体，是指与案件事实相关，能据以证明案件情况，需用专门的科技手段进行鉴定的物体（含物质、物品）、人身以及某些事实与物质现象。

客体的自身同一，通常有两种情形：一种是客体物的组成部分与其自身为同一个整体物，如人体物质同一、动植物体物质同一、断离物或分离物与其整体物同一；另一种是客体物的若干反映形象（痕迹或复制品、声音、图像等）为其自身所形成。如检材指印与样本指印、检材笔迹与样本笔迹、检材牙齿印与样本牙齿印、检材声纹与样本声纹，是否为同一人的指纹、同一人的书写习惯、同一人的牙齿、同一人的语音习惯所形成，此类“同一”即称为人的手指乳突花纹同一、书写习惯同一、牙齿结构形态同一、语音习惯同一。

同一认定鉴定中的“同一”是指被寻找客体的自身同一。所谓被寻找客体，是指与案件中某一事实确实有关的“人”或“物”。如案件中涉及的鉴定对象（一般称为检材，由被寻找客体形成），通过与其相关的样本（理论上称为受审查客体的反映形象）的比较鉴定，确认该两者为同一人或同一物所形成，即是寻找到了形成该专门性问题的客体物的自身。可见，这种“同一”，不是检材与样本的同一，而是两者均出自同一客体物，是客体物自身同一，而检材与样本只是认定同一的依据和条件。同时，也不能一概认为“同一”是被寻找客体（检材的自身）与受审查客体（样本的自身又称可疑客体）之间的“同一”。因为这两者间不存在必然“同一”的关系，只存在可能“同一”的条件。如果对这两者（被寻找客体与受审查客体）各自形成的检材与样本的比较鉴定，检材与样本确实出自同一客体物，这两个“客体”就是同一客体了。如果检材与样本不是出自同一客体，那么，被寻找客体与受审查客体就分别是两个不同的客体。所以，司法鉴定同一认定原理中的“同一”是指客体自身同一（被寻找客体的自身同一），既是由哲学、自然科学的基本原理决定的，又是侦查、调查、鉴定、审判所要求的。

客体自身是否同一的问题是根据案件的特殊认识方法提出的。客体自身是否同一是在这个客体在案件中出现两次的情况下，才被提出来的。其中一次是作为未知客体出现的，另一次是作为已知客体出现的。如果客体只出现一次，则不会有客体自身与自身是否同一的问题。在同一认定理论中未知客体称为被寻找客体，后出现的已知客体称受审查客体。被寻找客体和受审查客体需要解决是否同一问题的客体，通常称为被认定同一客体。

确定客体自身同一是同一认定的目的，也是鉴定结论的法律要求。如在交通肇事逃逸案件的侦查过程中，发现了案件现场中的遗留痕迹、物质性客体等可疑物或可疑痕迹时，就要收集有关样本进行同一认定，通过检材与样本的比较，如果两者的特征体系相同，即可证明检材与样本两者是同一个人或物所形成的，即检材就是被寻找客体的反映形象，或者是其自身的一部分。这样就可以找到逃逸的车辆或逃逸者。

2. “同一”与“相同”“相似”的区别

概念上的区别与联系。在痕迹物证鉴定中，常常出现同一、相同和相似这样一些容易混淆的相近概念。从同一认定理论方面讲相同或相似均属于同一概念的内涵，但它们与同一有着明显的质的区别。“同一”是指客体自身与自身等同，指的是同一个客体。“相同”或“相似”是指一个客体与另一个客体或另几个客体种属相同或部分特殊特征相同，但除了自身以外不能和其他任何客体同一。鉴定客体之间互相相同或相似的原因是多方面的。由此可见，“同一”与相同或相似的概念之间，既有一定的联系又有根本的区别。

同一与相同的认识界限。在鉴定实践中，真正把握同一与相同的界限是不容易的。同一是由检材和样本之间所反映出来的种属特征和特殊特征所构成的特性等同，即两者都是同一客体的反映。一般认为，检材与样本的相同特征的临界面达到 80% 以上，而差异点的比例极小，且不存在本质差异点，即属同一的质的规定性。但这只是鉴定理论上的一个模糊概念，而不是鉴定结论的标准。

相同或相似的标准。相同或相似的标准是指客体的自身或检材与样本之间的种属特征相同，或者种属特征和一部分特殊特征相同，而差异点的比例高，且存在本质差异点。客体在相同或相似的范围之中，有的有可能同一，只是因为受到主观或客观条件的局限，而不能找到认定同一的充分依据。在这种情况下，也不能将相同或相似当作同一。

“同一”是指客体或其反映形象特征总体的同一，不是客体特征个体的相同。同一具有唯一性，是客体自身的同一，是独一无二的。客体间个体特征相同，不能称为“同一”。

“相同”是指两个事物的特征有某种一致的表现。两个事物的特征相同，有可能是客体自身，也可能根本不是。鉴定中所说的“同一”与“相同”，认定的标准不一样。鉴定中所说的“相同”，一般有三种情形。第一种是客体间的种属特征相同，用鉴定的习惯语言表述为客体种属一致，实质上是一种相似的层级。第二种是检材与样本间个体特征或局部特征相同，鉴定书上通常用个体特征相同或不同，或者部分特征相同或不同限制术语表示。第三种情况是检材与样本间各方面的特征相同，但“不同一”。因为两者间不具备认定为同一个客体的基本条件。如对于复印或扫描形成的签名字迹、印章印文，无论其检材与样本两者或其中一种为复印件或扫描件，通过比较鉴定虽然发现两者间各方面的特征都相同，但都不能认定它们为同一人书写或为同一枚印章所盖，它们只是“相同”而非“同一”。这是由于它们不是被寻找客体和受审查客体的直接产物，复印件或扫描件可能是原件的真实反映，也可能是伪造、变造形成的“再生物”，从逻辑上和事实上讲，都不具备直接认定同一的条件。如果该复印件或扫描件来源的真实性获得了合法证明，可以由“相同”进而认定为“同一”。鉴定中的“同一意见”与“相同意见”是有根本区别的，其证据证明力也是不同的。鉴定人在出具“同一”或“相同”意见时，不仅要严格把握鉴定技术标准，同时还必须审查检材与样本的来源与性状，不能忽视鉴定材料的条件，混淆“同一结论”与“相同结论”的界限。同时，这两种“鉴定意见”在表述要求上也有区别。

3. 同一的内涵

（1）反映形象与反映形象之间的同一

这种观点是将同一认定理论中的“同一”解释为“反映形象与反映形象之间的同一”。比如说“同一是两个反映形象特征的同一”。这种观点的主要错误在于：第一，将同一客体的数个反映形象的并列关系看成了同一关系。第二，把同一认定的手段与同一认定的目的混淆了。客体的反映形象是作为比较的对象，而反映形象的比较是认定同一的手段，不是认定同一的目的。同一认定的目的在于确定被鉴定客体，即在现场上或案发前后留下反映形象的客体自身。第三，将种属认定错误地当作同一认定。在案件侦查的初始阶段，有时需要确定几个反映形象之间的关系，如现场上几个地面轮胎痕迹是否为同一辆车所形成，但是，这种形式同一认定鉴定结论不能说成几个地面轮胎痕迹之间的同一，只能说这几个地面轮胎痕迹的造痕客体是同一个造痕客体。

所以，当鉴定结论中出现“现场遗留的轮胎痕迹与送检的某辆车的轮胎痕迹相同”等，这种鉴定结论是不符合证据要求的，其原因在于没有确定被鉴定客体本身，其实质是没有从理论上明确谁与谁同一。

（2）物与印的同一

认为“同一”是客体与其反映形象的同一，即“物与印（像）的同一”。比如说“同一”是“客体某一方面的重要特性与自身反映形象特征的同一”。这种观点显然是错误的，因为反映形象与客体自身之间是一种从属关系，不可能同一。正如指纹与指印、车轮与轮胎痕迹、人体外貌与人像照片两者不可能同一。列宁说过：“反映可能是确实接近于所反映的拷贝，但如果说二者同一，就荒谬了。”物与印的同一的观点有时在痕迹鉴定结论中出现。如“事故现场的地面轮胎痕迹与某嫌疑车辆的轮胎花纹相同”等，用这种“同一”观点做出的鉴定结论，既不能说明同一认定中供鉴定客体与被鉴定客体的关系，也不能表明被鉴定客体与案件事实之间的关系。

（3）物与物的同一

物与物相同一的观点是指几个客体之间的“互相同一”或者客体部分与部分之间的“互相同一”。这种“同一”的观点是与辩证同一理论相违背的。“互相同一”论从根本上否定了客观世界任何具体物的特定性，从而否定了鉴定的科学依据。

鉴定实践中，“互相同一”的观点主要反映在断离痕迹的鉴定结论方面。常把甲物和乙物的关系误认为是同一关系，或者把一个整体物各个部分的关系误认为是相互同一关系。例如：“在逃逸交通事故现场中遗留的汽车前大灯玻璃碎片，与嫌疑车辆的左前大灯缺口玻璃部分相同。”这种鉴定结论在理论上和表述上都有错误和缺陷。实际上，现场中的玻璃碎片与嫌疑车辆的左前大灯上残留的玻璃碎片都是左前大灯的玻璃罩这一客体自身的一部分，是从整体物自身分离出来的。应用客体物自身同一的观点，就能科学地表述客体物的断离部分与其整体关系的鉴定结论。

（二）同一认定理论

1. 同一认定的概念

同一认定是对客体是否同一做出的判断。同一认定的本质特征是“认定”，是对客体做出“是”与“不是”“同一”与“不同一”的认定，而“认定”是一项认识活动，属于判断范畴。因而，将同一认定定位为一种判断活动，是符合认识规律和鉴定要求的。

2. 同一认定的科学基础

在司法鉴定中，认定客体的自身“同一”成为可能，是由于被鉴定客体具有三个基本属性：

（1）客体本质的特殊性

客体本质的特殊性或特定性，是指一个客体区别于其他任何客体，每个客体的本质都是特定的。自然界和人类社会，绝对没有两个完全一样，互相同一的事物。

同一认定客体本质的特殊性，是由其内部条件的复杂性和外部条件的多样性决定的。就多数被鉴定客体而言，主要是由于以下四方面原因的单一作用或综合作用形成了各自特有的本质属性。

第一，客体本身固有的属性不同。客体在其自身形成过程中由于内部种种原因构成了自己的特殊本质。有的是由于客体的生理、生物属性不同，在其外表或内部形成了特殊的形态和结构，如人体皮肤乳突花纹、血液、毛发等在人的生命形成和成长过程中就构成了自己的特殊本质。有的是由于生理属性或病理因素的影响，形成了特殊的外貌形象，如人体外貌。有的是由于客体的物理、化学属性不同，在物质结构方面形成了特殊的结构组合状态。

第二，客体在生产、加工过程中形成特殊的外表形态。作为司法鉴定客体中的许多物体或物品，由于机器性能、机械磨损、工艺过程、原材料质量、工人技术特点与工艺习惯不同，即使是同一台车床、同一个模型、同一个工具生产加工制作的同种、同类、同批量产品，在细节特征方面也存在重大的差别，各自的特殊本质是明显的。如新工具、新印章、新鞋底的痕迹，都能与它自身以外的客体形成的痕迹相区别，具备较好的鉴定条件。

第三，客体在使用过程中逐步增加附加特征使其更加特定化。许多工具和物品在使用过程中，由于受到自然因素和人为因素的影响，不断产生变化，因而在其本来就很特殊的外表形态结构上又增加了许多极为特殊的个别“标记”。

第四，人在生长、学习、生活、劳动等过程中形成独特的技能与习惯。这种技能与习惯的特殊本质与物体的特殊本质的形成机理是不同的。它是由于人的生理、心理因素差异，以及学习、训练方法、兴趣爱好、生活环境、职业特点等条件的不同，通过条件反射的作用，逐步形成动作行为的自动化锁链系统并从中反映出各自特有的习惯体系。如书写动作习惯、语音习惯、行走步法习惯等是人各有异的。

每个客体都是特定的，与其他任何客体不会相同，是指客体的特性是独特的。而任何客体的特性都是通过一定的特征表现出来的。认识和区别客体，必须从考察客体的具体特征开始。客体特定性是司法鉴定的总体科学依据。正是由于司法鉴定客体具备了只能与其自身同一的基本属性，鉴定才具有科学依据，鉴定意见才具有证明力。

（2）客体特性的相对稳定性

客体特性的相对稳定性，是指客体所具有的重要特性在一定条件下、一定时间内保持不变的属性。客体物在其发展的一定阶段和一定时期内具有质的稳定性，其基本属性能够保持不变。事物的稳定性是其基本属性之一，也是认识事物的必要条件。

物质的运动是绝对的，物质的稳定是相对的。然而，任何事物都是按照由量变到质变的规律运动和变化的，千变万化的事物在其发展变化过程中必然存在某种静止状态。运动变化的客体处于质变以前的相对静止状态就是其稳定性。这是客体物特性保持相对稳定的基本原因。

作为司法鉴定的客体，其外表形态和物质成分结构特性之所以能保持相对稳定，除上述基本原因外，还有各自的具体原因。有的客体是由生理学、组织学的特性为其提供了稳定的条件；有的客体是由于物理学方面的特性而使其外表形态和组织结构的特性保持稳定（如工具、物品等）；有的又是借助化学方面的特性而使其组成成分保持稳定，等等。

不同客体特性的稳定程度是有区别的，对于司法鉴定来说，客体的稳定程度越大，鉴定条件越好，客体的稳定程度越小，鉴定条件越差。司法鉴定客体特殊本质的稳定程度有三种情况：有的客体的特性长期稳定，如人体皮肤乳突花纹、血型与DNA遗传基因等；有的客体的特性在较长时期内保持稳定，如书写习惯、人体外貌、比较精细的工具（如枪支）、印章等；有的客体的特性只能在较短时期内保持稳定，如鞋底、质量较差而又经常磨砺的工具等。除了客体特性的稳定程度受自身变化因素影响外，外界条件也有一定作用，如客体物的生活环境、使用与保管条件等。

客体特性的相对稳定性，是司法鉴定的条件。只有被寻找客体的特性处于相对稳定状态，侦查、调查、鉴定人员才能根据先前留下的反映形象去发现可疑的受审查的客体，鉴定人员才能根据检材与可疑受审查客体的样本进行比较，从而确定可疑的受审查客体是否就是被寻找的客体。

（3）客体特性的反映性

反映性是客体的基本属性之一。客体的特征借助一定的条件，以不同的形式在其他客体上表现出来的这种属性就是反映性。司法鉴定客体，通过自身位移、接触、分离、剥落、黏附、化合、分解以及光学、电子学等形式，将自身特性的全部或部分反映到其他有关的客体上，显示其与案件事实的某种联系。客体的反映性既是遗留痕迹、物质、物品的必要条件，又是司法鉴定依据这种痕迹、物质、物品去发现与确定被寻找客体自身的必备条件。

司法鉴定客体的特征反映形式有直接反映和间接反映两种。直接反映是客体特征最客观、最完整的反映，如人体物质、断离物、分离物及其他各类物质物品等都是以直接的方式反映出来而被作为物证。鉴定这类客体，是对客体自身与自身相关部分进行比较，其特征直接从其自身表现出来。

间接反映是客体特征在其他客体上通过反映形象或以其他方式表现出来。这种间接反映只有固体物质才有可能形成，多数是反映客体表面的外部形态结构特征。如手指皮肤乳突花纹通过指印反映其外表形态特征，工具外表形态结构通过工具痕迹反映其特征，书写习惯通过笔迹反映其特点规律，人体外貌特征以图像为载体形式反映出来。属于同一认定型的鉴定客体，其特征大多是以间接反映形式表现出来的。

（4）客体基本属性与鉴定的关系

客体的特定性、稳定性、反映性是司法鉴定客体的三大基本属性，是司法鉴定的科学基础。其中客体的特定性是司法鉴定的科学依据，同时也指明了司法鉴定的范围，客体特性的稳定性和反映性是司法鉴定的客观条件。这三个属性对鉴定的作用是互相联系、互相制约的。特定性强、稳定性大、反映能力好的客体，鉴定条件充分；特定性强、稳定性小、反映能力好的客体，鉴定条件较差；特定性强、稳定性大但反映能力弱的客体，鉴定条件也差。只有三个条件同时较好的客体，才是符合科学要求与法律要求的鉴定客体。

司法鉴定客体除必须具备上述客观条件外，同时还要求鉴定主体具备相应的条件，即鉴定主体必须具备对鉴定客体有足够的认识能力，其中包括对客体特性的认识、鉴定人的业务水平、鉴定部门的仪器设备等条件。

3. 同一认定的依据与方法

（1）认定客体自身同一的依据

同一认定是认定客体的自身同一，即以不同的形式去寻找客体自身。任何客体的特性都是独一无二的，因此，要区别不同客体，要寻找客体自身，只能以客体的特性为依据。客体特性是通过客体各方面的特征表现的。鉴定中，要区分不同客体，确定客体自身，必须首先分析与研究客体特征与特性的关系。

客体的特征，按其表现形式划分，可分为形态特征、物质成分结构特征和行为习惯特征三个方面。

第一，形态特征是指客体外表结构、形态的特点，如客体的长度、宽度、高度、角度、弧度、花纹结构、图案形式等外表形态特点。人体皮肤乳突花纹、鞋底、工具、牙齿、印章等客体的特性，都是以客体外表形态特征作为表现形式的。

第二，物质成分结构特征是指物质内部的组织结构、组成成分、形态及物质的理化特性所表现的特点。如毛发、血液、各种微量物质等都是以结构特征表现其特性的。

第三，行为习惯特征是人的行为的自动化动作锁链系统表现出来的动作特点。如书写动作习惯的特性，是以书写动作习惯所反映出来的笔迹特征为表现形式的。

客体的特征，按其对构成特性的作用划分，可分为种属特征和特殊特征两个等级层面：

第一，种属特征是表明客体种属范围的特征，是同种同类客体共有的属性，是区分客体种属的依据。鉴定中，根据客体种属特征可以缩小受审查客体的范围，否定受审查人或受审查物的可能性，同时这又是比较检验确定客体是否自身同一的第一步，是认定客体自身是否同一的一个方面的依据。客体的种属划分越细，其种属特征对鉴定的意义越大。

第二，特殊特征是每个客体所具有的若干个别特点，是表现客体特性的重要“标记”，是构成客体特性的主要依据。每个客体的特性，主要是由一定的特殊特征构成的。特殊特征是认定客体是否同一的主要依据。不同客体之间，特殊特征的类型和表现形式可能部分一致，但其形态、数量及其相互间的关系等特征总体绝不可能相同。

客体的特性，是客体内在的本质，是每个具体客体特有的属性，它具有抽象性和综合性的特点。一个客体的特性，不能从外表形式上直接感知。司法鉴定活动中认定客体是否同一，以客体特性的异同作为出具鉴定意见的依据。在鉴定中，必须从发现和确定检材与样本各自客体的特征入手，通过对两者相同特征与不同特征总体的比较分析，进而确定两者的特性是否相同。

（2）司法鉴定认定客体同一的方法

司法鉴定中，认定客体是否同一，要根据具体客体及其反映形象的特点选择不同的方法，包括基本方法和具体方法。认定客体是否同一的基本方法是比较法。这是任何一种同一认定鉴定都必须采用的。比较的基本形式有三种。

第一，被寻找客体与受审查客体反映形象的比较。这种鉴定的比较资料，既有被寻找客体的反映形象——检材，又有受审查客体的反映形象——样本。通过检材与样本的特征比较，最后确定受审查客体与被寻找客体的关系，即受审查的客体是否就是被寻找的客体。这是典型的同一认定比较法。

多数同一认定都是典型式的。如笔迹鉴定通过检材笔迹与样本笔迹特征的比较，认定书写人的书写习惯同一；指纹鉴定通过检材指印与受审查人样本指印的特征比较，认定手指皮肤乳突花纹的同一等。

第二，被寻找客体自身的直接比较。这种同一认定是将客体自身与其组成部分直接进行比较，把被寻找客体自身的一部分或几部分作为检材，将受审查客体自身的一部分作为“样本”。经过比较，如它们之间的特征体系相互吻合，能够形成一个自然完整的整体，即构成部分与整体物的同一关系。这种同一认定形式仅适用于对散离物、断离物或分离物的鉴定。

第三，被寻找客体反映形象的单独比较。这是一种最初阶段的、不完全的同一认定比较鉴定方法，其鉴定意见还不能作为证据，但它是运用同一认定的原理和步骤方法进行的。整个认定过程仅有被寻找客体的数个反映形象或自身—检材，而无受审查客体或其反映形象（样本）。同一认定的特征比对都只是在几个检材的单方面之间进行。比较结果只能确定数个检材是否为同一个被寻找客体所形成的，不能确定受审查客体与被寻找客体间的关系。这种鉴定多是在案件侦查的最初阶段进行的，目的在于判明犯罪人数、犯罪工具、犯罪手段与特点，为并案侦查提供依据。

（三）同一认定类型

1. 按同一认定客体划分同一认定类型

同一认定客体的种类繁多。按照鉴定客体划分鉴定种类，是按照客体的基本属性划分。这种分类对于研究鉴定方法、鉴定原理、鉴定意见的评断与运用有一定的意义。以鉴定客体作为鉴定分类依据，同一认定可分为对“人”的同一认定和对“物”的同一认定。

（1）“人”的同一认定

“人”的同一认定，是指鉴定意见所认定的是具体的人。它是依据人的某一方面的特性、某些技能习惯或人体某一部分的物质特性去认定案件中需要确定的人。因为人的某一部分物质特性与其整体特性不可分割，只要根据其中某一方面的特性认定了同一，也就认定了人的同一。在现代司法鉴定科学中，可能作为“人”的同一认定的客体主要有：人体皮肤乳突花纹、书写动作习惯、语音习惯、人体外貌、牙齿、血液、毛发、骨质、人体组织、体液、人体分泌物、人体气味、皮肤表面脱落细胞、人体其他皮肤花纹等。因此，鉴定中有皮肤乳突花纹同一认定、书写习惯同一认定、人体外貌同一认定、牙齿同一认定、语音习惯同一认定、血的同一认定（主要指 DNA 认定）、人体其他物质同一认定、人体其他肤纹同一认定等鉴定类型。

“人”的同一认定形式，有直接认定和间接认定两种。直接认定是依据被鉴定客体的直观特征直接进行的，如法医学鉴定中依据尸体残肢认定整尸等。这种鉴定形式一般较少被使用。间接同一认定，是依据被鉴定客体所遗留的痕迹、声纹、字迹、气味和分离物质等确定与其自身的关系。间接同一认定是“人”的同一认定的主要形式。

“人”的同一认定鉴定意见可直接证明被认定同一的人与案件的某种联系，有时甚至可以直接证明其是否为刑事诉讼中的犯罪嫌疑人。

（2）“物”的同一认定

“物”的同一认定结果所确定的是具体的物，即通过鉴定确定检材是否是所要寻找的“物”。“物”的同一认定客体主要有涉案工具、交通运输工具、鞋底、袜底、枪弹、印章、签字、印刷图版、编织物、纺织物以及各类微细物质等。

根据物的组成状况，“物”的同一认定可分为“单体物”的同一认定和“合成物”的同一认定。

"单体物"是指具有单一固定形态和单一外表结构的客体，它是以自身一个较大局部的表面结构形态特征反映其自身的特性。如鞋印鉴定、印文鉴定、枪弹痕迹鉴定、工具痕迹鉴定等都是确定单体物的同一，而鞋底、印章、枪支机械、工具等都是单体物客体。鉴定的方式主要是比较客体反映形象痕迹的特性异同。

"合成物"是指具有整体特性而非单一结构、单一形态的客体，它的每一个细小的部分都是独立的并能反映其整体特性，如纤维、爆炸物、毒物、植物果实、动物毛等。鉴定这类客体必须满足数量的要求，鉴定的目的是要确定被寻找的"物"与受审查的"物"是否属同类合成物或同一合成物。鉴定的方式多是用理化方法、生物学方法直接比较分析客体物自身各方面的特征。

"物"的同一认定鉴定意见，一般只能证明物与案件的联系，不能证明受审查的人或物主与案件的联系。即使认定同一的"物"属受审查的人所有，也难以肯定该物主与案件的关联性。

无论是对"人"的同一认定还是对"物"的同一认定，鉴定结果都还有确定种属的问题，鉴定的方式方法都与认定同一大致相同。

2. 按鉴定依据划分同一认定类型

绝大多数鉴定都是以客体的特征作为分类依据，因此，依据客体特征划分鉴定类型是有实际意义的。由于鉴定客体的广泛性，客体特征的表现形式也相应具有多样性。综合同一认定客体特征的表现形式，主要有外表形态特征、行为习惯特征和物质成分结构特征三大类。据此，同一认定也可相应划分为以下几种类型。这种分类，对于研究鉴定原理，选用鉴定方法，审查鉴定意见的科学依据具有一定的意义。

（1）客体外表形态同一认定

以客体外表形态特征作为鉴定依据，是一种传统的鉴定方式。在科学技术高度发展的现代，它在鉴定依据中仍处于主要地位。这种鉴定大多数是通过比较客体的反映形象特征实现的。如指印鉴定、牙印鉴定、赤脚印鉴定、鞋印鉴定、工具痕迹鉴定、致伤工具鉴定、印文鉴定、人像照片鉴定等。鉴定的目的是确定检材和样本是否为同一客体外表形态特征的反映。

（2）行为习惯同一认定

人的习惯是多方面的，有生理活动习惯、心理活动习惯、技能动作习惯以及某些特殊行为习惯（如犯罪手法习惯）等，目前只有书写动作习惯和语音习惯可以作为司法鉴定客体。笔迹是书写习惯的反映，声纹是语音习惯的反映。因此，笔迹鉴定、声纹鉴定是动作习惯鉴定的主要对象。

任何行为习惯都是人的行为方式的表现，这种行为方式只有反映在一定的"载体"（承受动作习惯的客体）上才能被人们感知和察觉，才可能成为鉴定的对象。因此，行为习惯鉴定的检材也是以痕迹作为表现形式的。但表现行为习惯的动态痕迹并不反映客体的外表形态，而是反映行为习惯的运动规律—痕迹中的一种特殊表现形式，由此决定了行为习惯鉴定依据的是习惯运动规律的特点，而不是客体的外表形态特征。这是它与客体外表形态鉴定的根本区别。

行为习惯同一认定，是认定习惯与人的关系，即根据习惯的异同确定检材和样本是否是同一受审查人相应习惯的反映。

（3）物质成分同一认定

依据客体物质成分特征进行鉴定，主要是依据物质的形貌、结构、排列组合及含量比例等方面的特征进行鉴定。自然界的任何具体物质，实际上都是混合物质，不仅不同种类的物质的成分不同，同类同种的物质的成分、含量、组成结构、形貌也有一定差异，因而能够显示出其物理学特性、化学特性、生物学特性的不同，可作为区分物质种属和异同的依据，如爆炸物鉴定、毒物鉴定、油脂涂料鉴定、纤维鉴定等。

物质成分鉴定，属于司法鉴定中面广量大的一种常规鉴定。鉴定的方法主要是物理学方法、化学方法、生物学方法，其中仪器分析是重要的检测手段。鉴定所能解决的问题，主要是确定物质的种类（属）及其异同，少数的物质成分鉴定可以确定其是否是同一物质。

鉴定实践中，在鉴定同一个客体时可能同时采用几种不同的鉴定方法，以不同的依据，从不同的角度确定其种属，认定其是否同一，从而使鉴定结果互相印证，确保鉴定意见真实可靠。

（四）交通事故痕迹鉴定的意义

在交通事故痕迹鉴定中，解决是否同一问题，可以审查一定的人或物（车辆）同事故中作为物证提取的痕迹或物品是否有联系，可以查明、证实当事人是否实施了某种行为，以及这种行为与事故的关联和造成的后果。解决种属认定问题，可以为判明交通事故案件性质，确认涉案方接触事实，为交通肇事逃逸案件确定侦查方向，审查嫌疑车辆提供证据和线索。

交通事故现场勘查人员和处理人员了解同一认定和种属认定理论，可以提高自己在办案过程中应用物证的自觉性并正确利用物证鉴定的结论。同时，还可以帮助事故现场勘查人员、处理人员更好地完成提取物证、收集样本和委托鉴定等工作，这对保证物证鉴定的质量，也是十分重要的。

交通事故物证鉴定只是一个刚开展的物证鉴定的应用领域，物证鉴定人员研究和掌握同一认定和种属认定理论，不仅可以更好地完成鉴定工作，还可以使同一认定和种属认定的理论在交通事故物证鉴定中得到不断应用，积累实践经验，进而得到不断地丰富和发展。

四、种属认定原理

（一）种属认定概念

种属认定又称种类认定，是指确定客体的类型属性，或者比较两种物质的属性是否相同的一种科学判断。

种属认定的目的是要确定客体的类型，或确定某种物质的成分属性，或比较两种物质的成分属性是否相同。种属认定是就客体的相似或相同问题做出的科学判断。种属认定一般都是通过直接观察或检验客体来进行的，但是在某些情况下也要观察或检验客体的特征反映体来进行。如在交通事故中，根据现场地面轮胎痕迹来判断车辆的种类，就是通过观察或检验肇事车辆轮胎胎面的特征反映体来实现的。种属认定可分为客体种类认定和物质属性认定两种类型。

1. 客体种类认定

客体种类认定是指确定被寻找客体是属于哪一种或哪一类。在交通事故调查或侦查中往往需要确定肇事车辆的类型，是货车还是小客车，是中型车还是小型车等。在交通肇事逃逸案中的确定涉嫌逃逸车辆的类型，可以为寻找该客体提供方向和范围。

2. 物质属性认定

确定物质属性是通过检测物质本身的化学性质、物理性质或生物性质来进行的，包括：确定案件中提取的某种物质是何种物质；确定客体上（物体上或人体内）是否存在某种微量附着物或含有某种物质；比较两种物质的属性是否相同。

（二）种属认定的范围

种属认定的主要任务是确定被认定客体的种属范围及客体之间是否同类、同种、同属。随着科学技术的进步，人们对自然界、社会现象认识能力的增强，同一认定的客体范围逐步扩大，种属认定的客体范围已经或将会逐步缩小，所以，种属认定的对象是不稳定的。过去有的种属认定对象现在已被纳入同一认定范围，现在的某些种属认定对象以后又将成为同一认定对象，有些尚不是种属认定的客体将来也会成为种属认定乃至同一认定的客体。

司法鉴定实践中，目前种属认定客体的范围主要有七个方面：一是“人”的种属认定，即认定人体物质的种属和人体外貌形态的种属，如毛发的种属（含性别）、尸块的种属、牙齿的种属、人体外貌的种属。二是动物的种属，即根据动物体的皮、骨、肉、血、毛、内脏等物质或整体形态认定家生或野生动物的种属。三是植物种属，如根据植物体的根、茎、叶、花粉、果实等物质或其整体认定家生或野生植物的种属。四是非生物或其他生物的物质、物品种属，这是司法鉴定最常见的鉴定对象，如毒物、毒品、药物、爆炸物、金属物、泥土、粉尘、涂料、化妆品、食品、饮料等。五是物质现象的种属范围判定，如根据物质爆炸、燃烧、撞击产生的气味、声响、火焰颜色、烟雾状态等确定被烧被毁物质的种属范围。六是判定某种事物、事件产生的时间、空间范围，如文书制作时间鉴定用于确定文书制作的时间范围（时间段）；根据照片、视频图像、声频资料等认定某一事件或某一动体发生或活动的空间、时间范围。七是认定机械、工具或其制作物的种属，如工具痕迹鉴定认定机械、工具的种类，枪支认定，打印、复印、传真、油印、铅印、胶印文书鉴定，认定文书制作机具的种类，等等。种属认定的范围是不断变化的，现有的会不断缩小，现在没有的以后可能会出现。

（三）种属认定的依据

从原理上讲，种属认定是同一认定的组成部分，任何同一认定的鉴定，都首先要用种属认定的依据和方法，确定检材与样本是否具备其自身种属特征的反映，即使该检材与样本的自身没有明确的种属划分，也应大致判定两者种属范围的特征反映是否一致。因此，种属鉴定的科学基础（或称原理）与同一认定是一致的，鉴定依据也是运用同一认定的客体特征分类体系的一部分。对于有明确种属划分的客体，以种属特征的异同作为区分客体种属和认定客体间种属异同的主要依据；对于不能明确划分种属的客体，可以用属于客体种属范围的特征和部分特殊特征作为区分客体种属和确定客体间种属异同的依据。

种属认定的基本方法，也是采用比较方法，其具体方法与同一认定相同。

（四）同一认定与种属认定

在司法鉴定中，同一认定与种属认定是同一个科学理论体系和鉴定方法中的问题，两者间既有联系又有区别。种属认定是根据同一认定原理和方法，确定客体种属范围，或者确定客体间是否同类、同种的一种鉴定类型。其实质就是对客体间的相似或相同问题做出科学判断。种属认定在物证鉴定领域使用得相对多一些，鉴定结果只能表明检材与样本种类属性是否相同，或者单独确定受检客体的种属范围。

1. 二者的区别

种属认定与同一认定是两个不同的概念，二者之间是有区别的。

第一，最根本的区别是解决问题的范围不同。同一认定是解决案件中先后出现的客体是否为同一个客体或同属一个整体的问题；种属认定则只能确定客体的种类，在比较两种物质时，只能解决它们的物质属性是否相同的问题。

第二，鉴定的对象不同，有的客体既可以确定种属又可以确定同一，有的客体目前只能确定种属。

第三，种属认定和同一认定的结论依据、特征的数量、质量不同。同一认定是以客体的特定性为依据，对相同特征的数量和质量要求很高，种属认定是以客体的种属特征和一部分特殊特征为依据。

第四，认定结论所表达的含义不同。同一认定中，如果结论是肯定同一，指的是一个客体，在种属认定时，如果结论是肯定两种物质属性相同，有可能指的是两个客体。

2. 二者的联系

种属认定和同一认定之间尽管有区别，但也有密切的联系。

第一，种属认定往往是同一认定的初始阶段。在解决案件中先后出现的客体是否同一的问题时，第一步确定客体的种属，可以为寻找嫌疑客体提供方向，或缩小范围。

第二，在解决两个断离部分是否原属同一整体的问题时，检验每个断离部分的物质属性，可以为解决同一鉴定问题提供依据。

第三，在根据客体留下的反映特征对客体进行同一认定时，对客体和印痕载体之间单向或双向转移并附着的微量物质进行种属认定，可以作为印痕鉴定结论的依据。

第四，以比较两种无固定外部形态特征的物质是否相同为目的的种属认定，与同一认定之间并无不可逾越的界限。随着科学技术的进步、人们认识能力的提高，原来只能进行种属认定的客体，如今也可以是进行同一认定的客体。例如血物质长期以来只能进行血型鉴定，但DNA遗传密码揭示后，现已成为同一认定客体。

3. 二者的转化

种属认定与同一认定既有区别又有密切的联系。对某被鉴定客体进行种属认定，实际上就是依据该客体的特征把它限定在一定的客体范围之内。种属认定所依据的特征数量与质量不同，其限定的客体范围大小也就有所不同。一般而言，所依据的特征数量越多，质量越高，所限定的客体范围就越小；反之则越大。从认识过程来看，人们在限定客体范围时每增加一个特征，就等于使该范围缩小一步。当范围缩小到里边只能有一个客体的时候，种属认定就转化为同一认定了。

（五）种属认定意见的证明力

种属相同的鉴定意见只能表明被寻找客体与受审查客体种类属性相同，受审查的客体有可能是被寻找的客体。由于这类鉴定意见具有不特定的特点，不能肯定受审查客体与被寻找客体同一或非同一的关系，所以一般不能单独作为证据使用。种属认定的鉴定意见，一般可以证明以下两个方面的问题。

第一，种属认定的否定意见可以否定某种事实，甚至否定刑事案件中的犯罪嫌疑人。种属鉴定的肯定意见，只能表明案件中被怀疑的事实有可能存在，不能直接证明该种事实一定存在。

第二，种属鉴定意见所确定的客体的种属范围越小，证明意义越大。种属鉴定意见所确定客体的种属范围与鉴定意见的证明意义是成反比的。根据概率论原理，检材与样本间特征相同概率越大，与其他客体相同的概率越小；客体的特定化程度越高，与其他客体相重复的可能就越小。由此可以确定：鉴定意见确定涉案客体的种属范围越小，证据证明力越强；鉴定意见所确定的涉案客体种属范围越宽，证据证明力越弱。

五、道路交通事故痕迹形成机理和特征

交通事故痕迹是指在交通事故案件的发生过程中，车辆与其他车辆、人或物体相接触和相互作用时，在彼此的作用面上形成的结构形象痕迹、整体分离痕迹和表面附着痕迹。交通事故痕迹不仅反映了两个相互作用物体表面的结构形象特征、材料物理性质等

内容，同时也反映了两相互作用物体的力学和运动学的特征。尤其是通过痕迹特征及其分布情况，可以说明车辆行驶方向、运动状态及其变化情况。这对道路交通事故演变过程的再现分析；对接触瞬间的车辆运动状态和车辆所处位置等主要事实的确认；以及对驾驶员的操纵行为和事故参与者的交通行为方式的分析都具有重要的意义。

交通事故痕迹一般是在冲击载荷的作用下形成的，与一般的工具痕迹相比，在痕迹形成的机理上、在作用力的大小和作用方式上，以及痕迹特征及其分布范围上都有较大的差别。仅就地面轮胎痕迹而言，由于轮胎相对地面的运动方式不同，即痕迹形成机理不同，便将地面轮胎痕迹分为滚印、压印、拖印和侧滑印等，痕迹的特征也各不相同。在以往的痕迹检验学中，一直将交通事故痕迹作为特殊痕迹来看待，研究的范围也仅局限在车辆轮胎痕迹上，缺乏对交通事故各类痕迹形成机理和特征的研究。把交通事故痕迹的形成机理和特征作为本专业的研究对象，无疑会大大促进交通事故痕迹、物证鉴定技术的发展和应用。

六、痕迹检验鉴定的一般步骤

受理鉴定后，应根据具体的检验对象和鉴定要求，采用科学的方法、手段进行检验并作出鉴定意见。就一般情况而言，痕迹检验鉴定应按如下程序进行。

（一）预备检验

在正式检验前要做好两项准备工作：

第一，拟订检验方案。首先，在仔细审查送检材料的基础上，根据鉴定要求设定检验方案。对于一般性的、大量的问题，如已有比较成熟的、明确的方案，可以即刻着手检验。如果检验条件较差，或者要解决的问题难度较大，为了给案件的侦查、审理提供有力的证据，就必须围绕需鉴定解决的实质问题，综合采用各种方法，全面获取送检物证的科学事实。其次，要根据设定的鉴定工作的途径，针对送检材料的特点，选定最适合的检验手段和方法，然后再合理安排各种检验项目、各种方法的实施顺序。安排检验次序的一般原则是：不影响后续检验的检验项目优先；无损检材的方法优先；不耗费或少耗费检材的方法优先。

在实施鉴定时，要先拟订检验方案，目的是使鉴定工作能够有计划地、科学地进行，防止盲目性和随意性，保证鉴定工作的质量。

第二，准备检验材料与器材。根据检验方案所选定的检验方法，准备好所用仪器器材，配制好化学试剂。凡通过检验可能改变物证原貌的，一定要事先征得送检单位的同意，并采用摄影手段拍摄、固定物证的原貌。凡将受审查客体本身提交鉴定的，如各种工具、鞋子，应模拟物证的形成条件，制作供检验用的受审查客体样本。研究细小的痕迹或痕迹的微观形态、结构时，单靠眼睛直观不易分辨，往往要借助一些工具或仪器。

（二）分别检验

分别检验是对现场痕迹（检材）和样本（品）痕迹分别进行检验。是通过观察，分别发现和研究现场痕迹与样本的特征、形成条件和变化，并由此认识它们所反映的被同一认定客体特征的过程。一般是先研究现场痕迹的形成条件以及所反映的被寻找客体特性的范围和真实程度，初步分析和选择确定那些清晰、稳定、可靠的特征，以供比较检验。再研究样本（品）痕迹是否真实、可靠，反映受审查客体特性的方式、范围是否具有充分可比性，并选择那些稳定、可靠的特征供比较。如果条件不足，应通知委托单位重新或补充收集样本（品）。分别检验是同一认定的基础性环节，是取得感性认识的阶段，其任务是给比较检验奠定基础。分别检验的内容主要包括以下几部分：

第一，研究痕迹的形成。结合现场情况和作案手段，研究现场痕迹是由客体的哪一部分形成的；是以怎样的方式在怎样的条件下形成的；研究介质、承受物对痕迹特征的反映有何影响。

第二，分析和选择被寻找客体的特征。在弄清现场痕迹形成机制的基础上，通过全面、仔细地观察、分析，排除痕迹上的各种假象或变化现象的干扰，识别和选取那些真实反映了被寻找客体稳定特征的痕迹特征，并做详细记录。

第三，研究样本（品）的可比性。首先要分析样本（品）的形成条件，确认它所反映的是受审查客体哪方面的特性。如果是物的同一认定，可直接研究受审查客体本身，必要时将它按照痕迹的形成方式和条件制作反映相应特性的实验样本（品），或者提出明确的要求，再补充收集嫌疑人的样本（品），以改善其与痕迹的可比性。

第四，分析和选择受审查客体的特征。以痕迹中反映的被寻找客体的特征为依据，通过对样本（品）全面的、仔细的检验，有时可结合对受审查客体本身的观察和分析，发现可同痕迹特征相比较的受审查客体的特征。如果发现了检验痕迹时未曾注意到的特征，可再回来研究痕迹，看其是否具有可与样本（品）相比较的特征，以便为比较检验提供更充分的依据。

（三）比较检验

比较检验，又称比对检验，是在分别检验的基础上对检材痕迹和样本（品）痕迹的对应特征逐一进行比较，充分揭示两者所反映的被同一认定客体特征异同的过程。根据同一认定客体的性状，可分别选取物证和样本所反映的特征，通过对比确定特征的异同；也可采用测量、拼接、画线、重叠、并列对比等方法发现两者的异同点。比较检验的目的是在比较的基础上发现两类痕迹特征的相同点与差异点，为综合评断做准备。比较检验的内容包括以下几部分：

第一，比较检验的内容：现场痕迹与嫌疑样本痕迹两者间的总体类型，相互间对应特征的形态、大小、位置、相互关系等。

第二，比较检验的方式：现场痕迹与嫌疑客体直接比对；现场痕迹模型与嫌疑客体比对；现场痕迹与嫌疑客体样本比对；现场痕迹模型与嫌疑客体样本比对；现场痕迹与嫌疑样本痕迹的照片或底片互相比对等。

第三，比较检验的顺序：先比对一般（种类）特征，再比对细节（个别）特征。比对时如两者种类特征完全不符，即可否定。如果一般特征相符，则须进一步对个别特征进行比对，直至比对完全部特征。

第四，比较检验的方法：

（1）并列比对

将相比较的图像并列置于同视野内相互对照，逐区、逐点地比对并记录其异同点。除直观实物外，还可借助实物幻灯机、投影仪等将图像投影在屏幕上进行比对，或置于相同的透明网格下比较，或分别将检材和样本痕迹图像中的特征按同规则连线进行图形比较。这种方法最适合从宏观上比较具有较大可变性的客体，但精度不够高。

（2）拼接比对

主要借助有图像拼接功能的投影比对仪或比较显微镜等仪器，通过对痕迹图像进行拼接，观察两个图像的形态特征是否吻合、衔接；也可将要比较的同倍大的图像照片或复印件，在特征相同的部位剪开，然后依断缘将对应部位试做拼接，观察特征是否吻合。

（3）重叠比对

将相同比例的透明或半透明的痕迹图像叠放在一起，在透光下观察和比较两个图像的重合状况。也可用有图像重合投影功能的比较显微镜、投影比对仪等对各种图像进行重叠比对。还可用拍摄或仔细描摹的痕迹图像透明胶片，直接置于痕迹样本上进行重叠比对。

（4）测量比对

测量相比较的两个图像所共同具有的任意两点间的距离、线条的斜率和角度，并对比其数值的异同。根据图像的种类和测量精度要求不同，可分别用直尺、卡尺、测量放大镜或显微镜、阿贝比长仪等进行接触式或非接触式测量。测量法不仅用于原物图像、复制图像的比对，也用于分析图像的比对。

在痕迹检验中，有时还需测量客体的某些物理量，以确定物质属性，据此鉴别物的种类的异同。重量可用普通天平、精密天平、分析天平等称量。物质的密度是物质单位体积的重量，测量物的体积和重量可求出密度。比重是物证检验可以利用的重要物理属性，比重也称相对密度，固体和液体的比重是该物质（完全密实状态）的密度与在标准大气压，3.98℃时纯 H_2O 下的密度（999.972 kg/m^3）的比值。测定液体的比重可用比重计。对固体物证，一般无须测定其比重的绝对值，可用浮力法比较物证和样品的比重是否相同。硬度的测定，可利用硬度计等仪器进行，常用的硬度有布氏硬度、洛氏硬度等。测出硬度后，可分析客体被破坏情况或受力情况。应力的测定，任何构件的比例极限、屈服极限、强度极限均是一定的，可利用万能实验机测定构件的应力状态，分析受力破坏情况。例如，在工具痕迹检验中，分析确定工具留痕条件主要一点就是应力分析，通过测定客体受力点情况，分析研究工具的机械性能、功能结构等因素，从而分析确定工具情况。

（5）比较检验应遵循的原则

1）整体比较原则：应当把痕迹的所有特征有机联系成统一的整体进行比对，而不能抛开相关联的邻近部位而任取一个局部甚至某一点进行机械比对。

2）同部位比较原则，即必须把造痕客体同一部位形成的痕迹图像进行比对，不能“张冠李戴”：例如，指纹的三角纹线不能同中心纹线比对，钢丝钳的外侧刃口痕迹不能同内侧刃口痕迹比对。当图像模糊、残缺时，一定要注意分辨图像的可比部位。

3）同条件可比原则，即被比较的痕迹的形成条件应当相同或相近：条件包括作用力的大小、方向、角度，承痕客体的硬度、塑性、纤维方向等，这些因素对痕迹的特征影响很大。例如，螺丝刀 150° 和 90° 前角形成的两个擦痕，一般不宜进行比对。如果不能通过补充样本或制作实验样本改善比对条件，对比对结果呈现的差异必须慎重科学地评断。

4）同倍率比较原则：在痕迹比对时，相比较的图像必须是实物原大小或相同缩、放倍率的图像。一个放大 4 倍和一个放大 4.5 倍的足迹照片，不能用拼接、画线、重叠或测量法比对。图像比对的目的在于认识客体的特征并充分认识相比较客体图像之间的相同点和差异点，为进行客体种属鉴别或同一认定提供依据。

（四）综合评断

综合评断是对经过比较检验所发现的符合点和差异点进行分析与综合，并作认真的科学论证，最后依此提出鉴定意见的过程。综合评断大体按如下程序进行：

1. 差异点评断

差异点，是指现场痕迹与样本痕迹两者特征的不相符之处，其中多指细节特征的不相符之处。差异有本质差异与非本质差异两种。本质差异是指两个客体之间存在必然的、内在的区别。非本质差异是指同一客体自身变化或痕迹与样本的形成条件不同产生的差别，包括痕迹形成时间和样本形成时间相隔较久，客体发展演变或磨损老化形成的自身差异；痕迹与样本反映同一客体特性的某方向角度不同所形成的差异；犯罪嫌疑人处于不同生理、心理状况或承受物的性状不同而导致的差异等：对差异点的评断，要从特征的形成环境与自身变化中寻找原因。

第一，客体自身演变形成的差异。当样本的形成时间距物证形成时间较久时，可能因为客体自身发展变化而使其特征随之变化。对于此类差异可根据客体自身演变的规律进行分析，或收集与物证同时期形成的样本进行比较、验证。

第二，形成条件不同造成的差异。由于物证和样本的形成条件不同，使客体的特征表现不同。对此类差异，应当从物证和样本的实际情况出发，分析客观条件对形成痕迹特征的影响，或模拟痕迹的形成条件制作实验样本，再进一步比较、验证。

第三，因样本反映不充分形成的差异。由于客体具有多种功能，其特征具有质的多样性，如果提供的样本不是按形成痕迹的那种功能状态形成的，特征的多样性则反映不全，就会出现差异。对此类差异，可通过补充收集样本或由鉴定人用受审查客体制作实验样本，作进一步的比较、验证。

第四，犯罪嫌疑人故意伪装形成的差异。在根据人的行为习惯进行同一认定时，有时会因犯罪嫌疑人故意伪装而使痕迹呈现出许多假象，因而与其平时的习惯特征不同。对此类差异，应针对具体的伪装手段，运用伪装变化的规律进行分析，在必要或可能时通过嫌疑人制作实验样本，再进行比较、验证。

第五，痕迹显现、提取中形成的差异。这种差异表现为，如刷显手印，因粉末不匀使局部纹线连接或间断；用摄影手段提取痕迹，可能因配光、曝光失当，使微细、浅淡的迹象反映不清或将犯罪痕迹与无关的痕迹混淆等。对此类差异应结合显现、提取方法本身的特点进行分析，或通过复查现场、勘验原件加以验证。

经过上述分析、验证，如果差异点不符合以上变化规律，或采用上述验证手段不能证实其属于非本质差异，则很可能是本质差异，必要时还可通过与符合点的综合权衡作最后确认。

2. 符合点评断

对于比较检验中发现的符合点，要从其稳定性与特殊性两方面进行评断。首先根据现场痕迹和样本痕迹中相同特征的形态、位置、清晰度及多个痕迹中的再现率，确定特征的稳定性。其次再分析各符合特征的质量或价值。“符合”有本质符合和非本质符合两种。

第一，本质符合是指痕迹与样本两者特征的总和是必然的实质的相同，且构成了特定性。本质符合的依据为：必须具有一定数量的符合特征，其中应有质量好的特征；特征间的相互关系是吻合的；特征的总和具有不可重复性；没有不能科学解释的差异。当做出痕迹与样本是本质符合的评断结果时，可做出同一认定意见。

第二，非本质符合是指两客体形象所反映的某些特征相同点属偶合，无必然的、实质的内在联系。非本质符合，一般是某些特征的相似或偶合，似乎符合但又有难以解释的差异，有时差异点还占主导地位。若存在非本质的符合，则要做出否定同一的意见。

3. 综合考量

对符合点和差异点分别进行分析评断之后，应当把异同双方联系起来进行综合考量，即从异同双方的数量和质量上进行对比，质与量是事物的统一体，一定量的特征反映一定的质。一般情况是量多质高，特征数量越多越能反映质量，所以要尽可能多地寻找特征，注意特征的总体数量。但不能片面地、单纯地追求特征的数量，更要重视特征的质量，特征的质量反映着本质属性。质量较好的特征有：特征的结构、形态是稳定、稀有、明显的；物件的特征是使用中形成的，是物体边缘部位的特征；人体肤纹集中的部位，且某特征出现率低；在现场痕迹与样本痕迹中，多次重复出现的单一特征。鉴定中，抓住质量好的特征，就抓住了问题的要害，抓住了本质，就可以做出准确的意见。在一定条件下，根据少数几个质量好的特征也可以作同一认定意见。

如果受检验条件限制，经过综合评断也难以对差异点的性质和符合特征总和的特定性做出确切的判断，也可以不提出鉴定意见。勉强地做出肯定或否定的意见，反而会造成不良的后果。必要时可请有关专家共同研究，进行会诊式鉴定。

第三节　典型道路交通事故痕迹鉴定案例

一、基于特征形貌和微量物证的痕迹鉴定

（一）基本案情

2017 年 12 月某日某时许，某号牌隆鑫牌正三轮载货摩托车（甲车）与未悬挂号牌上海新伟电驱动三轮车（乙车）发生交通事故。2018 年 1 月，办案单位根据案件调查需要，委托对甲乙两车的碰撞痕迹进行鉴定。

（二）检验所见

1. 检验方法

参照 GA 41−2014《道路交通事故痕迹物证勘验》、GA/T 1087−2013《道路交通事故痕迹鉴定》有关条款及检验方法，对甲乙两车的痕迹进行检验，结合微量物证鉴定结果及其他鉴定材料，对委托事项作出鉴定意见。

2. 检验所见

（1）甲车

铭牌摘录车辆识别代号为 ×××。货箱右侧底板右外侧距地高 67 cm～68 cm、距货箱前端 96 cm～122 cm 见刮擦痕迹，局部黏附白色物质。右后轮轮胎外侧胎侧见擦痕，车轮外侧六支固定螺栓中相邻三支螺栓的头部外侧见擦痕，表面黏附的黑色油污类物质呈减层，局部黏附灰色物质，提取此处灰色物质少许作为检材备检；该螺栓头部呈正六边形，外径约 1.3 cm；六支螺栓的最低位置距地高 24 cm，最高位置距地高 34 cm。

（2）乙车

电机钢印号为 ×××。转向把逆时针偏转约 90°。前网篮向右移位、弯折变形，其左侧距地高 52 cm～73 cm 见刮擦痕迹，表面白色涂层呈减层。前侧饰罩中部破损。左前叉外侧距地高 25 cm～36 cm 见刮擦痕迹，表面灰色涂层呈减层，局部黏附黑色油污类物质，其中距地高 33 cm～34 cm 见一处凹陷变形，距地高 29 cm～31 cm 见一处 2 cm × 3 cm “〔”形状的凹陷变形，表面灰色涂层局部剥脱，提取邻近部位灰色涂层材料少许作为样本备检。

（三）书证摘录

将以上检验中提取检材及样本送本院刑事技术研究室进行微量物证鉴定，形成司鉴

院［2018］微鉴字第 17 号鉴定意见书，摘录部分如下：

本鉴定依据 GB/T 19267.6-2008 和 SF/Z JD0203001-2010 规范进行。

经 EZ4D 显微镜检验：检材附着物为单层，灰色，质软。样本为单层，灰色，质软。经比较检验，检材与样本的外观特征相符。

经 Nicolet iN10 显微红外光谱仪检验：检材与样本的红外光谱一致。

经 Quanta 650-Apollo X 扫描电镜 /X 射线能谱仪检验：检材与样本中均检出碳、氧、铝、硫、钙和钡等主要元素。

根据上述检验结果，经综合分析认为：检材附着物与样本油漆的外观特征相符，红外光谱一致，检出的主要元素成分一致，两者是同种类油漆。

（四）分析说明

甲、乙两车所检见的痕迹，在部位、附着物及形成机理等方面可以互相印证，结合微量物证鉴定结果综合分析，符合甲车右侧中部与乙车左侧前部碰撞所形成的特征。

图 3-1　甲车前观照

图 3-2　甲车右侧中部

图 3-3　甲车货箱底板右外侧中部黏附的白色物质

图 3-4　甲车右后轮螺栓头部外侧痕迹

图 3-5　乙车前观照

图 3-6　乙车左前叉外侧痕迹

图 3-7　甲乙两车痕迹比对——部位一

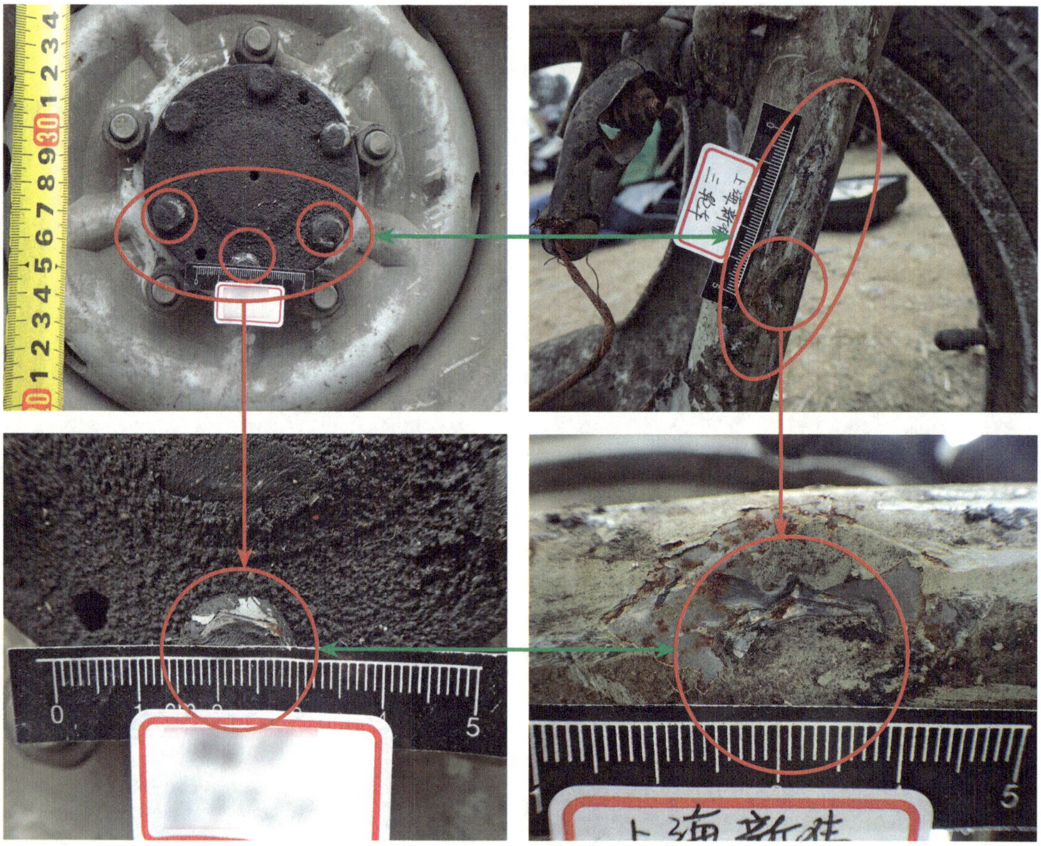

图 3-8　甲乙两车痕迹比对——部位二

二、基于痕迹物证的碰撞位置鉴定

（一）基本案情

2010 年 10 月某日某时许，某号牌江淮重型半挂牵引车及其拖挂的某号牌华骏重型半挂车（甲车）与某号牌捷达轿车（乙车）发生交通事故。2010 年 11 月，办案单位根据案件调查需要，委托对甲乙两车碰撞时在道路上所处位置进行鉴定。

（二）检验所见

1. 检验方法

参照 GA 41-2014《道路交通事故痕迹物证勘验》有关条款及检验方法，对甲乙两车的痕迹进行检验，结合微量物证鉴定结果及其他鉴定材料，对委托事项作出鉴定意见。

2. 检验所见

（1）甲车

牵引车车辆识别代号为 ×××；半挂车车辆识别代号为 ×××。车辆正面前保险杠及前面罩缺损，残留部分距地高 160 cm 以下见多处撞击刮擦痕迹，其中前保险杠左部见蓝色附着物；发动机冷却水箱见新换装；左、右前组合灯具不同程度移位，其中右前组合灯灯罩缺失；左前轮钢板弹簧前下侧，转向直拉杆上见刮擦痕迹。驾驶室左、右两侧踏步变形。

（2）乙车

车辆识别代号为 ×××。

车体严重扭曲变形，前保险杠及前牌照脱落，其左上部豁裂，见刮擦印；车身左前部向右后方向挤压变形，发动机舱盖扭曲变形，车窗玻璃除右侧残存外，其他均缺失，车门不同程度变形；方向盘扭曲变形、与仪表台距离大幅缩短，其他驾驶操纵部件不同程度损坏、移位。车身左侧下沿中后部向下弯折、坍塌变形。左前轮向右后方向内倾、移位，右前轮胎失压，轮辋变形，轮辋边缘见挫痕，左后轮胎失压。

发动机下挡板脱位，底盘下侧中部见大面积挫划痕迹，受力方向由后向前和由左后向右前；底盘下侧左前部与元宝梁连接处见挫痕，黏附黄色附着物；底盘中部制动管槽左部见挫痕，黏附黄色附着物；车身左侧下沿中后部下侧见挫痕，黏附黄色附着物。提取上述黄色附着物作为检材送检。

（3）案发路段复勘

现场道路为南北走向，位于 107 国道 925 km + 618 m 处，路面仍可见多条轮胎印，均为由东南向西北方向，最南端的轮胎印位于中心线东侧由南向北的第一车道内，北端位于中心线西侧由北向南的第二车道内。轮胎印途经的中心线上和中心线西侧第一车道内见多处挫划痕迹。提取中心线黄色涂层作为样本送检。

（4）事故现场图及照片

甲车头西北尾东南斜停于中心线西侧第一、第二车道内（半挂车右后部尚在中心线东侧），牵引车及牵引车转向轮不同程度向西偏转。乙车头南（偏西）尾北（偏东），其左前部与甲车正面衔接，车身左前部分被压于甲车前下部，车身已经扭曲变形。现场见多条轮胎印，其中一条双轮胎的制动印延伸到甲车半挂车的左后轮下，其起点左边缘距基准线 9 m（距中心线东侧边缘 1.7 m），长 15.5 m。在该轮胎印的东侧伴一条轮胎横向挫印，起点距基准线 8.8 m（距中心线东侧边缘 1.5 m）。两条轮胎印起点相距 9.7 m。道路中心线上见散落有贴有薄膜的玻璃，遭碾压呈粉碎状，乙车右侧车门窗玻璃尚留在窗框内，其他窗玻璃均已缺失。

（5）微量物证鉴定

经显微镜观察，发现检材中均分散有无色透明颗粒；样本也检见其中混合有无色透明颗粒。经相互比较检验发现，检材与样本的颜色、质地相同。

经红外光谱仪检验，结果显示检材与样本的红外光谱一致。

经微束 X 射线荧光光谱仪检验，结果显示检材均检出镁、硅、钙、铬、铁和铅等主要元素；样本亦检出镁、硅、钙、铬、铁和铅等主要元素。

根据以上检验结果综合评断认为：检材与样本的外观特征一致，红外光谱一致，检出的主要元素相同，是同种类物质。

（三）分析说明

根据甲乙两车的痕迹检验，从部位、受力方向等方面均可以互相印证，符合甲车正面与乙车左前部发生碰撞的特征。

根据乙车底盘痕迹、附着物及与道路中心线涂层材料检验比对结果，可以说明两车碰撞后，乙车在被甲车的压推过程中，其底盘左半部与中心线发生过刮擦。因此，碰撞时乙车位于中心线东侧。

结合两车的碰撞痕迹及地面轮胎痕迹分析，碰撞前，甲车全部位于中心线东侧行驶，但已经有向左偏转方向的迹象，碰撞后一直将乙车向西北方向压推至事故最终位置。

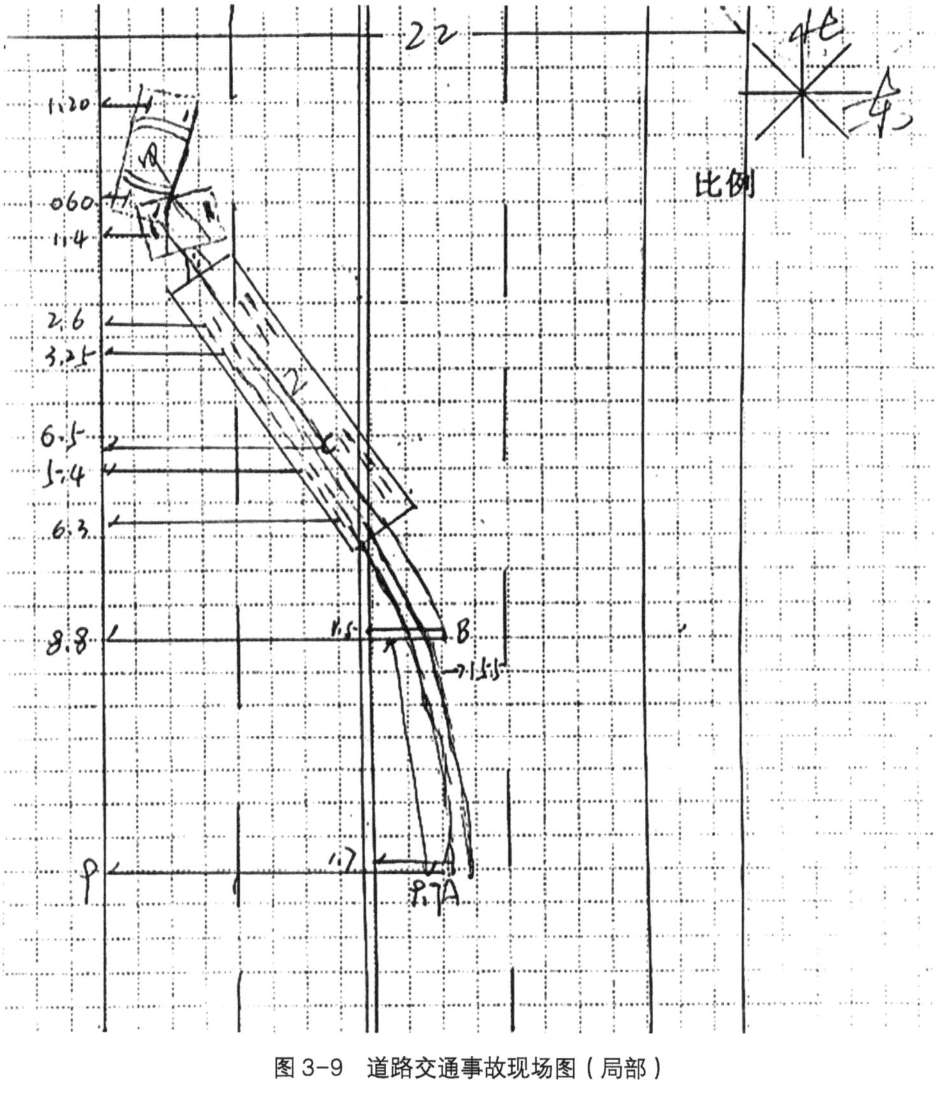

图 3-9　道路交通事故现场图（局部）

图 3-10　道路交通事故现场照片一

图 3-11　道路交通事故现场照片二

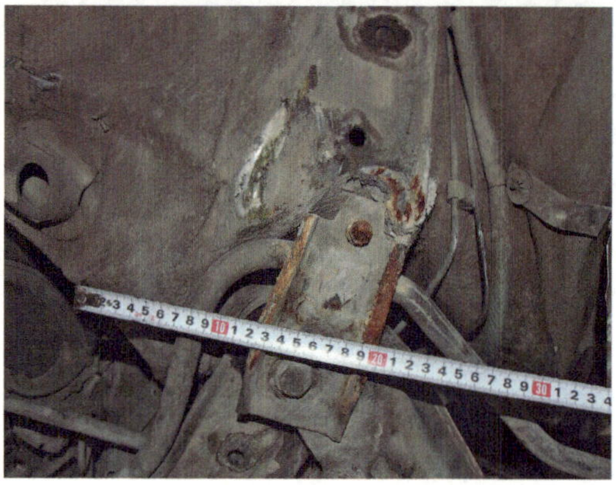

图 3-12	图 3-13
图 3-14	图 3-15
图 3-16	图 3-17
图 3-18	

图 3-12　道路交通事故现场照片三
图 3-13　道路交通事故现场照片四
图 3-14　甲车前侧痕迹照
图 3-15　乙车下侧痕迹照
图 3-16　乙车左侧下缘中后部痕迹照
图 3-17　乙车下侧前部痕迹照
图 3-18　乙车下侧左前部痕迹照

三、基于痕迹物证的碰撞形态鉴定

（一）基本案情

2016 年 12 月某日某时许，某号牌吉利牌小型轿车（甲车）与某号牌起亚牌小型普通客车（乙车）发生交通事故。2017 年 1 月，办案单位根据案件调查需要，委托对甲乙两车碰撞点位置及事发时行驶轨迹进行重新鉴定。

（二）检验所见

1. 检验方法

参照 GA 41-2014《道路交通事故痕迹物证勘验》、GA/T 1087-2013《道路交通事故痕迹鉴定》有关条款及检验方法，对甲乙两车的痕迹进行检验，结合微量物证鉴定结果及其他鉴定材料，对委托事项作出鉴定意见。

2. 检验所见

（1）甲车

车辆识别代号为 ×××。

前挡风玻璃右部破碎。发动机舱盖由右向左弓曲变形。左、右前照灯均缺失。前保险杠缺失。右后视镜损毁，残部脱落呈悬吊状。车辆右侧前部整体呈向左挤压、溃变状态，溃变最深处约 47 cm。车辆右侧前部大面积凹陷变形，多处伴刮擦痕迹，表层银色涂层呈减层，局部黏附黑色物质。右前翼子板向左挤压变形，其前部距地高 55 cm～67 cm 范围见刮擦痕迹，表层银色涂层呈减层，局部黏附蓝色物质。右侧前、后车门均凹陷变形，其中以前车门为著。右侧前、后门窗玻璃均碎落。右前轮定位异常，其外侧多处见撞击刮擦痕迹，轮辋外缘局部缺损，外缘与轮胎夹缝中局部见嵌入黑色塑料饰罩碎片。底盘前部下侧护板脱位，右前部下侧构件与地面接触。右侧后部车体变形。右后组合灯具缺失。

（2）乙车

车辆识别代号为 ×××。

车辆正面向后变形，以左侧为著。发动机舱盖向后变形、移位，以左部为著。前保险杠缺失，其内胆向后变形。中网破损。左、右前照灯均缺失。左前翼子板前部向后挤压变形，左前轮轮眉脱落。右前翼子板变形，右前轮轮眉脱位。散热水箱向后变形。底盘前梁左部向后变形。左、右前轮均不同程度向后移位。车辆左侧前门、后门前部大面积见刮擦痕迹，表层黑色涂层呈减层，局部黏附银色物质。

（3）道路交通事故现场图及现场照片

事发路段为东西走向，双向四车道，全宽 1 460 cm，由中心单黄色虚线分隔，干沥青路面。现场图以道路南侧路肩“5”百米桩为基准点，以道路南侧非机动车道南边缘线为基准线。甲车头东偏南尾西偏北位于中心线南侧机动车道内，其左后轮距基准点 1 580 cm，右前轮距基准线 420 cm，右后轮距基准线 475 cm。乙车位于甲车西南侧，头南偏西尾北偏东跨停于道路南侧非机动车道与路肩间，其右后轮距基准点 620 cm、右前轮距基准点 520 cm，右后轮距基准线 80 cm，左后轮距基准线 50 cm。甲车西侧路面见其留下的“S”形连续侧滑痕迹带，该痕迹带位于中心线南侧车道内，痕迹起点位于乙车北侧；位于“S”形痕迹带起点北侧中心黄线处见一段由东北向西南方向弧形轮胎横向挫痕，该弧形轮胎挫痕走向与“S”形痕迹带整体走向连贯一致，挫痕起点位于中心黄线北侧。紧邻“S”形痕迹带起点北侧路面见一处由西北向东南方向的轮胎挫痕，在其西南方向靠近基准线处亦见一处挫痕，该两处挫痕走向一致，均位于中心线南侧车道内。甲乙两车之间对应的非机动车道及路肩上见大面积液迹及散落物，液迹及散落物起点位于中心线南侧车道内。

（三）分析说明

甲乙两车所检见的痕迹，在部位、附着物及受力方向等方面均可以互相印证，符合甲车右侧前部与乙车正面相碰撞（第一接触部位）后，两车在受力状态下，甲车发生逆时针偏转，同时乙车发生顺时针偏转，并分别运动至最终位置所形成的事故特征。

由于甲车在碰撞过程中，其右侧前部受力后发生逆时针偏转，并致使其右前轮定位异常，因此，在碰撞瞬间甲车右前轮在路面上必然形成挫痕突变，对比现场照片，即为“S”形痕迹带起点处，该处颜色较深，具有明显的轮胎突然受力点特征。位于“S”形痕迹带起点北侧中心黄线处的一段由东北向西南方向弧形轮胎横向挫痕与“S”形痕迹带整体走向连贯一致，符合碰撞过程中，甲车在逆时针偏转过程中，其右后轮横向滑移所形成的痕迹特征。

根据现场照片所示，紧邻“S”形痕迹带起点北侧路面的一处由西北向东南方向的轮胎挫痕，以及位于其西南方向靠近基准线处的一处挫痕，该两处挫划走向一致，均位于中心线南侧车道内，符合在碰撞过程中，乙车左、右前轮受力所形成的痕迹特征。

根据甲乙两车的碰撞形态及道路交通事故现场图及现场照片所示分析，甲乙两车碰撞后，两车在路面上所形成的轮胎挫痕起点及散落物抛撒起点处，即为两车在路面碰撞点位置，该碰撞点位置位于道路中心线南侧车道内。

图 3-19　道路交通事故现场照片一

图 3-20　道路交通事故现场照片二

图 3-21	图 3-22
图 3-23	图 3-24
图 3-25	图 3-26
图 3-27	

图 3-21　道路交通事故现场照片三
图 3-22　道路交通事故现场照片四
图 3-23　道路交通事故现场照片五
图 3-24　道路交通事故现场照片六
图 3-25　乙车正面痕迹照
图 3-26　甲车右侧前部痕迹照
图 3-27　甲车右前翼子板痕迹照

第四章

道路交通事故微量物证鉴定

第一节　道路交通事故微量物证鉴定概述

一、道路交通事故微量物证鉴定的概念

“微量物证”起源于英文“trace evidence”，“trace”被翻译为“微量”以强调该类物证的量小体微，未将“trace”中“示踪”“追溯”“探索”的含义完整表达。微量物证是与案件或事故相关的物品，或能够印证案件和事故真实情况，或可以为案件和事故提供线索和方向。微量物证主要为工农业产品或自然界产物，而非与人体相关。常见的微量物证有墨水、油墨、墨粉和纸张等文件材料；油漆、橡胶、塑料和黏合剂等高分子材料；纤维、织物和染料等纺织品；汽油、煤油、柴油和油漆稀释剂等易燃液体；动植物油和矿物油等油脂类；火药、炸药和爆炸残留物等爆炸物类；玻璃、陶瓷、砖瓦和水泥等建筑材料类；射击残留物、金属、泥土、植物、催泪化学品等。

具体到交通事故中的微量物证，既有不易发现的擦痕处附着的油漆或纤维，也有体积较大、散落在事故现场的保险杠或灯罩碎片，都是碰撞痕迹的物质基础。交通事故所涉的微量物证的范围主要与车辆相关，车体表面的油漆、车辆的金属和塑料部件、轮胎和其他橡胶部件、车窗和后视镜玻璃、车辆的内饰以及车辆使用的润滑油等。人体相关的物质不属于微量物证范围，但涉案人员所着服装织物纤维，鞋类材料是交通事故中微量物证。此外，道路现场的水泥等建筑材料也可能成为交通事故中的微量物证。

二、道路交通事故微量物证鉴定的形式

交通事故中的微量物证一般以附着物和散落物两种形式存在。

（一）微量物证附着物

微量物证附着物是附着在车辆、人体和道路设施等其他物体表面，能建立起事故痕迹证据之间的相互关系的物质。如油漆、塑料、纤维、橡胶和油脂等。

当车辆、人体和道路设施等其他物体之间发生碰撞或刮擦时，受力和接触过程中产生热量的影响，接触部位的物质可能脱落和转移，发生单向或者双向的物质转移，形成微量物证附着物。由于物质在转移的过程中，形态会发生一定的变化，故在事故勘验时应对微量物证附着物的形态和颜色予以关注。当肉眼难以辨别时，应借助侧光、放大镜甚至显微镜寻找、检验以微量甚至痕量的形式附着于另一客体表面的附着物；物质在碰擦过程中可能受热软化，塑料等物质会形成薄膜状附着物，纤维等会表现出熔融状态；

由于量小体微，附着物的颜色可能比原脱落部位浅。

（二）微量物证散落物

微量物证散落物是散落在交通事故现场，能建立起事故痕迹证据之间的相互关系的物质或物品。如车辆油漆碎片、玻璃碎片、车辆零部件和车辆装载物等。

当交通事故发生时，一些体积较大、质量较重的物质脱落后无法附着在车辆、人体和道路设施等其他物体表面，通常会散落在事故现场地面，形成微量物证散落物。散落物一般体积大，数量多，易于寻找和提取。但部分散落物受力后可能被抛到路边或较远区域，应注意勘验收集。

三、道路交通事故微量物证鉴定的意义

微量物证是交通事故中所涉各类证据的组成部分，能为痕迹证据提供坚实的客观物质支撑，对事故的认定和排除起到举足轻重的作用。

交通事故中所涉微量物证范围广，鉴定过程复杂。由于本书重点在于指导交通事故鉴定，故本章所论述的内容主要从这一角度出发，重在介绍一下两方面内容：① 交通事故中常见微量物证的发现、提取、包装和送检，该部分内容可帮助交通事故勘验人员理解微量物证的意义，有目的地进行微量物证鉴定，提取适合的样品以便于获取有意义的检测结果。② 交通事故中常见微量物证的鉴定过程，该部分内容在一定程度上可帮助交通事故勘验人员解读微量物证鉴定意见书，分析所得鉴定意见是否可靠，评判其证据价值高低。本章中关于交通事故中常见微量物证的具体鉴定过程、检验方法的论述相对简略，有兴趣的微量物证鉴定人员可通过对其他相关具体标准和书籍的学习和研究获得指导。

第二节　油漆物证鉴定

一、概述

油漆指以干性油为主要成膜物质的一类涂料。油漆由主要成膜物质（油料，树脂）、次要成膜物质（颜料，填料）和辅助成膜物质（溶剂，增塑剂，固化剂，稳定剂，防霉剂等）三部分组成。主要成膜物质包括油料和树脂，可以单独成膜，也可以与颜料、填料等物质粘接成膜。

交通事故中的油漆物证是在交通事故现场，附着在车辆、人体和道路设施等物体表面或者散落在事故现场，能建立起事故痕迹证据之间的相互关系的油漆。油漆物证以固体附着物或者散落物的形式存在，而非液态油漆。为了保护车体、外形美观，各种汽车、摩托车、电动自行车、两轮自行车等交通工具外表面均涂装有各类油漆，油漆也易于在

交通事故的碰撞和刮擦过程中发生转移，因此油漆物证是交通事故现场最常见的物证。

依据样品来源，交通事故中的油漆物证为检材油漆和样本油漆两种。检材油漆为未知来源、需要鉴定的油漆。如被撞车辆、人体等表面的油漆附着物，事故现场的油漆散落物，由于其来源未知，为检材油漆。样本油漆为已知来源、用于比较和对照的油漆。如嫌疑车辆的表层油漆，由于其来源已知，为样本油漆。由于物质的转移经常是互相的，嫌疑车辆表面也会留有油漆附着物，是来源未知的检材油漆；相应的被撞车辆的表层油漆，是来源已知的样本油漆。故油漆是否来自可能肇事的车辆不是检材油漆与样本油漆的区分依据。

油漆物证鉴定包括油漆物证比对鉴定和油漆物证种类认定两个方面。油漆物证比对鉴定是指运用物理、化学等方法，分析鉴别检材油漆与样本油漆的特性和种类是否相同。油漆物证种类认定是指运用物理、化学等方法，分析鉴别检材油漆的特性和种类，判断其可能来源。其中油漆特性指油漆的理化特性，主要包括油漆的层次结构、颜色、厚度、形态、有机成分和无机成分等，是油漆物证鉴定的具体内容和油漆物证种类认定的客观依据。

二、车辆油漆的特性

由于不同车辆或者相同车辆不同部位表面的涂装工艺不同，油漆的结构层次和成分也不同，如图 4-1 所示。

图 4-1　车辆不同部位的油漆不同

目前的汽车面漆主要分为两类，一类为金属部件如车架等表面油漆，一类为塑料部件如保险杠等表面油漆。

较为高级的客车金属部件表面的原厂漆有五层，分别为清漆层、色漆层、中涂层、电泳层和磷化层，车辆塑料部件表面的原厂漆有三层，分别为清漆层、色漆层和中涂层。由于涂装工艺不同，两类部件表面对应层的成分不一定相同。按照车辆表面效果，汽车色漆层分为素色漆、金属漆和珠光漆三种。

货车、农用车和拖拉机等车辆表面一般为色漆层和中涂层两层，少数涂装有清漆层，且大多数色漆层为素色漆。

车辆在使用过程中发生事故受到损坏，油漆需要进行修补涂装。修补后的油漆可能会与原漆存在一定色差，部分区域会反复出现清漆层、色漆层，底层有不同厚度的腻子。

三、油漆物证的分布

油漆漆片和油漆附着物是交通事故中最常见的微量物证，如图 4-2 和图 4-3 所示。

图 4-2　油漆散落物

图 4-3　油漆附着物

由于车辆表面油漆的涂装工艺、老化程度和事故作用力方向和大小的不同，油漆的脱落和转移情况也不同。部分情况下油漆漆片从底部腻子层整体脱落，或多层转移，此时依旧保持有原有漆层的结构，表现出车辆原有颜色；部分情况下油漆表面一层或多层以细小颗粒的形式附着在客体表面，在条状或块状擦痕中表现出各自的颜色：如原清漆层会呈现出白色擦痕状；色漆层呈现出与原色漆相同或较浅的擦痕，有时会失去光泽；原本无法观察到的中涂层以它的本来颜色形成擦痕等。依据各颜色的分布区域还可以推测痕迹的形成过程。有时候受油漆性质影响，部分层次还可能缺失，如某些电动车塑料部件表面的清漆硬而脆，非常容易在碰撞过程中与第二层色漆分离，油漆本身附着力又弱，在转移过程中丢失，无法附着到客体表面。

油漆散落物会散落在事故现场，或进入破损的车体内部；油漆附着物的载体高度应与来源油漆涂层的高度对应。

四、油漆物证的提取

（一）油漆物证的提取工具

提取油漆物证的常用工具有三类。第一类为照明和观察用具光源，包括白光光源、多波段光源、手柄放大镜、体式显微镜和油漆颜色色卡等。第二类为提取工具，包括刀片、手术刀、镊子等。第三类为收集工具，包括玻璃小瓶、塑料小瓶、纸质样品袋等。

（二）油漆物证的发现

应对交通事故现场进行全面、仔细地勘查，并时刻牢记必须在痕迹物证的基础上寻找油漆物证。借助光源和放大镜，在嫌疑车、受害人、交通设施等表面观察油漆附着物，在现场寻找散落物，在油漆附着物对应的可能造痕体表面寻找相应的痕迹，包括划痕、擦痕等减层痕迹或油漆剥落现象等。对于逃逸车辆，应通过信息收集和痕迹勘验尽可能了解车辆后续是否发生过其他碰撞或进行过修补。

（三）油漆物证的提取

1. 提取的准备

由于油漆物证的提取会对痕迹造成一定的破坏，因此在提取油漆物证前，必须对痕迹进行照相固定。在提取油漆物证前，应用酒精棉球或干净纱布将手术刀、镊子等工具清洗或者擦拭干净。

2. 检材油漆的提取

当检材以漆片形式存在时，应使用镊子提取漆片后封装于样品袋，不同位置提取到的漆片分别封装后编号，并详细记录其来源。

当检材以附着物形式存在时，应首先对检材载体进行分析。当检材载体为易于拆卸部位，如汽车后视镜、二轮车车把手、受害人外衣等时，应尽可能将附着有油漆检材的载体拆卸后送检，衣物可剪取痕迹部位或整体送检，以便于微量物证鉴定人员在显微镜下直接观察提取成分单一的检材，排除干扰。当检材载体为不易拆卸部位，如引擎盖、车身等时，应使用刀片将原车辆涂层和油漆附着物一起提取下来，封装于物证袋后送检。当刮擦痕迹面积较大时，可在痕迹下方放置一个方盘，以收集提取时散落下的物质。不同位置提取的附着物应分别封装后编号，并详细记录其来源。当非常少量的检材附着于难以拆卸的载体时，如有条件，应尽可能切割载体或将车门、引擎盖等体积较大的载体拆卸后送检。

3. 样本油漆的提取

在痕迹物证的基础上寻找样本油漆，提取痕迹无法进行对应的样本油漆与检材比对则意义不大。如果嫌疑车在勘验前未重新喷涂，提取时，应在痕迹旁用刀片刮取样本油漆，且从最靠近载体的漆层开始提取，以保证油漆的完整性。有的情况下，当载体为塑料时，在碰撞过程中会与油漆一起转移，故只要条件允许，载体也应一并提取。如果嫌疑车在勘验前进行了重新喷涂，应完整地提取新喷涂处、新旧交界处以及旧涂层处的漆层。如果重新喷涂油漆的面积较大，且喷涂前已将原油漆层去除，可在难以除尽原油漆层的部位，如钢板连接处、交界缝隙中寻找原油漆。

4. 注意事项

提取完一处物证后，应用酒精棉球或干净纱布将工具擦拭干净；尤其在提取检材油漆和样本油漆之间，一定要保证工具的清洁以防两者时间发生混淆和污染。

不应使用胶带提取漆片和油漆附着物，因为胶带黏合面的黏合剂是高分子材料，黏着在油漆表面难以分离，会影响红外光谱检验的结果。

五、油漆物证的检验

（一）外观特征和显微形态检验

外观特征和显微形态检验是油漆物证鉴定最重要的步骤，是油漆样品制备和仪器检验的基础。一般情况下，首先在自然光或照明光源下，通过目视或借助放大镜等工具，观察检材油漆和样本油漆的颜色、光泽、状态、宏观形态等特征。

显微检验一般借助于连续变焦的体视显微镜、荧光显微镜和金相显微镜等。在显微镜下，主要观察油漆的以下方面：

1）检材油漆和样本油漆是否有污染等情况。

2）检材油漆和样本油漆的层次结构。

3）检材油漆和样本油漆对应各层的颜色、质地和微观形态。

检验时可借助于手术刀等工具，对附着物和漆片进行切割和分离，同时比较检材油漆和样本油漆的上述特征，初步判断两者是否有差异。

（二）样品制备

在显微镜下，根据检材油漆和样本油漆的大小、形状等情况，采用不同的样品制备方法。当检材油漆和样本油漆为单层油漆时，用手术刀等工具直接提取；当检材油漆和样本油漆为多层油漆时，用手术刀等工具逐层剥离，分别制备样品，保证油漆各层之间没有互相干扰；当检材油漆和样本油漆为多种油漆混合物时，用手术刀等工具逐一分离、提取，分别制备样品。

（三）仪器检验

选用仪器检验方法时，根据鉴定要求，综合检材油漆和样本油漆样品量、样品状态而定。当油漆为多层结构时，应对油漆各层分别进行检验。

1. 红外光谱法检验

按照 GA/T 823.2《油漆物证的检验方法　第 2 部分：红外吸收光谱法》的相关内容，使用红外光谱仪，分别检测制备好的检材油漆和样本油漆的红外吸收光谱，并进行分析比较。

2. 扫描电子显微镜 /X 射线能谱法

按照 GA/T 823.3《法庭科学油漆物证的检验方法　第 3 部分：扫描电子显微镜 /X 射线能谱法》的相关内容，将制备好的检材油漆和样本油漆放置到电镜样品台上，在扫描电子显微镜下观察油漆样品的表面形态，并选择多个微区，用 X 射线能谱仪检测这些微区所含的主要元素成分，并进行分析比较。

3. 其他检验方法

根据鉴定需要和检材油漆和样本油漆的样品量，还可采用 X 射线荧光光谱法、激光显微拉曼光谱法、激光剥蚀电感耦合等离子体质谱法、裂解气相色谱–质谱法等其他方法进行检验分析。

（四）综合分析

根据多种方法的检验结果，对检材油漆与样本油漆的特性是否有差异及价值高低进行综合分析和评断，并根据分析结果，做出相应的鉴定意见。分析的特性应包括但不限于以下几方面要素：

1）油漆的颜色、光泽等外观特征是否相同。

2）油漆的层次结构、对应各层的颜色、微观形态和质地等显微形态是否相同。

3）油漆的红外光谱是否相同。

4）油漆的主要元素成分是否相同。

六、油漆物证鉴定的鉴定意见及应用

（一）鉴定意见

微量物证中的同一认定一直是鉴定中的难题，根据目前的技术发展情况，建议根据以下方式对检材油漆与样本油漆的比对检验作出鉴定意见。

1. 相同种类

对检材油漆和样本油漆的特性进行了包括外观特征、显微形态、红外吸收光谱和主要元素成分在内的全面检验，检材油漆与样本油漆的主要特性相同，未发现本质性差异。该种鉴定意见表述为“检材油漆与样本油漆是同种类油漆。”

2. 非同种类

根据已使用的检验方法，发现检材油漆与样本油漆的已检特性存在本质性差异。该种鉴定意见表述为“检材油漆与样本油漆不是同种类油漆。”

3. 客观描述已检特性的检验结果

在对检材油漆和样本油漆的部分特性进行了检验的情况下，根据已使用的检验方法，未发现检材油漆与样本油漆特性存在本质性差异，但尚不足以得出相同种类的鉴定意见。该种鉴定意见表述为“客观描述检材油漆和样本油漆已检特性”的检验结果。

4. 无法判断

检材油漆不具备鉴定条件，或根据使用的检验方法，不能做出以上三种鉴定意见的，均可做出无法判断的鉴定意见。该种鉴定意见表述为“无法判断检材油漆与样本油漆是否同种类油漆。”

（二）鉴定意见书的应用

一份较为完善的油漆物证鉴定意见书，应包含对检材油漆与样本油漆外观特征和显微形态的比较，尤其应有对油漆分层情况的判断，并根据油漆的分层情况，进行对应层次的红外光谱检验。此外，根据目前掌握的信息，有较多鉴定机构受条件所限，不具备扫描电子显微镜 /X 射线能谱仪等元素分析仪器，故建议此类鉴定机构在出具认定的鉴定意见时，应遵循第三种鉴定意见表述方式，出具如“检材油漆与样本油漆的外观特征相同，红外光谱一致”的表述，不应表述为“检材油漆与样本油漆是同种类油漆”。

由于油漆是工业产品，具有一定的普遍性，同种类油漆也不能认定来源相同。但层次较多漆片的证据价值高于单层油漆，相互转移油漆的证据价值高于单向转移的油漆。

第三节　纤维物证鉴定

一、概述

纤维是指具有一定长径比的细长柔软的高分子化合物，一般直径只有几微米，最大到几十微米，长径比为几百甚至几千倍。

交通事故中的纤维物证是在交通事故现场，附着在车辆外部、车辆内部和道路设施等其他物体表面，能建立起事故痕迹证据之间的相互关系的纤维。纤维以织物、纱线或纤维附着物的形式存在。由于受害人穿有衣物、戴有围巾，部分车辆外部包装有篷布，织物上的纤维易于在交通事故的碰撞和刮擦过程中发生转移，因此纤维物证也是交通事故现场常见的物证，尤其在确定驾车人类型的案件中，驾乘人员在发生交通事故时会在车辆较小的空间内发生移动并与车内部件碰撞，织物纤维的转移分布是判断人员位置的重要依据。

依据样品来源，交通事故中的纤维物证分为检材纤维和样本纤维两种。检材纤维为未知来源、需要鉴定的纤维。如被撞车辆外表、车辆内饰表面的纤维附着物，由于其来源未知，为检材纤维。样本纤维为已知来源、用于比较和对照的纤维。如受害人所着外衣织物纤维，由于其来源已知，为样本纤维。

纤维物证鉴定包括纤维物证比对检验和纤维物证种类鉴定两个方面。纤维物证比对检验指运用物理、化学的方法，分析鉴别检材纤维与样本纤维的纤维特性是否相同。纤维物证种类鉴定指运用物理、化学的方法，定性分析检材纤维和样本纤维的纤维成分及其种类。其中纤维特性是指检材纤维和样本纤维的颜色、组成（是否有多种纤维）、纵面/横截面的显微形态、偏振光特性、荧光特性、红外光谱、拉曼光谱等特性，是纤维物证鉴定的具体内容，是纤维比对检验和种类鉴定的客观依据。纤维按其来源可分为天然纤维和化学纤维两大类，其中常见的天然纤维有棉、麻、丝、毛等；常见的化学纤维有黏胶纤维、醋酯纤维、涤纶、锦纶、氨纶、腈纶等。根据纤维的显微形态特征和红外光谱图上的特征官能团信息，可鉴定纤维种类。

二、纤维物证的特性

纤维物证主要来自受害人的上衣、裤子和围巾等织物，如图 4-4 所示为一检材织物。一般情况下，织物由纱线纺织而成，纱线由纤维纺织而成。相应的纤维物证也会表现出织物、纱线和纤维三种状态。当车辆与织物发生接触时，若接触点突出且尖锐，造成织物撕裂，则纤维物证可能以小块织物或多根纱线的形式转移到车辆表面，也可能以多根纤维的形式附着到车辆表面；当接触点为面积较为平整的表面时，纤维织物主要以多根纤维的形式附着到接触面，如图 4-5 所示为检材纤维附着物。

由于纤维的普遍存在，非物证类纤维可能会对纤维物证的确认造成一定干扰。纤维物证的转移是碰撞后受力造成的，故转移过程中会受到力的作用，同时伴随着热效应。纤维本身为高分子材料，车辆表面喷涂的油漆或车辆内饰也是高分子材料，两者在高温下接触会发生一定的熔融效应，纤维物证会较为牢固地附着于接触面，纤维形态和断面处也可以观察到受力后的影响。而掉落的纤维与接触面一般不存在牢固地附着关系，使

图 4-4　检材织物

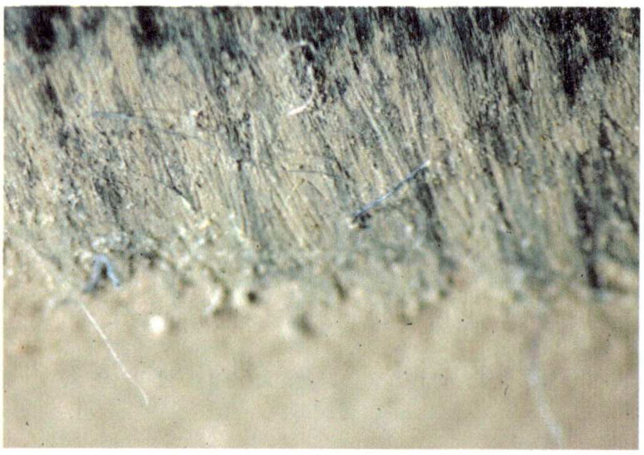

图 4-5　检材纤维附着物

用洗耳球即可除去，在形态上也与受力转移纤维不同。根据上述要点可排除大多数非物证纤维。

三、纤维物证的提取

（一）纤维物证的提取工具

提取纤维物证的常用工具有三类。第一类为照明和观察用具光源，包括白光光源、多波段光源、手柄放大镜和体式显微镜等。第二类为提取工具，包括镊子、刀片、手术刀等。第三类为收集工具，如玻璃瓶、纸质样品袋、载玻片等等。

（二）纤维物证的发现

借助光源和放大镜，在嫌疑车表面或内部、交通设施等表面观察纤维附着物。

（三）纤维物证的提取

1. 提取的准备

由于纤维物证的提取会对痕迹造成一定的破坏，因此在提取纤维物证前，必须对痕迹进行照相固定。在提取纤维物证前，应当用吸收酒精的长纤维脱脂棉或擦镜纸将镊子、手术刀等工具清洗或者擦拭干净，并确认没有纤维残留在工具上。

2. 检材纤维的提取

当检材以织物或纱线形式存在时，应使用镊子提取后封装于样品袋，并详细记录其来源。

当检材以单根纤维附着物形式存在时，应首先对检材载体进行分析。当检材载体为易于拆卸部位，如汽车后视镜、汽车内储物箱盖等时，应尽可能将附着有检材纤维的载体拆卸后送检，以便于微量物证鉴定人员在显微镜下直接观察观察检材纤维。当检材载体为不易拆卸部位，如引擎盖、车身等时，且纤维面积较大时，应用刀片将检材纤维和基底油漆或塑料一起提取下来，封装于样品袋后送检；当检材纤维较少时，也可用镊子将纤维逐根提取，封装于样品袋，或者用两块载玻片夹住提取到的纤维，并用胶带固定载玻片后封装于样品袋。不同位置提取的附着物应分别封装后编号，并详细记录其来源。

3. 样本纤维的提取

在受害人衣物等织物的破口或者擦痕处剪取一块织物作为样本，封装于样品袋，并详细记录其来源。

4. 注意事项

不应使用胶带提取纤维附着物，因为胶带黏合面的黏合剂是高分子材料，黏着在纤维表面难以分离，会影响红外光谱和拉曼光谱检验的结果。

附着有检材纤维的载体在送检过程中应妥善保管，以免检材纤维受到摩擦等影响而遗失。

四、纤维物证的检验

（一）样品前处理

直接或在体视显微镜下观察检材纤维、样本状态，确定其为织物，纱线，还是纤维。如检材 / 样本处于织物状态，观察织物编织方式，选择代表性的织物纱线，将纱线退捻成纤维待检；如检材 / 样本处于纱线状态，将其退捻成纤维待检。

观察检材 / 样本是否受污染，需要时用水、乙醇等溶剂进行清洗。

（二）显微形态检验

1. 生物显微镜检验

按照 FZ/T 01057.3《纺织纤维鉴别试验方法　第 3 部分：显微镜法》的相关内容，分别制备检材纤维和样本纤维，使用生物显微镜的透射光、偏振光等模式，观察检材 / 样本纤维的颜色、纵面或横截面的显微形态和偏振光特性，拍照固定显微图片。

对于多根检材 / 样本纤维和检材 / 样本纱线退捻后的纤维，观察纤维的颜色和显微形态是否相同，确定检材 / 样本纤维是否由多种纤维组成。若存在显微形态或颜色不同的多种纤维，则需分别提取以进行后续检验。

2. 扫描电子显微镜检验

按照 GB/T 19267.6《刑事技术微量物证的理化检验　第 6 部分：扫描电子显微镜 / X 射线能谱法》的相关内容，检材 / 样本纤维经制样、镀膜处理后，使用扫描电子显微镜观察纤维的纵面或横截面形态，拍照固定显微图片。

对于多根检材 / 样本纤维和检材 / 样本纱线退捻后的纤维，观察纤维的显微形态是否相同，确定检材 / 样本纤维是否由多种纤维组成。若存在显微形态不同的多种纤维，则需分别提取以进行后续检验。

（三）红外光谱检验

按照 GA/T 1424《法庭科学合成纤维物证的检验红外光谱法》、FZ/T 01057.8《纺织纤维鉴别试验方法　第 8 部分：红外光谱法》的相关内容，将检材 / 样本纤维制样后，使用红外光谱仪检测检材 / 样本纤维的红外光谱，对照标准纤维或标准红外图谱确定检材 / 样本纤维的化学成分。

（四）其他检验方法

根据鉴定需要和检材 / 样本纤维的样品量，还可采用视频光谱法、显微激光拉曼光谱法、显微分光光度法、高效液相色谱法、燃烧法、溶解法等其他方法进行检验。

（五）综合分析

1. 纤维比对检验

相同种类根据多种方法的检验结果，对检材纤维与样本纤维的特性是否有差异及价值高低进行综合分析和评断，并得出相应鉴定意见。

分析的特性应包括但不限于以下几方面要素：

1）纤维的颜色是否一致。

2）纤维的组成是否一致。

3）纤维的显微形态是否一致。

4）纤维的红外光谱是否一致。

2. 纤维种类鉴定

根据纤维的显微形态特征和红外光谱图上的特征官能团吸收峰等理化特性，结合标准纤维的特征图谱，对纤维成分进行分析，并得出相应的鉴定意见。

五、纤维物证鉴定的鉴定意见及应用

（一）纤维比对检验

根据目前的技术发展情况，建议根据以下方式对检材纤维与样本纤维的比对检验作出鉴定意见。

1. 相同种类

对检材纤维和样本纤维的特性进行了包括颜色、组成、显微形态和红外光谱在内的全面检验，检材纤维与样本纤维的主要特性一致，未发现本质性差异。该种鉴定意见表述为“检材纤维与样本纤维是同种类纤维。”

2. 非同种类

根据已使用的检验方法，发现检材纤维与样本纤维的已检特性存在本质性差异。该种鉴定意见表述为“检材纤维与样本纤维不是同种类纤维。”

3. 客观描述已检特性的检验结果

在对检材纤维和样本纤维的部分特性进行了检验的情况下，根据已使用的检验方法，未发现检材纤维与样本纤维的特性存在本质性差异，但尚不足以得出相同种类的鉴定意见。该种鉴定意见表述为“客观描述检材纤维和样本纤维已检特性”的检验结果。

4. 无法判断

检材纤维不具备鉴定条件，或根据使用的检验方法，不能做出以上三种类鉴定意见的，均可做出无法判断的鉴定意见。该种鉴定意见表述为“无法判断检材纤维与样本纤维是否同种类纤维。”

（二）纤维种类鉴定

根据已使用的检验方法，对所能得出的纤维种类进行客观描述。

（三）鉴定意见书的应用

一份较为完善的纤维物证鉴定意见书，应包含对包括颜色、组成、显微形态和红外光谱在内的全面检验，尤其是显微形态的检验，确定检材纤维和样本纤维是单一纤维组成还是多种纤维混纺而成。

第四节　塑料物证鉴定

一、概述

塑料是以合成树脂或天然树脂为基础原料，加入（或不加）各种塑料助剂，在一定温度、压力下加工素质成型或交联固化成型，得到固体材料或制品。

交通事故中的塑料物证是在交通事故现场，附着在车辆、人体和道路设施等其他物体表面或者散落在事故现场，能建立起事故痕迹证据之间的相互关系的塑料物质。塑料物证以固体附着物或者散落物的形式存在。由于各种车辆等交通运输工具使用塑料零部件，因此塑料物证也是交通事故现场较常见的物证。

依据样品来源，交通事故中的塑料物证为检材塑料和样本塑料两种。检材塑料为未知来源、需要鉴定的塑料。如被撞车辆、人体等表面的塑料附着物，事故现场的塑料散落物，由于其来源未知，为检材塑料。样本塑料为已知来源、用于比较和对照的塑料。

塑料物证鉴定包括塑料物证比对鉴定和塑料物证种类认定两个方面。塑料物证比对鉴定是指运用物理、化学等方法，分析鉴别检材塑料与样本塑料的特性和种类是否相同。塑料物证种类认定是指运用物理、化学等方法，分析鉴别检材塑料的特性和种类，判断其可能来源。其中塑料特性指塑料的理化特性，主要包括塑料的颜色、形态、树脂、填料和添加剂等，是塑料物证鉴定的具体内容和塑料物证种类认定的客观依据。

二、塑料在车辆中的应用

由于塑料具有质地轻、比强度高、耐化学腐蚀性能好等特性，故在车辆制造工业中大量用作零部件材料。不同的车辆零部件由于其功能不同，对材料的要求也随之变化，相应使用具有不同特性的塑料，对此初步了解，可根据检验结果推测检材塑料的可能来源。表 4-1 为常见的车辆零部件上的塑料种类。

表 4-1　常见的车辆零部件塑料种类

序号	塑 料 种 类	车 辆 零 件
1	聚氯乙烯	自行车把套、车辆反光牌照
2	聚乙烯、聚丙烯	汽车坐板、汽车反光镜罩、自行车网篮
3	聚苯乙烯	汽车灯罩
4	ABS 塑料	汽车保险杠
5	聚甲醛	散热器箱盖
6	聚碳酸酯	汽车门拉手、汽车灯罩
7	聚酰胺	汽车灯罩
8	聚苯醚	加热器挡板
9	聚苯硫醚	排气再循环阀
10	聚酰亚胺	汽车热交换零件
11	聚对苯二甲酸丁二醇酯	汽车后侧天窗
12	聚芳酯	汽车灯光反射器
13	聚甲基丙烯酸甲酯	汽车灯罩
14	不饱和聚酯	汽车安全帽
15	聚氨酯	汽车反光牌照

三、塑料物证的分布

由于车辆外部塑料零部件的成分、制造工艺、老化程度和事故作用力方向和大小的不同，形成的塑料物证形态和分布不同。部分塑料物证受到撞击形成碎片散落在事故现场，依旧保持原有的形态和颜色；部分在以条状或块状擦痕的形式附着在客体表面，或表现出原有的颜色，或颜色变浅。部分塑料物证会形成膜状附着物，呈半透明状，颜色较原来浅很多。如图 4-6 和图 4-7 所示分别为检材塑料（膜状附着物）和样本塑料

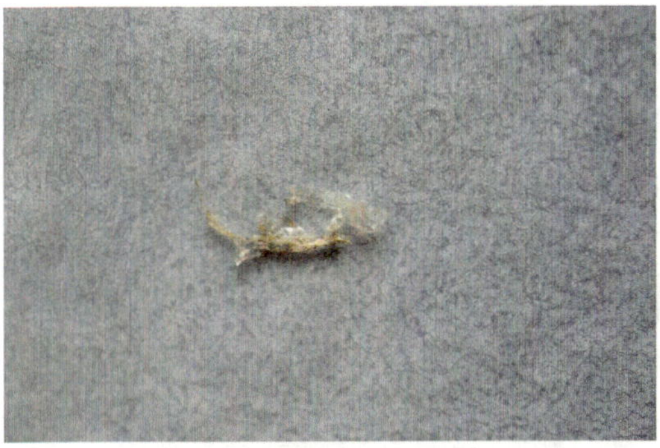

图 4-6　检材塑料——膜状附着物

图 4-7　样本塑料——白色网篮局部表面涂层

（白色网篮局部表面涂层）。

塑料散落物会散落在事故现场，或进入破损的车体内部；塑料附着物的载体高度应与来源塑料的高度对应。

四、塑料物证的提取

（一）塑料物证的提取工具

提取塑料物证的常用工具有三类。第一类为照明和观察用具光源，包括白光光源、多波段光源、手柄放大镜和体式显微镜等。第二类为提取工具，包括刀片、手术刀、镊子等。第三类为收集工具，包括玻璃小瓶和样品袋等。

（二）塑料物证的发现

借助光源和放大镜，在嫌疑车、受害人、交通设施等表面观察塑料附着物，在现场寻找散落物，在塑料附着物对应的可能造痕体表面寻找相应的痕迹，包括划痕、擦痕等减层痕迹等。对于逃逸车辆，应通过信息收集和痕迹勘验尽可能了解车辆后续是否发生过其他碰撞或进行过修补。

（三）塑料物证的提取

1. 提取的准备

由于塑料物证的提取会对痕迹造成一定的破坏，因此在提取塑料物证前，必须对痕迹进行照相固定。在提取塑料物证前，应用酒精棉球或干净纱布将手术刀、镊子等工具清洗或者擦拭干净。

2. 检材塑料的提取

当检材以碎片形式存在时，可使用镊子提取后封装于样品袋，不同位置提取到的碎片分别封装后编号，并详细记录其来源。现场的塑料碎片应尽可能收集齐全，不应认为足够检测便只提取主要部分。收集齐全的塑料碎片可拼合整复，并与样本客体进行痕迹检验，观察是否吻合。

当检材以附着物形式存在时，应尽可能将附着有塑料检材的载体拆卸后送检，衣物可剪取痕迹部位或整体送检，以便于微量物证鉴定人员在显微镜下直接观察提取成分单一的检材，排除干扰。当检材载体为不易拆卸部位，应使用刀片将原车辆涂层和塑料附着物一起提取下来，封装于物证袋后送检。当刮擦痕迹面积较大时，可在痕迹下方放置一个方盘，以收集提取时散落下的物质。不同位置提取的附着物应分别封装后编号，并详细记录其来源。

3. 样本塑料的提取

在痕迹物证的基础上寻找样本塑料，在痕迹旁用刀片切割小块样本塑料。如果嫌疑车在勘验前进行了修补，可在难以除尽部位，如钢板连接处、交界缝隙中寻找原塑料残留碎片。

4. 注意事项

提取完一处物证后，应用酒精棉球或干净纱布将工具擦拭干净；尤其在提取检材塑料和样本塑料之间，一定要保证工具的清洁以防两者时间发生混淆和污染。

不应使用胶带提取塑料附着物，因为胶带黏合面的黏合剂是高分子材料，黏着在塑料表面难以分离，会影响红外光谱检验的结果。

五、塑料物证的检验

（一）外观特征和显微形态检验

在自然光或照明光源下，通过目视或借助放大镜等工具，观察检材塑料和样本塑料的颜色、光泽、状态、宏观形态等特征。

在显微镜下，主要观察检材塑料和样本塑料是否有污染等情况，以及检材塑料和样本塑料的颜色、质地和微观形态。检验时可借助于手术刀等工具，对附着物和碎片进行切割和分离，初步判断两者是否有差异。

（二）样品制备

在显微镜下，用手术刀等工具直接提取。

（三）仪器检验

选用仪器检验方法时，根据鉴定要求，综合检材塑料和样本塑料样品量、样品状态而定。

1. 红外光谱法检验

按照 GA/T 1423《法庭科学合成塑料物证的检验红外光谱法》的相关内容，使用红外光谱仪，分别检测制备好的检材油漆和样本油漆的红外吸收光谱，并进行分析比较。

2. 扫描电子显微镜 /X 射线能谱法

按照 GB/T 19267.6《刑事技术微量物证的理化检验　第 6 部分：扫描电子显微镜 / X 射线能谱法》的相关内容，将制备好的检材油漆和样本油漆放置到电镜样品台上，在扫描电子显微镜下观察油漆样品的表面形态，并选择多个微区，用 X 射线能谱仪检测这些微区所含的主要元素成分，并进行分析比较。

3. 其他检验方法

根据鉴定需要和检材油漆和样本油漆的样品量，还可采用差示量热扫描法、热重法、X 射线荧光光谱法、激光显微拉曼光谱法、激光剥蚀电感耦合等离子体质谱法、裂解气相色谱–质谱法等其他方法进行检验分析。

（四）综合分析

根据多种方法的检验结果，对检材塑料与样本塑料的特性是否有差异及价值高低进行综合分析和评断，并根据分析结果，做出相应的鉴定意见。分析的特性应包括但不限于以下几方面要素：

1）塑料的颜色、光泽等外观特征是否相同。

2）塑料的颜色、微观形态和质地等显微形态是否相同。

3）塑料的红外光谱是否相同。

4）塑料的主要元素成分是否相同。

六、塑料物证鉴定的鉴定意见及应用

（一）塑料比对检验

根据目前的技术发展情况，建议根据以下方式对检材塑料与样本塑料的比对检验作出鉴定意见。

1. 相同种类

对检材塑料和样本塑料的特性进行了包括外观特征、显微形态、红外吸收光谱和主要元素成分在内的全面检验，检材塑料与样本塑料的主要特性相同，未发现本质性差异。该种鉴定意见表述为“检材塑料与样本塑料是同种类塑料。”

2. 非同种类

根据已使用的检验方法，发现检材塑料与样本塑料的已检特性存在本质性差异。该种鉴定意见表述为“检材塑料与样本塑料不是同种类塑料。”

3. 客观描述已检特性的检验结果

在对检材塑料和样本塑料的部分特性进行了检验的情况下，根据已使用的检验方法，未发现检材塑料与样本塑料特性存在本质性差异，但尚不足以得出相同种类的鉴定意见。该种鉴定意见表述为“客观描述检材塑料和样本塑料已检特性”的检验结果。

4. 无法判断

检材塑料不具备鉴定条件，或根据使用的检验方法，不能做出以上三种鉴定意见的，均可做出无法判断的鉴定意见。该种鉴定意见表述为“无法判断检材塑料与样本塑料是否同种类塑料。”

（二）塑料种类鉴定

根据已使用的检验方法，对所能得出的塑料种类进行客观描述。

（三）鉴定意见书的应用

一份较为完善的塑料物证鉴定意见书，应包含对检材塑料与样本塑料外观特征、显微形态、红外吸收光谱和主要元素成分在内的全面检验。根据目前掌握的信息，有较多鉴定机构受条件所限，不具备扫描电子显微镜 /X 射线能谱仪等元素分析仪器，故建议此类鉴定机构在出具认定的鉴定意见时，应遵循第三种鉴定意见表述方式，出具如“检材塑料与样本塑料的外观特征相同，红外光谱一致。”的表述，不应表述为“检材塑料与样本塑料是同种类塑料”。

第五节　玻璃物证鉴定

一、概述

玻璃，通常指无机玻璃，是由无机氧化物原料经高温融化后，在一定条件下快速冷却制得的非晶态固体。玻璃主要为以二氧化硅为主要成分的硅酸盐玻璃，也有以氧化铝、氧化硼、氧化铅和氧化钛为主要成分的其他类氧化物玻璃。玻璃按照用途可分为平板玻璃和容器玻璃。

交通事故中的玻璃物证是散落在交通事故现场或受害人衣物或身体上，能建立起事故痕迹证据之间的相互关系的玻璃。玻璃一般来自汽车车窗玻璃和车辆后视镜玻璃，比油漆物证和塑料物证的出现频率低。

依据样品来源，交通事故中的玻璃物证为检材玻璃和样本玻璃两种。检材玻璃为未知来源、需要鉴定的玻璃。样本玻璃为已知来源、用于比较和对照的玻璃。

玻璃物证比对鉴定是指运用物理、化学等方法，分析鉴别检材玻璃与样本玻璃的特性和种类是否相同。其中玻璃特性需检玻璃的各类理化特性，如玻璃的颜色、厚度、密度、折射率、元素成分及光谱特性等，是玻璃物证比对鉴定的具体内容。

二、玻璃物证的提取

（一）玻璃物证的提取工具

提取玻璃物证的常用工具包括白光光源、手柄放大镜、镊子和样品袋等。

（二）玻璃物证的提取

1. 提取的准备

在提取塑料物证前，应用酒精棉球或干净纱布将手术刀、镊子等工具清洗或者擦拭干净。

2. 检材玻璃的提取

对于交通事故现场的玻璃碎片，应尽可能收集齐全，以便进行拼合整复，并与样本玻璃断面进行痕迹检验，观察是否吻合。外观形态明显不同，如厚度、颜色差异较大的玻璃碎片应分别包装。不同位置提取的玻璃碎片也应分别包装，并详细记录其来源。同时应注意观察玻璃碎片的新旧和污染状态，以帮助区分是否为本次交通事故所留。

当玻璃碎片或小颗粒分布在受害人衣服或身体上时，应对受害人仔细检查，小心提取并包装，详细记录其来源。

3. 样本玻璃的提取

勘验嫌疑车辆，寻找可能形成现场检材玻璃的部位。一般情况下，驾驶员都会对车窗或后视镜进行更换。应在更换部位仔细勘验，寻找原有的玻璃颗粒，提取作为样本。

若样本玻璃尚未维修更换，应取下后，与检材玻璃进行断面拼合，若两者吻合或有大部分断面吻合，可根据痕迹物证直接认定。

4. 注意事项

当玻璃碎片上留有指纹、血迹、油漆、纤维和油迹等附着物时，应将玻璃碎片另行保存，以备进一步检验。

三、玻璃物证的检验

（一）外观检验

在自然光或照明光源下，通过目视或借助体视显微镜等工具，对检材玻璃和样本玻璃的颜色等特征进行分析。

（二）折射率检验

按照 GA/T 1419《法庭科学玻璃微粒折射率测定　油浸法》的相关内容使用玻璃折射率仪检测检材玻璃和样本玻璃的折射率，并进行分析比较。

（三）元素检验

按照 GA/T 1417《法庭科学玻璃物证的元素成分检验　波长色散 X 射线荧光光谱法》、GA/T 1418《法庭科学玻璃物证的元素成分检验　扫描电镜能谱法》的相关内容使用 X 射线荧光光谱仪、扫描电镜 / 能谱仪和激光剥蚀电感耦合等离子体质谱仪中的一种或几种仪器检测检材玻璃和样本玻璃的元素成分，并进行分析比较。

（四）其他检验方法

根据鉴定需要、检材玻璃和样本玻璃的样品量，还可采用视频光谱、激光显微拉曼光谱法等其他方法进行检验分析。

（五）综合分析

根据多种方法的检验结果，对检材玻璃与样本玻璃的特性是否有差异及价值高低进行综合分析和评断，并根据分析结果。分析的特性应包括但不限于以下几方面要素：

1）玻璃的颜色、显微形态是否相同。

2）玻璃的折射率是否相同。

3）玻璃的主要元素成分是否相同。

四、玻璃物证鉴定的鉴定意见及应用

（一）玻璃物证鉴定的鉴定意见

根据目前的技术发展情况，建议根据以下方式对检材玻璃与样本玻璃的比对检验作出鉴定意见。

1. 相同种类

对检材玻璃和样本玻璃特性的要素进行了包括外观特征、折射率、主要元素成分在内的全面检验，检材玻璃与样本玻璃的主要特性一致，未发现本质性差异。该种鉴定意见表述为“检材玻璃与样本玻璃是同种类玻璃。”

2. 非同种类

根据已使用的检验方法，发现检材玻璃与样本玻璃的已检特性存在本质性差异。该种鉴定意见表述为“检材玻璃与样本玻璃不是同种类玻璃。”

3. 客观描述已检特性的检验结果

在对检材玻璃和样本玻璃的部分特性进行了检验的情况下，根据已使用的检验方法，未发现检材玻璃与样本玻璃的特性存在本质性差异，但尚不足以得出相同种类的鉴定意见。该种鉴定意见表述为“客观描述检材玻璃和样本玻璃已检特性”的检验结果。

4. 无法判断

检材玻璃不具备鉴定条件，或根据使用的检验方法，不能做出以上三种鉴定意见的，均可做出无法判断的鉴定意见。该种鉴定意见表述为“无法判断检材玻璃与样本玻璃是否同种类玻璃。”

（二）鉴定意见书的应用

一份较为完善的玻璃物证鉴定意见书，应包含对检材玻璃与样本玻璃包括外观特征、折射率、主要元素成分在内的全面检验，且玻璃折射率数据非常重要。根据目前掌握的信息，大多数鉴定机构不具备玻璃折射率仪，因此出具认定的鉴定意见时，应严格遵循第三种鉴定意见表述方式，将鉴定意见表述为客观描述检材玻璃和样本玻璃已检特性的检验结果。

第六节　橡 胶 物 证

一、概述

橡胶是一类高弹性的有机高分子化合物和元素有机高聚物，其分子量通常在几十万以上，有的甚至高达 100 万。橡胶分为天然橡胶和合成橡胶两大类。

车辆上许多零部件由橡胶制造而成，尤其是车辆轮胎。同时橡胶也是大多数鞋底的制造材料。因此橡胶物证也会出现在交通事故中。

二、橡胶物证的分布

橡胶是一种可塑性和弹性物质，车辆轮胎充气后具有更高的弹性。与其他物体接触时，一般不易脱落。必须具备以下的条件才能造成橡胶物质的脱落：轮胎与坚硬粗糙的物体或路面接触轮胎与物体或路面之间的相对运动。比如，当机动车紧急制动时，车辆轮胎与坚硬路面强力摩擦，在制动痕迹处将遗留脱落的橡胶物质。

在发生交通事故的过程中，不论是车与车、车与人或车与路面之间的交通事故，往往不接触车辆轮胎。有时虽然接触车辆轮胎，却不存在强力的擦刮或摩擦。因此，交通事故现场，橡胶物证的出现率比想象中低很多。

橡胶物证主要有以下两种形态：机动车制动痕迹处遗留的橡胶物证为细小颗粒状态；机动车轮胎与物体强力擦刮或摩擦时，比如，轮胎与车辆表面的螺钉、螺帽或其他坚硬物体擦刮或摩擦时，轮胎的胎面或胎壁的橡胶物质将发生脱落，有时呈细小颗粒状，有时被撕裂呈块状或条状。

三、橡胶物证的提取

（一）橡胶物证的提取工具

提取橡胶物证的常用工具有三类。第一类为照明和观察用具光源，包括白光光源、多波段光源、手柄放大镜和体式显微镜等。第二类为提取工具，包括刀片、手术刀、镊子等。第三类为收集工具，包括玻璃小瓶和样品袋等。

（二）橡胶物证的发现

借助光源和放大镜，在嫌疑车、受害人、交通设施等表面观察橡胶附着物。对于逃逸车辆，应通过信息收集和痕迹勘验尽可能了解车辆后续是否发生过其他碰撞或更换过轮胎等橡胶零件。

（三）橡胶物证的提取

1. 提取的准备

由于橡胶物证的提取会对痕迹造成一定的破坏，因此在提取橡胶物证前，必须对痕迹进行照相固定。在提取橡胶物证前，应用酒精棉球或干净纱布将手术刀、镊子等工具清洗或者擦拭干净。

2. 检材橡胶的提取

应尽可能将附着有橡胶检材的载体拆卸后送检，以便于微量物证鉴定人员在显微镜下直接观察提取成分单一的检材，排除干扰。当检材载体为不易拆卸部位，应使用刀片将原车辆涂层和橡胶附着物一起提取下来，封装于物证袋后送检。当刮擦痕迹面积较大时，可在痕迹下方放置一个方盘，以收集提取时散落下的物质。不同位置提取的附着物应分别封装后编号，并详细记录其来源。

3. 样本橡胶的提取

勘验交通事故现场，确定事故轮胎及可能的将相应胎面部位，用刀片直接薄薄地割取一小片，封装于物证袋并详细记录其来源后送检。

4. 注意事项

提取完一处物证后，应用酒精棉球或干净纱布将工具擦拭干净；尤其在提取检材橡胶和样本橡胶之间，一定要保证工具的清洁以防两者时间发生混淆和污染。

不应使用胶带提取橡胶附着物，因为胶带黏合面的黏合剂是高分子材料，黏着在橡胶表面难以分离，会影响红外光谱检验的结果。

四、橡胶物证的检验

（一）外观特征和显微形态检验

在自然光或照明光源下，通过目视或借助放大镜等工具，观察检材橡胶和样本橡胶的颜色、光泽、状态、宏观形态等特征。

在显微镜下，主要观察检材橡胶和样本橡胶是否有污染等情况；检材橡胶和样本橡胶的颜色、质地和微观形态。检验时可借助于手术刀等工具，对附着物和碎片进行切割和分离，初步判断两者是否有差异。

（二）样品制备

在显微镜下，用手术刀等工具直接提取。

（三）仪器检验

选用仪器检验方法时，根据鉴定要求，综合检材橡胶和样本橡胶样品量、样品状态而定。

1. 红外光谱法检验

按照 GA/T 823.2《油漆物证的检验方法　第 2 部分：红外吸收光谱法》的相关内容，使用红外光谱仪，分别检测制备好的检材橡胶和样本橡胶的红外吸收光谱，并进行分析比较。

2. 扫描电子显微镜 /X 射线能谱法

按照 GB/T 19267.6《刑事技术微量物证的理化检验　第 6 部分：扫描电子显微镜 / X 射线能谱法》的相关内容，将制备好的检材橡胶和样本橡胶放置到电镜样品台上，在扫描电子显微镜下观察橡胶样品的表面形态，并选择多个微区，用 X 射线能谱仪检测这些微区所含的主要元素成分，并进行分析比较。

3. 裂解气相色谱质谱法

按照 GA/T 1516《法庭科学　轮胎橡胶检验　裂解—气相色谱—质谱法》的相关内容，检测橡胶的裂解气相色谱质谱数据。

4. 其他检验方法

根据鉴定需要和检材橡胶和样本橡胶的样品量，还可采用 X 射线荧光光谱法、激光剥蚀电感耦合等离子体质谱法、差示量热扫描法等其他方法进行检验分析。

（四）综合分析

根据多种方法的检验结果，对检材油漆与样本油漆的特性是否有差异及价值高低进行综合分析和评断，并根据分析结果，做出相应的鉴定意见。分析的特性应包括但不限于以下几方面要素：

1）橡胶的颜色、光泽等外观特征是否相同。

2）橡胶的颜色、微观形态和质地等显微形态是否相同。

3）橡胶的红外光谱是否相同。

4）橡胶的主要元素成分是否相同。

五、橡胶物证鉴定的鉴定意见及应用

（一）橡胶物证鉴定的鉴定意见

根据目前的技术发展情况，建议根据以下方式对检材橡胶与样本橡胶的比对检验作出鉴定意见。

1. 相同种类

对检材橡胶和样本橡胶的特性进行了包括外观特征、显微形态、红外吸收光谱、主要元素成分和裂解气相色谱质谱在内的全面检验，检材橡胶与样本橡胶的主要特性相同，未发现本质性差异。该种鉴定意见表述为“检材橡胶与样本橡胶是同种类橡胶。”

2. 非同种类

根据已使用的检验方法，发现检材橡胶与样本橡胶的已检特性存在本质性差异。该种鉴定意见表述为“检材橡胶与样本橡胶不是同种类橡胶。”

3. 客观描述已检特性的检验结果

在对检材橡胶和样本橡胶的部分特性进行了检验的情况下，根据已使用的检验方法，未发现检材橡胶与样本橡胶特性存在本质性差异，但尚不足以得出相同种类的鉴定意见。该种鉴定意见表述为“客观描述检材橡胶和样本橡胶已检特性”的检验结果。

4. 无法判断

检材橡胶不具备鉴定条件，或根据使用的检验方法，不能做出以上三种鉴定意见的，均可做出无法判断的鉴定意见。该种鉴定意见表述为“无法判断检材橡胶与样本橡胶是否同种类橡胶。”

（二）鉴定意见书的应用

一份较为完善的橡胶物证鉴定意见书，应包含对检材橡胶和样本橡胶的特性进行了包括外观特征、显微形态、红外吸收光谱、主要元素成分和裂解气相色谱质谱在内的全面检验，且裂解气相色谱质谱数据非常重要。根据目前掌握的信息，大多数鉴定机构不具备裂解气相色谱质谱，因此出具认定的鉴定意见时，应严格遵循第三种鉴定意见表述方式，将鉴定意见表述为客观描述检材橡胶和样本橡胶已检特性的检验结果。

第五章

道路交通事故涉案者交通行为方式鉴定

人作为交通参与者，以不同的“角色”或状态参与道路交通系统的运行，如驾驶人、乘车人、行人等。目前，人是道路交通系统中最具有主动性的元素，是影响交通安全的主要因素。如驾驶人的操作行为可以直接影响车辆的运动方向和速度，同时也可以控制车辆行车灯、车位灯、转向及危险警告信号等功能的使用。

在道路交通事故的调查及审理工作中，需要确定事故涉案者的行为状态，即涉案者交通行为方式，如驾驶、乘坐、骑行或推行车辆，以及在道路上直立、蹲踞、躺卧等，为事故认定、责任划分和司法审判明确责任主体。部分案件由于条件限制，无法直接判断涉案者交通行为状态（行为方式），则需要通过技术鉴定进行确认。此类鉴定即称为道路交通事故涉案者交通行为方式鉴定，以下简称为交通行为方式鉴定。

第一节　道路交通事故涉案者交通行为方式鉴定的目的和内容

一、交通行为方式鉴定的目的

交通行为方式鉴定的目的，就是通过技术鉴定，判断当事人在交通事故中的“角色”或状态，即行为状态，具体包括：驾驶状态、乘坐状态、推行状态、直立状态、蹲踞状态、躺卧状态等，为事故认定、责任划分和司法审判明确责任主体。基于交通行为方式的鉴定结论，也可以进一步判断驾驶人是否存在无证驾驶、酒驾或毒驾等违法行为。

二、交通行为方式鉴定的内容

从委托事项和鉴定目标的角度出发，交通行为方式鉴定的内容包括：

（一）驾乘关系

当涉案事故车辆中有多位乘员时，判断乘员中的驾驶人和乘坐人。在部分案件中可能会由于鉴定材料和方法等条件的限制，存在不能准确判断车内每一位乘员准确位置的可能性，也可以就部分乘员在事故发生时所处位置进行判断，为进一步调查缩小范围。如在一起交通事故中，一辆事故车辆中只有两名当事人，通过检验鉴定，虽然根据现有条件不能直接判断当事人 A 是否为驾驶人，但可以根据痕迹物证，直接准确判断当事人 B 事发时位于事故车辆副驾驶位置，则可以在限制条件下判断当事人 A 和 B 的驾乘关系。如在另一起交通事故中，一辆事故车辆中有五名当事人，仅有一名当事人幸存，其余四名当事人均在事故中当场死亡，通过检验鉴定，虽然根据现有条件不能直接判断五名当事人中谁是驾驶人，但可以根据痕迹物证，准确判断这一名幸存的当事人事发时位于事故车辆后排位置，排除其作为驾驶员的可能性。

（二）骑推行状态

《中华人民共和国道路交通安全法实施条例》（修改日期 2017 年 10 月 7 日）之第七十条规定：驾驶自行车、电动自行车、三轮车在路段上横过机动车道，应当下车推行，有人行横道或者行人过街设施的，应当从人行横道或者行人过街设施通过；没有人行横道、没有行人过街设施或者不便使用行人过街设施的，在确认安全后直行通过。根据上述条款之规定，当涉案事故车辆中有自行车、电动自行车、三轮车，且该车有横过道路行为时，须判断其是处于推行状态或骑行状态，即判断自行车、电动自行车或三轮车横过道路时的骑推行状态。如在一起交通事故中，一辆由南向北直行的小型轿车与一辆由东向西横过道路的电动自行车发生碰撞，需要通过调查或鉴定，证明电动自行车横过道路时是处于推行状态还是骑行状态。

（三）行人体位或姿态

当车辆与行人发生交通事故时，判断碰撞时行人的体位或姿态，包括：直立、蹲踞、躺卧等。如一起一辆小型货车与一名行人的交通事故中，需要通过车体痕迹和损伤痕迹的检验，判断行人与车辆碰撞时，行人是处于直立或是蹲踞、躺卧状态。若本次碰撞时该行人处于蹲踞或躺卧状态等非直立状态，则需要进一步调查该行人处于非直立状态的原因，如在本次事故之前，该行人是否已经与其他车辆发生碰撞。

第二节　道路交通事故涉案者交通行为方式鉴定的方法

一、相关术语

交通行为方式是指道路交通事故发生时道路交通事故涉案者所处的行为状态。包括：驾驶、乘坐、骑行、推行车辆或在道路上直立、蹲踞、躺卧等。

驾驶状态是指涉及各类车辆的道路交通事故发生时，处于车辆驾驶座位置的人员正在驾驶车辆的状态。

乘坐状态是指涉及各类车辆的道路交通事故发生时，处于车辆驾驶座以外的其他位置的人员正在乘坐车辆的状态。

推行状态是指道路交通事故发生时，持有自行车、机动两轮车等车辆的涉案者正在推车行进的状态。

直立状态是指道路交通事故发生时，涉案者正处在道路上直立行走或站立的状态。

蹲踞状态是指道路交通事故发生时，涉案者正处在蹲或坐于地面上的非直立状态。

躺卧状态是指道路交通事故发生时，涉案者正处在躺卧于地面的状态。

二、交通行为方式鉴定的基本方法

车辆在事故过程中由于碰撞力的作用，其行驶状态将在短时间内发生突变，而当事人则会在惯性作用下保持车辆碰撞前的运动趋势，车辆与当事人的运动、受力差异，以及车辆局部压溃、变形均可以导致人体与车内部件发生接触、碰撞，在此过程中，人体接触部位可能发生擦挫伤、骨折等损伤，车内部件也可能发生破裂、变形，携带乘员个体信息的生物组织、血液、毛发，以及乘员衣物的织物纤维、碎屑也可能在接触过程中转移到车内的接触位置。因此，从事交通行为方式鉴定的技术人员应该掌握痕迹学、法医学及力学的基本知识，具备利用相关专业检验、鉴定结果进行综合分析的能力，在鉴定实践中，应该首先从现场痕迹、车辆痕迹及人体损伤的检验入手，充分利用人体特征性损伤、特征性痕迹，以及物质转移等具有唯一性认证条件的检验、鉴定结果，结合车辆运动状态、乘员位置及约束条件，分析当事人的运动趋势，综合判断事故发生时当事人的交通行为方式。

交通事故当事人在事故发生时因交通行为方式不同、所处位置不同，在事故过程中将导致不同的运动形态或二次碰撞，产生不同的后果。这些后果包括车辆内外痕迹、人体损伤痕迹、衣着痕迹、整体分离痕迹、物质交换痕迹，以及现场位置等。鉴定人首先通过检验，发现这些后果；然后，从判断交通行为方式的角度出发，对这些后果形成过程的特征性、差异性和唯一性加以分析判别；最后，根据有效证据的形成条件对当事人的交通行为方式进行判断。

因此，交通行为方式的检验鉴定应该按照从整体到局部，再由局部到细节特征的流程进行。即：首先，整体判断事故的宏观碰撞形态和运动过程；然后，判断车辆间或车辆与人体间的接触部位；最后，在综合分析上述不同后果形成过程和条件的基础上，判断鉴定对象的交通行为方式。

三、人体碰撞及运动过程

交通事故中当事人处于不同交通行为方式所产生的后果是此类鉴定的重要依据。因此，以下分别对驾乘关系鉴定、骑推行状态鉴定、行人体位或姿态鉴定这三个鉴定项目中当事人的典型事故后果及其形成过程和条件进行分析。

（一）乘用车乘员

根据车辆外部碰撞及运动过程，基于力学分析车内乘员的相对运动，并通过发现、分析车内乘员的相对运动和二次碰撞及其形成的损伤、痕迹，判断乘员在车内空间中所处位置，基本过程如图 5-1 所示。

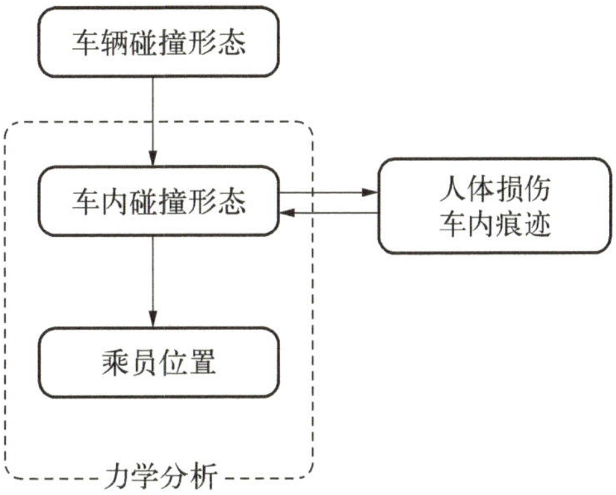

图 5-1　车内乘员位置分析示意图

碰撞前车辆与车内乘员的运动趋势相同，车辆间的相对运动导致车辆发生碰撞，车辆的运动状态由于碰撞力的作用发生改变，车辆在碰撞力的作用下产生加速度或减速度；乘员在惯性的作用下，向作用力或车辆运动趋势的反方向运动。因此，在驾乘关系鉴定的实践中，应根据车辆碰撞形态分析车内乘员的运动、碰撞形态，并指导痕迹检验的重点区域；同时，利用检验结果验证运动分析。以下通过碰撞试验观察典型碰撞形态的乘员运动过程。

1. 正面碰撞

车辆正面（前侧）发生碰撞，车内乘员相对于该车向前运动，并可能会在运动过程中与其前侧的车内部件发生碰撞，产生形象痕迹、损伤痕迹或物质交换。

2. 侧向碰撞

车辆侧面发生碰撞，车内乘员向相对于该车发生碰撞的一侧运动，并可能会在运动过程中与其向碰撞一侧的车内部件发生碰撞，产生形象痕迹、损伤痕迹或物质交换。

3. 追尾碰撞

车辆发生追尾碰撞，被追尾车辆的车内乘员相对于该车向后运动，并可能会在运动过程中与其后侧的车内部件发生碰撞，产生形象痕迹、损伤痕迹或物质交换。

通过以上观察和动力学分析，可以基本认为车内乘员的运动与该车在碰撞力作用下所产生的运动趋势相反，并可能会在运动过程中与其相对运动方向的车内部件发生碰撞，产生形象痕迹、损伤痕迹或物质交换。根据碰撞过程中车辆的运动形态，一般分为三种情况，第一种，车辆在碰撞过程中未发生转动，仅存在平动，则车内乘员将会向车辆的外部碰撞部位相对运动；第二种，车辆在碰撞过程中发生转动，则车内乘员将会向车辆旋转方向的相反方向运动（此种情况利用动力学仿真软件进行建模和碰撞试验，可以进一步验证上述分析）；第三种，车辆在碰撞过程中既发生平动，又发生转动，则车内乘员将会向以上两个相对方向的合成方向进行运动。此外，当乘员发生初始相对运动后，可能会在此后的运动过程中发生碰撞反弹或往复振荡。

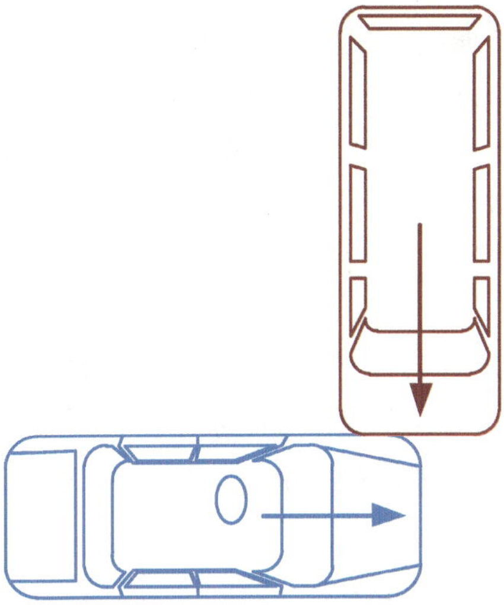

图 5-2　MPV 与轿车的碰撞示意图

以下通过一辆 MPV 与一辆轿车的碰撞为例，分析轿车乘员在碰撞过程中的车内运动方向，MPV 前侧右部与轿车的左侧前部发生碰撞，如图 5-2 所示。

根据两车碰撞前的行驶方向和碰撞部位，轿车在碰撞力和惯性的作用下，产生减速度、旋转角速度和相对应的运动趋势，而车内乘员则在惯性的作用下保持碰撞前的运动趋势，因此，碰撞导致车辆与其车内乘员发生相对运动。据此分析，本例中轿车驾驶人在碰撞过程中相对该车向左前部运动，如图 5-3 所示。

从另一个角度分析，轿车在碰撞过程中受到来自左前部向右的力，如下图中绿色方向，并在该力的作用下产生加速度，而车内乘员在惯性的作用下保持原有运动趋势，在两者共同作用下，车内乘员将向轿车左前部方向相对运动，如图 5-4 红色方向所示。

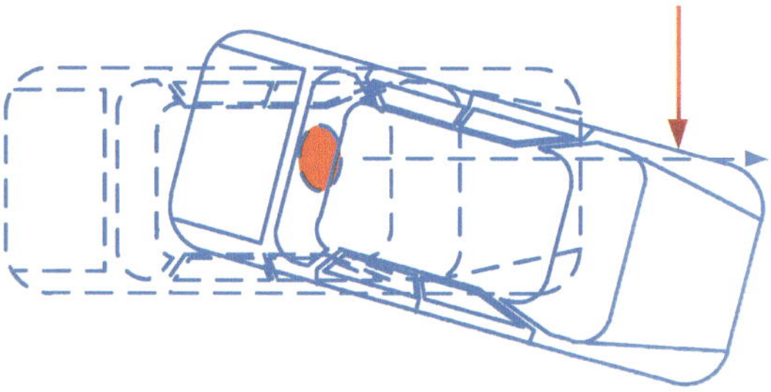

图 5-3　轿车驾驶人与轿车的相对运动趋势

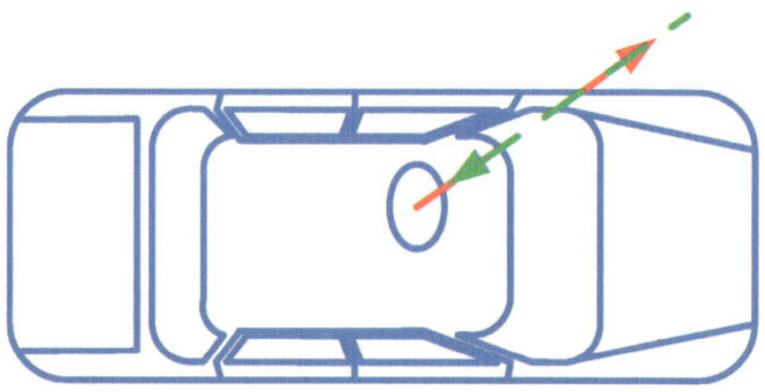

图 5-4　轿车驾驶人在惯性作用下的相对运动趋势

目前，乘用车普遍安装了安全带和安全气囊等乘员约束系统，通过约束乘员身体，限制碰撞过程中乘员的运动距离和运动空间，达到减少乘员伤害的目的。因此，乘员约束系统的使用将会限制车内乘员相对运动，减轻或避免乘员与车内其他部件的碰撞，但约束系统也会与乘员发生作用和反作用，在痕迹的角度分析，这种作用与反作用形成了互为承痕体和造痕体的结果。如典型的安全带损伤痕迹，安全带插口、固定端和纤维带的痕迹，以及安全气囊、侧气帘的痕迹。

（二）两轮车和三轮车骑乘人员

当事人呈骑跨状态驾驶两轮车或三轮车时，双手握把、臀部坐在鞍座上、双下肢骑跨车架、双脚踩踏驱动踏板或置于踏板上。车辆发生碰撞时，以上接触部位可能会在碰撞力的作用下发生分离，或加强接触部位间的相互作用，并在人体、驾乘车辆的相应部位产生痕迹。此外，骑乘状态下的双脚离地高度、双下肢曲直状态，双下肢与车辆间的碰撞痕迹等，可以用来作为区分在推行状态下所产生损伤痕迹的特征。

1. 正面碰撞

车辆正面（前侧）发生碰撞，车辆在前进方向受到阻力，车辆驾驶人和乘客在惯性的作用下继续向前运动，并可能会在运动过程中加强驾驶人手部与转向把之间的作用，驾驶人与其前侧的转向把、仪表、转向轴、前挡风板等部件发生碰撞，产生形象痕迹、损伤痕迹或物质交换。

2. 侧向碰撞

车辆侧面发生碰撞，车辆驾驶人手部与转向把之间的相互作用会发生突变；车辆驾驶人和乘客在骑跨车辆的状态下，其发生碰撞一侧的下肢、臀部外侧会受到来自其他车辆的直接碰撞，双下肢内侧和会阴部也会与骑跨车辆的相应部件加强相互间的作用，产生形象痕迹、损伤痕迹或物质交换。

3. 追尾碰撞

车辆发生追尾碰撞，被追尾车辆的驾驶人和乘客相对于该车向后运动，车辆驾驶人手部与转向把之间的相互作用会发生突变；车辆驾驶人和乘客在骑跨车辆的状态下，其臀部、会阴部及双下肢内侧也会与骑跨车辆的相关部件加强相互间的作用，产生形象痕迹、损伤痕迹或物质交换。

（三）行人

当行人以不同体位或姿态，包括直立、蹲踞、躺卧等，与车辆发生直接碰撞，身体的各部位在相应高度条件下与车辆的各部件发生接触碰撞，碰撞后行人也可能以不同的运动形态或方式与碰撞车辆分离，如：被碰撞车辆抛射，从事故车辆的车顶翻越，遭事故车辆碾压、挤压或拖带等，在相应的碰撞及运动过程中，产生形象痕迹、损伤痕迹或物质交换。

第三节　典型交通事故人体损伤痕迹

交通事故涉案者交通行为方式鉴定中涉及的人体损伤，通常包括车内人员的损伤和车外人员的损伤。车内人员可根据乘员所处的不同位置分为驾驶员损伤和其余乘员的损伤；车外人员的损伤包括行人的损伤和两轮车或三轮车骑乘人员的损伤等。

一、人体损伤类型

根据不同的致伤方式，可将交通事故中常见的人体损伤分为碰撞伤、摔跌伤、碾压伤、刮擦与拖擦伤。此外，有时交通事故中还可出现挤压伤、砸压伤以及烧伤或爆炸伤等。

（一）碰撞伤

也称撞击伤，是指车辆在行驶过程中碰撞行人或骑车人，或者车内人员与车内物体碰撞所导致的损伤。碰撞伤可因撞击速度、致伤物表面形态以及人体受撞击的部位不同而出现不同的表现形式，包括表皮剥脱（擦伤）、皮下出血（挫伤）、软组织裂创、内脏器官损伤及骨折等，另外，车外人员受撞击部位的应力区还可出现伸展创。

（二）摔跌伤

主要是指人体受外力作用，如被车辆撞击后摔跌于路面所形成的损伤，有时车内人员在事故中因惯性作用被抛出车外也可形成摔跌伤。行驶的车辆赋予人体强大的冲击力，因此引起的摔跌伤往往比人体在静止状态下摔跌形成的损伤更加严重。颅脑损伤是摔跌伤最严重的后果，通常表现为外轻里重，并且因脑组织的减速性运动形成对冲性损伤。

（三）碾压伤

指车辆从人体上驶过，车轮碾压或挤压人体所形成的损伤。车轮碾压常导致人体内脏、骨骼的严重损伤。另外，车轮与人体皮肤接触留下的特征性的轮胎花纹印痕在鉴定实践中具有重要的意义，其本质是皮肤的表皮剥脱和皮下出血，通常出现在软组织丰富的部位。

（四）刮擦与拖擦伤

刮擦伤指车辆行驶过程中，其侧面或突出部位的部件刮擦人体造成人体体表的损伤，其后常继发摔跌伤或碾压伤。拖擦伤是指车辆部件钩挂人体，致人体随车辆运动，在地面发生拖擦所形成的损伤。损伤往往具有较好的方向性，可以指示力的作用方向。

（五）挤压伤

指车辆与建筑物、交通环境或其他车辆，以及车辆碰撞后车体部件变形、移动对人体挤压造成的损伤。常见于驾驶员被方向盘和靠背座挤压在中间，在受挤压部位形成擦伤、挫伤，挤压力较大时可出现挫裂创、骨折以及内脏的损伤，驾驶员可因胸腹部长时间受压迫而引起窒息，或因全身广泛性挫压致挤压综合征。

事故中，车辆发生翻车、坠车时，车体或其他物体砸压人体造成人体形成砸压伤，伤处皮肤常出现不规则挫裂创和不同程度的组织挫碎，亦可见深部的粉碎性骨折。车体破碎物或从车外穿入的锋利物可造成人员撞裂创、肢体离断等损伤。另外，车辆由于碰撞后油箱泄油燃烧、电路故障或乘客携带易燃易爆物品起火、爆炸，可引起人员烧伤或爆炸伤。

二、交通事故人体损伤特征

交通事故发生时，不同参与者的损伤特征有所不同，这些不同的损伤特征可以成为判断涉案者的交通行为方式的依据。

（一）车内人员损伤特征

1. 驾驶员损伤特征

车辆驾驶室前有挡风玻璃、方向盘、仪表盘，后有靠背座席，下有油门、制动及离合器踏板，左有车门，右有变速器操纵杆等，事故发生时，上述部件都能造成驾驶员损伤。常见的较有特征性的损伤有：挡风玻璃或玻璃框碰撞伤、方向盘损伤、仪表盘损伤、四肢反射性损伤、安全带损伤、挥鞭样损伤、气囊损伤等。

（1）挡风玻璃或玻璃框碰撞伤

在无安全带和气囊保护的情况下，车辆前方发生撞击时，驾驶员头部撞击挡风玻璃或玻璃框，可造成头面部擦伤、挫伤、挫裂创及玻璃所致的浅小刺切创和划伤，有时损伤部位或附近的头发内可发现玻璃碎片。

（2）方向盘损伤

驾驶人胸腹部与方向盘撞击所形成的特征性损伤，表现为胸腹部皮肤出现与方向盘形状一致的弧形擦、挫伤，多伴有胸骨横断骨折和肋骨多发性骨折（以单侧多见），严重时可导致胸腹腔脏器挫伤或撕裂伤。

（3）仪表盘损伤

驾驶员下肢与仪表盘碰撞，导致驾驶员胫前、膝部及大腿的擦伤、挫伤、挫裂创，甚至出现髌骨粉碎性骨折、胫骨平台骨折。由于力的传导作用有时还伴有股骨颈骨折、股骨头脱位等。

（4）四肢反射性损伤

事故发生的瞬间，驾驶员的避险动作及本能反应可以形成驾驶员的特征性损伤，如：双手抓紧方向盘、用力支撑身体等动作，造成手腕和前臂尺桡骨的骨折，有时骨折断端会向外刺破皮肤；右脚用力踩刹车踏板，导致车辆碰撞的冲击力传导集中至承重腿上，造成踝关节脱位、骨折及跟腱断裂，脚踏板可在右足鞋底留下印痕；若右脚滑移嵌入刹车与油门踏板之间，可形成右脚及右踝部的损伤，称为脚踏板损伤，该处的损伤对于驾驶员的判断具有重要的意义。

（5）安全带损伤

目前机动车大多采用三点式的安全带，若冲击力巨大，可造成驾驶员胸腹部与安全带相对应的特征性条带状皮肤擦挫伤，驾驶员的斜行擦挫伤从左上向右下走行。此外，安全带收紧引起的腹腔压力改变可造成肠管、肝、脾等脏器的破裂。身体在安全带限制的作用下腰椎突然前屈可出现第 2 或 3 腰椎的压缩性骨折。

（6）挥鞭样损伤

车辆突然加速（追尾）或减速（碰撞）时，车内乘员颈部过伸或过屈，导致颈部椎旁软组织、颈椎及脊髓损伤，常见于下位的颈椎。

（7）气囊损伤

事故发生时，若乘员没有系安全带，人体因惯性向前移动的速度加快，使得气囊打开的时间相对“滞后”，无法对人体起到保护作用。随后气囊充气膨开的瞬间压力可造成人体皮肤擦伤、挫伤、撕裂以及颈椎脱位或骨折等损伤。因气囊位置相对固定，因此人体损伤的部位主要与人的坐高有关。

2. 其他乘员损伤特征

（1）副驾驶位乘员的损伤

副驾驶位乘员的损伤与驾驶员损伤类似，但不形成方向盘损伤及脚踏板损伤，因前方没有方向盘的阻挡，副驾驶位乘员头面部及上肢的损伤较驾驶员和后排乘员都更严重。此外，其安全带损伤呈右上左下的走行方向。

（2）后排乘员的损伤

后排乘员损伤以四肢及头面部多见，且下肢多于上肢，其中较为特殊的损伤为分腿外展式损伤，其形成机理为：事故中突然碰撞，后排乘员身体前移，两膝部抵在前排座位靠背上，而臀部因惯性继续向前移动，导致大腿剧烈屈曲外展分腿，造成髋关节骨折、脱臼及关节损伤，也可发生股骨颈骨折、骨盆分离。

（二）行人损伤特征

1. 撞击伤

交通事故中，行人被车辆撞击致伤是最常见的类型，车辆不同部位撞击人体可造成不同特点的损伤。

（1）保险杠损伤

车辆保险杠撞击人体时，可致下肢皮肤出现撞痕，有时可因裤子遮盖保护而不明显，但是深部的软组织挫伤出血及胫腓骨楔形骨折则很常见，骨折楔形的底边为力的作用点，楔形的尖端指向力的作用方向，即车辆的行驶方向。

（2）膝关节撞击伤

膝关节外侧受到撞击时，可出现腓骨颈附近横行骨折，胫骨、股骨外侧髁压缩骨折，内侧髁牵拉骨折以及韧带的拉伸撕裂。若膝关节深部关节面检见挫伤出血，常提示事发时行人处于直立状态。

2. 碾压伤

人体不同部位受到碾压可呈现不同的特点：头部被碾压时，在车轮及地面的共同作用下，会在受力较小或无外力作用的部位出现头皮及颅骨崩裂。胸腹部受碾压时，急剧升高的胸腹腔内压力可致内脏器官脱出体外。四肢受碾压时，车轮的旋转对四肢皮肤产生的牵拉力，致皮下囊腔形成，或皮肤破裂撕脱，称为剥皮创。此外，车轮碾压形成的花纹印痕类型与是否刹车有关，刹车碾压时，人体皮肤常出现与轮胎凸面花纹一致的表皮剥脱和皮下出血，不刹车碾压时，皮肤印痕则反映轮胎凹面花纹的特征。若出现髋关节外向性脱位，通常提示卧位碾压的体位姿态。

3. 伸展创

车辆从人体后部撞击人体重心区，致身体向后过度伸展形成腹股沟或下腹部的伸展创；或人体受碾压时，车轮的巨大牵拉力，造成碾压部位前方皮肤菲薄部位形成伸展创。多见于人体屈侧部位，表现为皮肤表面断续平行排列的浅表性撕裂创，沿皮肤纹理走行。

4. 摔跌伤

多位于体表突出部位，因人体具有一定初速度，故损伤通常较日常摔跌更重。其中头部着地的较多见，形成减速性颅脑损伤，脑组织呈现对冲伤的特征，表现为除着力点出现冲击伤外，其对侧的脑组织亦出现较严重的损伤。

5. 拖擦伤

拖擦伤可因人体与路面接触引起，也可因人体与车辆部件接触所致。表现为面积较大，方向性较好的刷状擦伤，其起始端较重，尾端较轻，且尾端通常呈分叉状。

（三）两轮车或三轮车骑乘人员损伤特征

两轮车或三轮车骑乘人员与行人一样同属于车外人员，故也会出现行人所见的撞击伤、摔跌伤等。

1. 骑行状态损伤特征

两轮车或三轮车驾驶员与乘员所处的位置不同，与车辆的结合状态的差异导致了二者呈现不同的损伤特征。

（1）骑跨伤

驾驶员会阴部与鞍座、油箱等部件摩擦，在会阴部及大腿内侧出现擦挫伤、甚至撕裂、骨折等损伤形态。这与发生事故时驾驶员本能地用双腿夹紧车体避免人车分离有关，乘员因与车体结合不紧密，事发时交易发生人车分离，故骑跨伤少见。另外，在驾驶员和乘员的膝关节、小腿、踝关节等部位内侧，有时亦可见与软组织损伤，这些损伤的形成机理与骑跨伤相同。

（2）其他车辆部件的损伤

驾驶员向前移动，与车把或后视镜边缘碰撞，会形成特征性的印痕；或与挡风玻璃接触，导致颈部被玻璃划伤。乘员下肢可因与接触车辆后部的部件（如摩托车排气管）造成擦挫伤及烫伤等损伤。

（3）其他

摩托车事故中，因车辆本身质量重、冲力大，在紧急制动过程中，驾驶员双手本能地紧握车把用力，可造成其虎口处的损伤。同时，因摩托车驾驶员与车辆结合较为紧密，故多向前外方跌倒，头颈和肩部首先着地，而乘员与车体结合松散，在碰撞摔跌过程中支点较多，因此驾驶员与乘员相比更容易出现锁骨骨折。此外，因电动两轮车多为踏板式，损伤多以碰撞伤和摔跌伤为主，难以见到自行车、摩托车等交通事故中车辆部件对下肢的损伤以及骑跨伤等损伤特征。

2. 推行状态损伤特征

推行车辆发生事故时，往往不出现骑跨伤等特征性损伤。此外，有统计数据表明，若事故发生时，机动车先撞击推车人，则受到撞击侧出现下肢擦挫伤、楔形骨折等行人损伤特征，而对侧则反映与两轮车或三轮车部件接触所形成损伤；若先撞击车辆，撞击侧的损伤相对较轻，而对侧的摔跌伤通常较重。

第四节　道路交通事故涉案者交通行为方式鉴定的检验对象及检验内容

道路交通行为方式鉴定的检验对象既包括被鉴定车辆的车体痕迹、现场痕迹，也包括车辆驾乘空间内的痕迹，还应包括被鉴定车辆乘员的损伤痕迹、穿戴物痕迹。视鉴定需要，还应提取检验中发现的附着物，包括衣着碎屑、织物纤维、血迹、皮肤组织等检材，以及检材可能来源的样本。

一、现场检验

现场检验应包括以下要点：

1）判断是原始现场还是变动现场。

2）当事人在现场的位置、姿势。

3）当事人鞋、帽等随身穿戴物品在现场的位置。

4）血迹、人体组织、毛发等在现场的位置、分布及形态。

5）散落物在现场的位置、分布及形态。

6）地面轮胎痕迹。

7）车辆部件、人体或其他物体在地面遗留的痕迹。

8）车辆及脱落部件、人体及人体组织等作用于电杆、路树、隔离带等物体上而遗留的痕迹。

9）车辆在现场的位置、状态及变动情况。

10）以上内容与车辆及相互之间的位置关系。

二、车辆检验

车辆检验应包括以下要点：

1）车体碰撞痕迹及附着物。

2）风窗玻璃损坏情况，有无血迹、毛发、纤维等附着物质。

3）方向盘、转向把的变形、痕迹及黏附的物质。

4）安全带及其附件的痕迹及损坏状况。

5）汽车座椅的位置及姿态，汽车座椅及其周边车内部件的痕迹及损坏情况。

6）摩托车乘员的驾乘姿态，骑跨式或座椅式。

7）摩托车油箱损坏变形情况，有无刮擦痕迹、附着物质。

8）汽车气囊、气帘的展开情况，气囊、气帘表面的痕迹及附着物。

9）油门、制动、离合器等踏板周边有无脱落的鞋等物品，踏板上有无鞋印或附着物质。

10）汽车车内血迹的分布、形状、方向。

11）车载事件记录装置或行驶记录仪等装置的记录信息。

12）排挡杆、驻车制动拉杆的状态和痕迹。

13）中央扶手箱两侧及相邻部件的变形、痕迹和附着物。

14）涉案车辆的其他车体及车内痕迹。

三、穿戴物检验

衣着勘验应包括以下要点：

1）衣着颜色、款式、饰物等。

2）衣着、手套等穿戴物的破损情况，刮擦、撕裂等痕迹及附着物质。

3）衣着上有无安全带印痕。

4）鞋、袜底有无油门、制动、离合器等踏板印痕。

5）鞋底有无与地面形成的搓擦痕迹。

6）摩托车驾乘人员有无使用头盔，以及头盔规格、损坏情况。

7）头盔内、外有无血迹、人体组织、毛发等。

8）乘员其他穿戴物痕迹。

四、人体检验

（一）体貌特征检查

检验当事人的体貌特征应包括以下要点：

1）性别、身高、体重、体型、肤色。

2）发型、发色、发长。

3）文身、瘢痕、饰物。

4）生理缺陷及发育畸形。

（二）人体损伤检查

检查人体是否具有以下损伤：

1）头面部与汽车风窗玻璃、摩托车头盔作用形成的损伤。

2）面部、颈部与气囊、仪表盘、风挡作用形成的损伤。

3）肩部、胸腹部与方向盘、安全带、摩托车车把、后视镜、仪表盘作用形成的损伤。

4）手、前臂与方向盘、转向把形成的损伤。

5）汽车乘员的膝部、腿部与仪表台、转向轴立柱等车辆部件作用形成的损伤。

6）摩托车驾乘人员的腹部、会阴部、大腿内侧与摩托车油箱等部位作用形成的损伤。

7）摩托车驾乘人员的小腿、足与摩托车前护杠、护板、挡杆等车辆部件作用形成的损伤。

8）踝部及足部有无与油门、制动、离合器等踏板作用形成的损伤。

9）乘员的其他损伤情况。

第五节　道路交通事故涉案者交通行为方式的判断

一、交通行为方式的判断原则

交通行为方式的判断一般包括以下三个阶段：首先，根据事故所涉人、车、道路及周围环境等的痕迹物证勘验，客观分析出道路交通事故形态及处在不同道路交通事故形态中涉案各方的行为状态；然后，根据分析得出的碰撞形态及车的运动过程，结合有关信息，查找人与车的二次碰撞形成的痕迹和附着物，推断事故所涉人在事发时所处的位置；最后，根据人体（活体或尸体）体表痕迹及损伤形态特征，结合有关信息，判断致伤物和致伤方式，综合分析重建道路交通事故过程，推断处于不同事故现象中所涉当事人的交通行为方式。

道路交通事故涉案者交通行为方式的判断包括以下四个原则：

（一）成立原则

有关证据可以互相印证，能确立存在逻辑链关系的原则。

（二）排除原则

有关证据不能互相印证，不能确立存在关系的原则。

（三）比较原则

通过对涉案者之间交通行为方式的诸多认定依据，进行能不能确立关系的比较，得出更具倾向性的意见。

（四）典型证据优先原则

交通行为方式鉴定依据最有典型特征的证据为判断支撑点，可以根据损伤典型特征推断，可以根据碰撞后运动轨迹典型特征推断，也可以利用生物检材、织物纤维等物质交换进行个体识别。交通行为方式鉴定还可运用计算机仿真事故再现等技术进行辅助分析。

二、一般鉴定项目的判断

（一）汽车的驾乘关系

汽车乘员驾乘关系的判断可以从以下方面入手：

根据不同的事故碰撞形态，车内人员会形成不同的碰撞结果，其在车内驾驶座位置或驾驶座以外位置所形成的碰撞现象因周边环境不同而形成的损伤及体表痕迹也会有所不同。

根据车辆前后风窗玻璃及左右车门玻璃的损坏情况，分析是与硬物碰撞形成还是与软性客体（如人体）碰撞形成，并结合人员体表痕迹及损伤进行判断。

根据各座位上安全带痕迹及锁止情况，分析各座位上的当事人是否使用了安全带，气囊是否起爆，并结合车内人员的不同体表痕迹及损伤进行判断。

根据驾驶座周边部件（如方向盘等）及其他座位周边部件是否异常损坏和留有撞击印痕及附着物，结合车内人员的不同衣着及特征性损伤进行比对判断，必要时对微量物证进行检验比对。

根据勘验到的各座位周边附着的血迹、毛发和人体组织物，结合车内人员不同部位的痕迹及损伤形态特征进行判断，必要时与当事人进行 DNA 检验分析。

根据在第一现场查找到的各座位周边的遗留物（手机、鞋等个人用品），确认其所有人。

根据各车门、车窗的变形、锁闭情况，分析车内人员的撤离、抛甩条件。

对于已经被抛甩出车外的人员，应再结合原始现场人、车的相对位置进行判断。

（二）摩托车的驾乘关系

摩托车乘员驾乘关系的判断可以从以下方面入手：

根据摩托车正面碰撞事故的碰撞对象及碰撞形态，分析碰撞时的减速度或加速度，以及摩托车车上人员不同的运动轨迹；依据被碰撞车、物上的痕迹和各人不同的着地位置，结合人体体表痕迹及损伤判断其事发时在车上所处的位置。

摩托车正面碰撞事故中，应根据碰撞对其前后座人员所形成的不同损伤进行分析。前座人员除头面部（或头盔）直接在碰撞中形成损伤外，其胸腹部和顶枕部、腰背部往往又会与所驾车辆的驾驶操纵部件以及和后座人员身体碰撞形成特征性损伤；此时后座人员因前方人员的遮挡，通常较少见摩托车部件作用形成的特征性损伤。

对于摩托车侧面被其他车辆碰撞的事故，应在确认两车具体碰撞部位的基础上，区分摩托车车上人员是否受到了直接碰撞的作用以及可能导致的不同受伤情况。对于摩托车前后座踏脚高度不同的情况，可根据受伤人员直接撞击伤的位置高度来鉴别判断。

对于踏板式摩托车，可根据前后座人员下肢、会阴区所处的位置及其接触物的不同，分析不同的损伤机理。前座驾驶人两腿间无异物，且处于相对隐蔽位置；后座骑跨式座位的乘坐人的腿部则比较暴露，碰撞或倒地时下肢和会阴部的内侧往往都会形成骑跨式损伤痕迹。

应注意摩托车驾驶人在事故碰撞、倒地过程中，其上肢和手容易形成的特征性损伤（如虎口、大鱼际擦挫伤、腕关节脱位或尺、桡骨下段骨折等）。

应注意摩托车车上人员衣裤的损坏和车辆表面附着物特征，并以此为依据区分事发时摩托车上人员所处的位置。

（三）自行车的驾乘关系

自行车乘员驾乘关系的判断可以从以下方面入手：

根据自行车正面碰撞事故的碰撞对象及碰撞形态，分析方法类似于摩托车，但自行车相较于摩托车缺乏动力，所发生的交通事故现象与摩托车亦有所区别，进行分析时应充分考虑到车速、动力、自身重量等因素的影响。

自行车正面碰撞事故中，应根据其前后座人员的不同损伤进行分析。前座人员的损伤特征以正面直接撞击伤，特别是头面部及四肢前侧为主，后座乘坐人员的损伤则以随自行车倒地摔跌形成的损伤为主。

对于自行车侧面被其他车辆碰撞的事故，应在确认两车具体碰撞部位的基础上，区分自行车车上人员是否受到了直接碰撞以及可能形成的不同受伤情况。对于自行车前后座踏脚高度不同的情况，可根据受伤人员直接撞击伤的位置高度来鉴别判断。

应注意自行车驾驶人在事故碰撞、倒地过程中，其上肢和手是否形成了特征性损伤（如虎口、大鱼际擦挫伤、腕关节脱位或尺、桡骨下段骨折等）。

（四）自行车的骑推行状态

自行车骑推行状态的判断可以从以下方面入手：

当事人是否具有骑跨状态的损伤特征：双下肢内外侧均有损伤或体表痕迹，其中外侧呈现一侧为直接撞击伤、另一侧为摔跌伤，而内侧通常为在摔跌过程中与自行车部件接触形成的擦、挫伤。

可根据绝大多数自行车当事人推车时习惯位于自行车左侧的情况（特殊情况除外）及与其他车辆的碰撞形态，分析两车间是否存在直立的当事人，如自行车同侧前后部均有碰擦痕迹，则说明当事人呈骑跨状态的可能性比较大。

当事人下肢直接撞击形成的损伤位置偏低，与造成其损伤的汽车保险杠距地高度有偏差，可以考虑碰撞时其脚位于自行车踏板上的可能性。

当事人处于推行状态时可与推行的车辆发生碰撞产生相应的损伤、痕迹。

（五）行人的体位或姿态

行人体位或姿态的判断可以从以下方面入手：

根据肇事车辆的痕迹高度来判断被撞人体的高度，以判定其是直立、蹲踞还是躺卧。

根据当事人的损伤结合碰撞或摔跌特征来判定其是直立、蹲踞还是躺卧。

根据事故现场人、血迹和车的相对位置来判定其是直立、蹲踞还是躺卧。

第六节　典型交通行为方式鉴定案例

一、基于痕迹物证和损伤的驾乘关系鉴定

（一）基本案情

2013 年 3 月某日某时许，某号牌起亚小型轿车在某路段发生交通事故，造成车内人员曹某、孔某死亡，王某受伤。根据事故调查需要，2014 年 3 月，办案单位委托对某号牌起亚小型轿车事故发生时，曹某、王某两人中谁是该车事发时的驾车人进行重新鉴定。

（二）检验所见

1. 鉴定方法

根据 GA 41-2005《交通事故痕迹物证勘验》、GA/T 944-2011《道路交通事故机动车驾驶人识别调查取证规范》、SF/Z JD0101001-2010《道路交通事故涉案者交通行为方式鉴定》有关条款及检验方法，对提供材料进行检验、并作出鉴定意见。

2. 检验所见

（1）被鉴定车辆

车辆识别代号为 ×××。前保险杠脱落，内胆右部向后移位；前风窗玻璃右部碎裂；右前轮向后移位，轮胎瘪气，轮辋碎裂；右前翼子板中后部见直径约为 36 cm 的竖向柱状凹陷变形伴刮擦痕迹，表层红色涂层呈减层，局部黏附木屑类物质；右侧车门向外弯折变形、前窗玻璃缺失、后窗玻璃向内碎落，后风窗玻璃缺失，左侧车门及其窗玻璃完好；左后组合灯灯罩碎落；后保险杠左部碎裂。

驾驶室气囊（主、副）已打开、剪除；顶棚距其前端 32 cm～39 cm、距其左端 33 cm～49 cm 见刮擦痕迹；顶棚距其右端 0 cm～6 cm、距其前端 19 cm～49 cm 见刮擦痕迹，顶棚距其右端 32 cm～20 cm、距其前端 28 cm～31 cm 见刮擦痕迹；中央控制台下方饰板左下转角见刮擦痕迹，局部黏附织物纤维，提取该处饰板作为检材 1 备检；中央控制台面板左下角见刮擦痕迹，局部黏附织物纤维，提取该处面板作为检材 2 备检；变速器操纵杆及驻车制动把（包裹绒布套）均向右移位，驻车制动把左上侧见擦痕，局部黏附浅色物质；变速器左侧饰板距其前端 7 cm～10 cm、距其上端 0 cm～11 cm 见破损；中央扶手箱左侧饰板前下部见挤压破损，下有衬垫物，破口内侧见金属支架，破口邻近饰板见布纹样印痕，提取该处饰板作为检材 3 备检；右前门窗玻璃于关闭位碎落，右前门内侧扶手后部见凹陷变形伴擦痕。

（2）道路交通事故现场图及照片

事故发生路段为弯道，呈南北走向，干沥青路面，路面宽约 9 m。被鉴定车辆头东北尾西南停于道路东侧。道路西侧两棵行道树检见撞击痕迹，曹某头西南脚东北倒卧在两树之间。

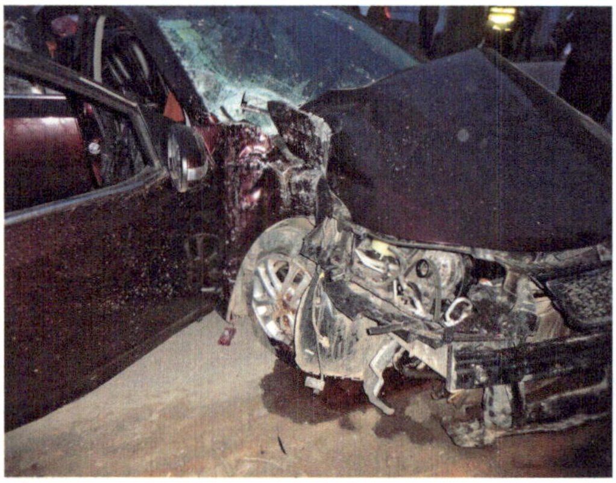

图 5-5　现场车辆照片

图 5-6　现场树木痕迹照片

图 5-7　被鉴定车辆前观照

图 5-8　被鉴定车辆右侧前部痕迹

图 5-9　被鉴定车辆内部前排情况

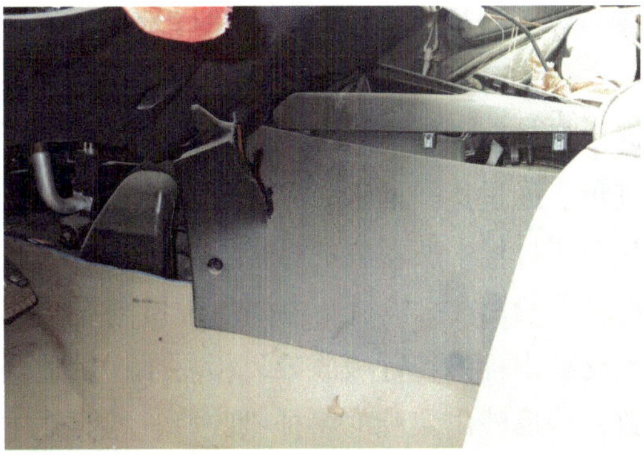

图 5-10 驾驶员座位右侧痕迹

图 5-11 被鉴定车辆内部局部痕迹

图 5-12 中央控制台面板左下转角擦痕

（3）曹某尸表检验

冰冻尸体，尸长 182 cm，头顶发长 8 cm，发色黑，发梢棕染。左、右外耳道及口、鼻腔积血，右颊部见 11 cm × 6 cm 皮肤擦挫伤，右耳廓缺损。左上臂下段伸侧见 3 cm × 2 cm 皮肤擦挫伤，左手背见多处点状皮肤擦伤，左内踝见 2 cm × 0.5 cm 皮肤擦伤；右大腿中上段前侧见 8 cm × 6 cm 皮肤擦挫伤，右大腿下段外侧见 9 cm × 1.5 cm 皮肤擦挫伤，右小腿中段胫前见 3 cm × 1 cm 皮肤青紫。尸体冰冻未缓解，各部未能触及明显骨折。

（4）曹某事发时所着外裤检查

黑色长裤，品牌为 D.Wolves，已剪破，提取裤管处布料作为样本备检。

（5）王某

自诉事发时穿着白色上衣，灰色绵质牛仔裤。

（6）显微检验及微量物证

经在显微镜下检验发现，检材 1 纤维部分为黑色，部分为蓝色；检材 2 纤维部分为黑色，部分为白色。样本织物为大量黑色、灰色纱线及少量蓝色、棕色纱线编织形成，各纱线经退捻后发现：黑色纱线为黑色纤维组成，灰色纱线为黑色及白色纤维混纺而成，蓝色纱线为蓝色纤维组成，棕色纱线为棕色纤维组成。经相互比较检验发现，检材 1、检材 2 中黑色纤维与样本黑色、灰色纱线中黑色纤维的外观特征一致，检材 1 中蓝色纤维与样本蓝色纱线中蓝色纤维的外观特征一致，检材 2 中白色纤维与样本灰色纱线中白色纤维的外观特征一致。

显微镜下观察，检材 3 上的布纹样擦痕近似呈排列规则的直角折线形印痕，其间可见条状压痕；样本外侧纱线编织图案近似呈直角。通过比较两者，存在检材 3 上的布纹样擦痕为与样本布料同种编织方式织物在相互挤压过程中所形成的可能性。

经 Nicolet 6700 傅里叶变换红外光谱仪检验，检材 1、检材 2 中黑色纤维与样本黑色、灰色纱线中黑色纤维的红外光谱一致，均反映出棉的特征吸收峰；检材 1 中蓝色纤维与样本蓝色纱线中蓝色纤维的红外光谱一致，均反映出聚酯的特征吸收峰；检材 2 中白色纤维与样本灰色纱线中白色纤维的红外光谱一致，均反映出聚酯的特征吸收峰。

经 inVia 激光显微拉曼光谱仪检验，检材 1、检材 2 中黑色纤维与样本黑色、灰色纱线中黑色纤维的拉曼光谱一致，检材 1 中蓝色纤维与样本蓝色纱线中蓝色纤维的拉曼光谱一致，检材 2 中白色纤维与样本灰色纱线中白色纤维的拉曼光谱一致。

图 5-13　曹某事发时所着外裤布纹

图 5-14　中央扶手箱左侧饰板上的布纹样印痕

（三）书证摘录

1. 曹某法医学尸体检验鉴定书——公（刑）鉴（法）字［2013］××× 号

尸表检验：尸长 182 cm，发长 8 cm，发育正常，营养中等，双侧瞳孔散大，巩膜混浊，口鼻溢血，右面颊有一横形 4 cm × 1.5 cm 损伤痕，额骨可触及粉碎性骨折，左锁骨粉碎性骨折，左锁骨区塌陷，腹部及四肢未见明显畸形。

2. 王某住院病案，住院号：5016

入院情况：患者因摔伤致全身多处致疼痛受限 5 小时入院，查全头皮触痛，头枕部可扪及一直径约 2.0 cm 的肿块，压痛明显，左耳及腰背部可见多处擦伤痕，创面渗血，四肢多处可见软组织红肿，各关节活动尚可。

（四）分析说明

被鉴定车辆所检见的痕迹，结合道路交通事故现场图、现场照片分析，被鉴定车辆行驶至事发路段时向左失控，在逆时针旋转的过程中，该车右侧前部、后侧左部分别与现场西侧行道树发生过碰撞，直至停在事故最终位置。

根据被鉴定车辆右侧前部与现场行道树的碰撞形态及该车形变情况分析，被鉴定车辆前排人员在惯性的作用下，将相对被鉴定车辆向右前方运动，并与车内相应部件发生碰撞及物质交换。

显微检验及微量物证检验结果支持中央控制台下方饰板左下转角、中央控制台面板左下角附着织物纤维及中央扶手箱左侧饰板前下部衬垫性破口附近的布纹样擦痕为曹某长裤所留，以上部位的痕迹及附着物非本起事故的驾车人不易接触和形成。

被鉴定车辆变速器操纵杆、驻车制动把均向右移位，符合驾车人右移过程与以上部件碰撞形成的特征，比较分析曹某、王某损伤情况，曹某右下肢的多处损伤，其形态特征可以在与变速器操纵杆、驻车制动把接触过程中形成。

综合以上分析，曹某事发时位于被鉴定车辆驾驶人位置可以成立。

二、基于损伤的自行车骑推行状态鉴定

（一）基本案情

2013 年 7 月某日某时许，某号牌思威牌小型普通客车（甲车）沿某省道由北向南行驶至某路口时，与龚某及其所携未见悬挂号牌吉村牌 26 英寸自行车（乙车）发生碰撞。根据事故调查需要，2013 年 7 月，办案单位委托鉴定乙车当事人龚某的交通行为方式（骑推行）进行鉴定。

（二）检验所见

1. 鉴定方法

根据 GA 41-2005《交通事故痕迹物证勘验》、SF/Z JD0101001-2010《道路交通事故涉案者交通行为方式鉴定》有关条款及检验方法，对提供材料进行检验、并作出鉴定意见。

2. 检验所见

（1）甲车

车辆识别代号为 ×××。

前风窗玻璃左下部以距其左边缘 7 cm、距其下边缘 27 cm 为中心见放射状碎裂，局部黏附毛发。右前翼子板前部凹陷变形，距其前端 0 cm～60 cm，距地高 77 cm～99 cm 范围内见由前向后的条状擦痕，擦痕前部黏附蓝色物质。前牌照框左部距地高 52 cm～56 cm 范围内见刮擦痕迹，局部黏附蓝色物质。前保险杠左转角距地高 34 cm～76 cm 以下范围内见刮擦痕迹，表层黑色涂层呈减层，局部黏附蓝色物质。

（2）乙车

车架钢印号为 ×××。右前叉外侧距地高 49 cm～52 cm 范围内见刮擦痕迹，表面

图 5-15　甲车左前部位照

图 5-16　甲车前保险杠左转角痕迹

图 5-17　甲车左前翼子板痕迹

图 5-18　乙车右侧照

图 5-19　乙车后侧照

图 5-20　乙车右侧中部变形痕迹

蓝色涂层呈减层。车架右侧中下部向左弯折变形，距地高 47 cm～50 cm 见刮擦痕迹，表面蓝色涂层呈减层，局部黏附黑色物质。右踏脚曲柄向内弯折变形，鞍座顺时针偏转约 10°，鞍座套右侧后部距地高 78 cm～81 cm 范围内破损，表面蓝色物质呈减层。右后叉上部向内弯曲变形，其外侧距地高 48 cm～52 cm 见刮擦痕迹，表面蓝色涂层呈减层，局部黏附黑色物质。车身左侧检见多处倒地挫痕。

（三）书证摘录

龚某尸体检验报告—公物鉴（痕）字［2013］××× 号：

尸长 160.0 cm。右枕部 6.0 cm × 5.0 cm 大小的头皮下出血。右肩部见 18.0 cm × 8.0 cm 大小的皮下出血。左大腿上段内侧见 15.0 cm × 8.0 cm 大小的皮下出血伴皮肤擦伤，左足内踝处见 4.5 cm × 3.0 cm 大小的皮下出血，右小腿中上段内侧见 20.0 cm × 8.0 cm 大小的皮下出血，右足内踝至右足背内侧见 18.0 cm × 6.0 cm 大小的皮下出血。

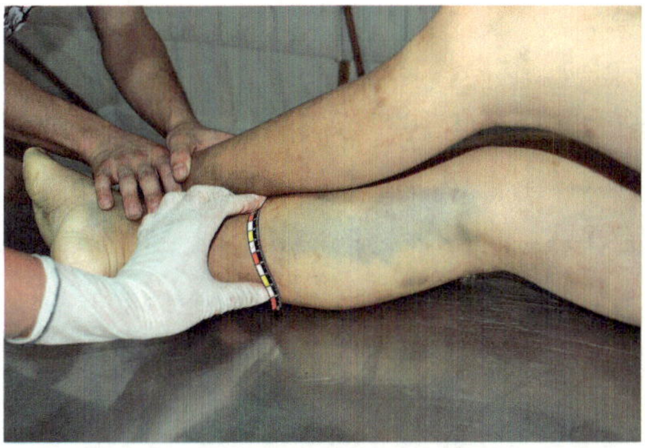

图 5-21　右小腿中上段内侧皮下出血

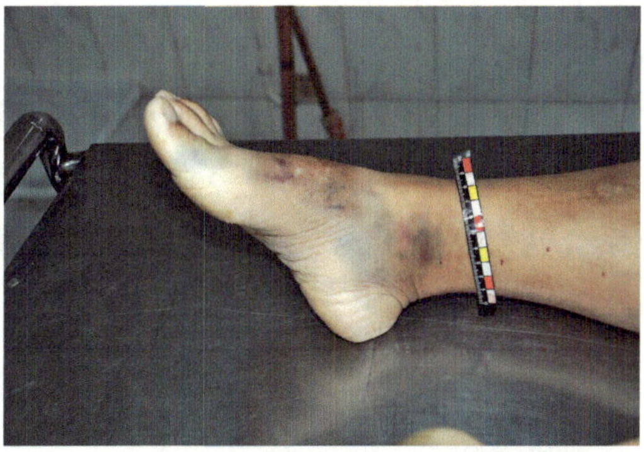

图 5-22　右足内踝至右足背内侧皮下出血

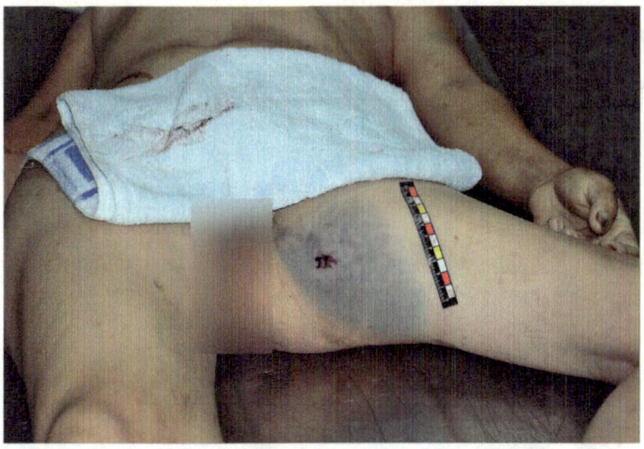

图 5-23　左大腿上段内侧皮下出血伴皮肤擦伤

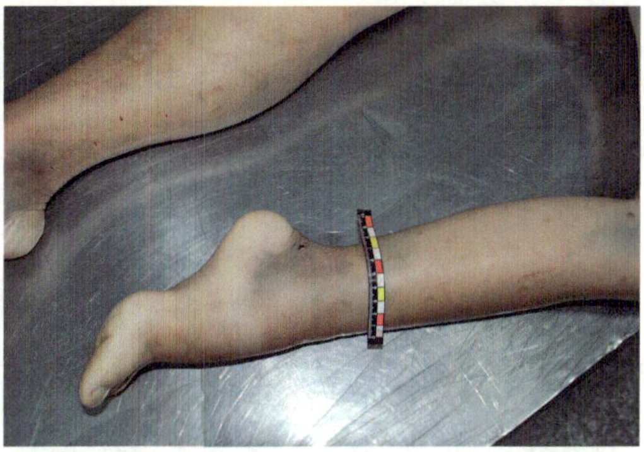

图 5-24　左足内踝处皮下出血

（四）分析说明

甲乙两车所检见的痕迹，在部位、附着物等方面均可以互相印证，符合甲车左前部与乙车右侧碰撞形成的特征。

根据龚某尸体检验分析，左、右踝内侧及右足背损伤在其站立状态下与甲车碰撞不易形成，而踩踏于乙车踏脚板位置时与甲车碰撞可以形成。龚某双下肢内侧的损伤具有在其骑行状态下碰撞所形成的特征，结合乙车鞍座偏转的情况综合分析，龚某事发时呈骑跨乙车姿态可以成立。

三、基于痕迹的自行车骑推行状态鉴定

（一）基本案情

2014 年 11 月某日某时许，某号牌宝马小型轿车（甲车）与王某所携未见悬挂号牌 BRID27 英寸女式自行车（乙车）在某路段发生交通事故。根据事故调查需要，2015 年 1 月，办案单位委托鉴定乙车当事人王某的交通行为方式（骑推行）进行鉴定。

（二）检验所见

1. 鉴定方法

根据 GA 41-2005《交通事故痕迹物证勘验》、GA/T 1087-2013《道路交通事故痕迹鉴定》、SF/Z JD0101001-2010《道路交通事故涉案者交通行为方式鉴定》有关条款及检验方法，对提供材料进行检验、并作出鉴定意见。

2. 检验所见

（1）甲车

车辆识别代号为 ×××。前风窗玻璃距其下端 38 cm、距其左端 4 cm 为中心呈放射状碎裂，局部黏附黑色毛发；相邻 A 柱见 6 cm × 10 cm 凹陷变形；前保险杠距地高 74 cm～78 cm，距车左端 50 cm～56 cm 见一处凹陷变形（前进气格栅左上侧）；前进气格栅左部距地高 56 cm～65 cm 见破损伴刮擦痕迹，表层银色物质呈减层；前号牌距地高 39 cm～53 cm、距其左端 0 cm～8 cm 见刮擦痕迹，表层蓝色涂层呈减层，提取该处

图 5-25　甲车前侧痕迹

图 5-26　甲车前拍照及前保险杠痕迹

蓝色涂层作为样本备检；前号牌底座左部距地高 39 cm～63 cm 破损伴刮擦痕迹，表面黑色物质呈减层；左前组合灯灯罩略有脱位。

（2）乙车

车架钢印号为 ×××。车架于后下叉处扭曲变形；鞍座逆时针偏转约 15°，其左、右侧各见一处布纹状刮擦痕迹；后书包架扭曲变形，其右前挂钩向上翘起，前缘黏附褐色物质（疑似血迹）；后轮后部向右前方扭曲变形；后轮挡泥板及其支撑杆后侧距地高 46 cm～55 cm 见刮擦痕迹，局部黏附蓝色物质、银色物质；后撑架后侧（撑起状态）距地高 36 cm～43 cm 见刮擦痕迹，局部黏附蓝色物质、黑色物质，提取该处蓝色物质作为检材备检。

图 5-27　乙车后侧痕迹

图 5-28　乙车后侧局部痕迹

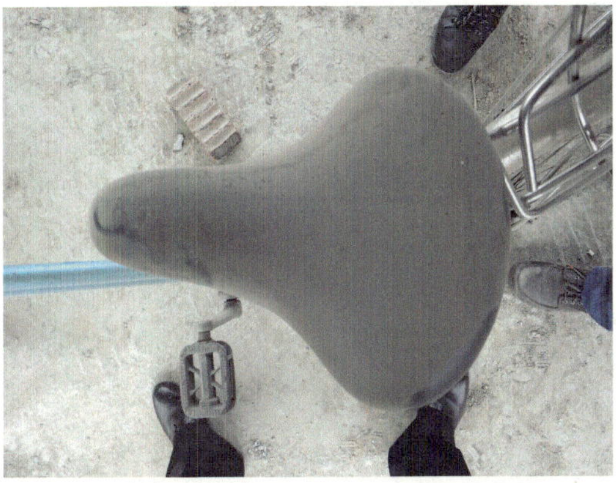

图 5-29　乙车车架及鞍座偏折情况

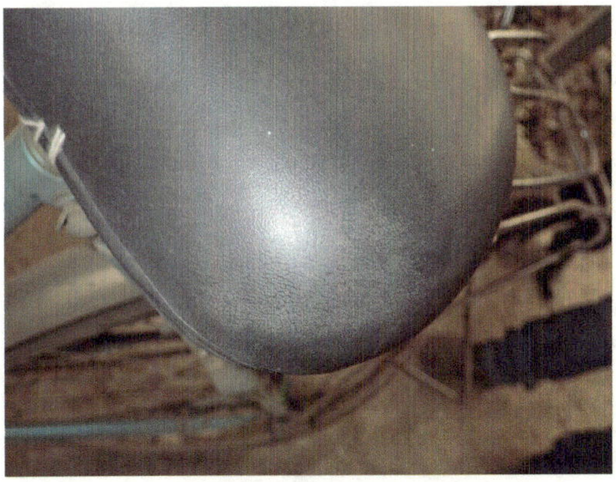

图 5-30　乙车鞍座后部左上侧布纹样擦痕

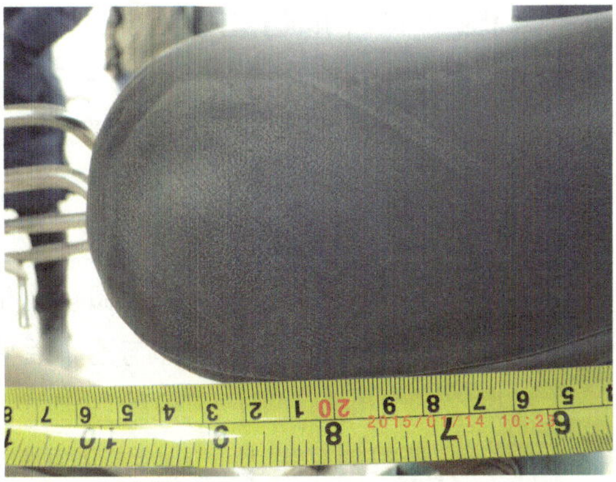

图 5-31　乙车鞍座后部右侧布纹样擦痕

（三）书证摘录

1. 微量物证鉴定意见书

将提取的检材与样本送至本鉴定中心刑事技术鉴定研究室进行检验，出具的鉴定意见书——司鉴中心［2015］微鉴字第 ××× 号，部分摘录如下：

经 Lumar V12 荧光显微镜检验发现：检材附着物第一层为蓝色物质，较薄；第二层为无色透明物质，质韧，其中分布有大量球形微珠，质地坚硬；第三层为银色物质，极薄；第四层为无色胶状物质。样本反光膜第一层为蓝色物质，较薄；第二层为无色透明物质，质韧，其中分布有大量球形微珠，质地坚硬；第三层为银色物质，极薄；第四层为无色胶状物质。检验图片见附件。经相互比较检验发现，检材与样本对应各部分的外观特征一致。

经 Nicolet 6700 傅里叶变换红外光谱仪检验，发现检材与样本第一层蓝色物质、第二层无色透明物质、第四层无色胶状物质的红外光谱对应一致。

经 Quanta 650-EDAX Apollo X 扫描电镜 /X 射线能谱仪检验，发现检材与样本第一层蓝色物质中均检出碳、氧、铜、硅和氯等主要元素；第二层无色透明物质中均检出碳、氧和氯等主要元素；第二层中的球形微珠中均检出碳、氧、钠、硅、磷、钾、钙、钡、钛和锌等主要元素；第三层银色物质中均检出碳、氧和铝等主要元素；第四层无色胶状物质中均检出碳和氧等主要元素。

经综合分析认为，检材与样本对应各部分的外观特征一致，检材与样本第一层蓝色物质、第二层无色透明物质、第四层无色胶状物质的红外光谱对应一致；检材与样本第一层蓝色物质、第二层无色透明物质、第二层中的球形微珠、第三层银色物质、第四层无色胶状物质中检出的主要元素成分对应一致。检材附着物与样本反光膜是同种类物质。

2. 王某尸体检验鉴定报告书

某司鉴中心［2014］病检字第 ××× 号部分摘录如下：

躯干部（包括外阴）：未见明显异常。

四肢：左侧三角肌上有一处 5 cm×3.5 cm 擦伤，左手拇指背侧有一 0.5 cm×0.5 cm 擦伤，左手食指背侧掌指关节处有一 2 cm×1 cm 擦挫伤，双手十指甲床轻度青紫；右大腿后侧有一长 6 cm 挫裂创，深达肌层；双足十趾甲床苍白。余未见明显异常。

（四）分析说明

甲乙两车所检见的痕迹，结合微量物证鉴定分析，两车在部位、附着物等方面均可以互相印证，符合甲车正面左部与乙车后侧偏左碰撞形成的特征。

根据乙车当事人王某尸表检验鉴定意见书中对其损伤情况的描述，王某右大腿后侧有一长 6 cm 挫裂创，深达肌层，结合两车碰撞形态，若王某呈骑跨乙车状态，其大腿可与乙车书包架右前挂钩接触形成该挫裂创，若王某呈推行乙车状态，该损伤则不易形成。

乙车鞍座左、右侧检见布纹状刮擦痕迹均呈现出前低后高的方向，符合王某呈骑跨姿态坐于鞍座上，在乙车受到由后向前的撞击后，王某在相对于乙车向后运动的过程中，其臀部及双下肢与鞍座发生相互作用的情况下，其对应部位裤子所形成的痕迹特征，且在日常使用的过程中不能形成。结合该鞍座偏转情况分析，乙车当事人王某事发时呈骑跨乙车姿态可以成立。

四、基于综合证据的驾乘关系鉴定

（一）基本案情

2012 年 6 月某日某时许，某号牌奇瑞小型普通客车（甲车）与某号牌北京现代小型轿车（乙车）在某路口处发生道路交通事故。根据事故调查需要，2013 年 1 月，办案单位委托鉴定李某、张某两人中谁是乙车事发时的驾车人进行鉴定。

（二）检验所见

1. 鉴定方法

根据 GA 41-2005《交通事故痕迹物证勘验》、GA/T 944-2011《道路交通事故机动车驾驶人识别调查取证规范》、SF/Z JD0101001-2010《道路交通事故涉案者交通行为方式鉴定》有关条款及检验方法，对提供材料进行检验、并作出鉴定意见。

2. 检验所见

（1）甲车

车辆识别代号为 ×××。前风窗玻璃碎裂，左右两侧窗玻璃均碎落；右前组合灯脱落，呈悬吊状；车辆右侧大面积向内挤压变形，伴刮擦痕迹；其中右前车门距地高 38 cm～46 cm、距车前端 70 cm～105 cm 见刮擦痕迹，表层银色涂层呈减层，局部黏附蓝色物质；右中车门扭曲变形，其外侧距地高 20 cm～52 cm、距车前端 108 cm～210 cm 见擦痕，局部黏附黑色橡胶类物质。车辆左侧另见大面积凹形变形。

图 5-32　甲车右侧痕迹

（2）乙车

车辆识别代号为 ×××。车辆正面向后挤压变形；前保险杠碎裂、并向后上方扭曲变形；前号牌脱位，表层蓝色物质呈减层，局部黏附银色物质；左前轮外侧胎壁见刮擦痕迹，表层黑色物质呈减层；发动机舱盖向右移位。左前车门扭曲变形，车门窗玻璃

图 5-33　乙车前部痕迹

图 5-34　乙车转向柱左侧痕迹

图 5-35　乙车左前车门内侧饰板痕迹

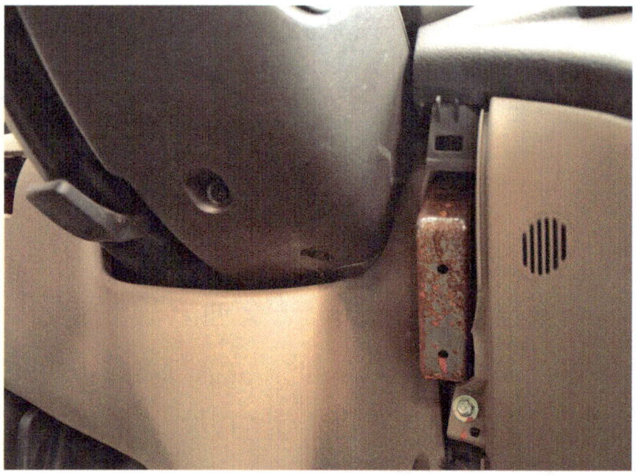

图 5-36　乙车转向柱下侧及右侧痕迹

碎落，左前车门内侧饰板距其下端 60 cm～61 cm、距其后端 59 cm～63 cm 见刮擦痕迹，局部黏附蓝色织物纤维，提取该处蓝色织物纤维作为“微量检材”备检；左 A 柱内侧见擦痕，局部黏附黑色短发，发干较粗直；前风窗玻璃内侧距其上沿 13 cm～35 cm、距其左边沿 47 cm～60 cm 见由右上向左下的刮擦痕迹，局部黏附棕染毛发、疑似皮屑等物质，该处下方仪表台见流柱状血迹；提取该处疑似皮屑作为“生物检材一”备检；驾驶室气囊（主、副）充分打开，并分别黏附血迹；前风窗玻璃刮水器操纵杆自根部断裂、脱落，呈悬吊状；转向柱下饰罩下侧右部距地板高 33 cm～34 cm 范围内见撞击、刮擦痕迹，局部黏附疑似生物组织物，提取该处疑似生物组织物作为“生物检材二”备检；中央扶手箱向左移位，其右部破损伴擦痕，局部黏附疑似血迹；右座前工具箱箱盖破损、呈打开状。

（3）道路交通事故现场图及照片

甲车头东南尾西北停于路口东北侧，乙车头东北尾西南停于甲车西南，乙车南侧地面见多条轮胎印痕及散落物。

（4）李某体表损伤检验

身份证号为 ×××。神清，对答切题。头部留短发，发色黑，发干粗直。左膝前

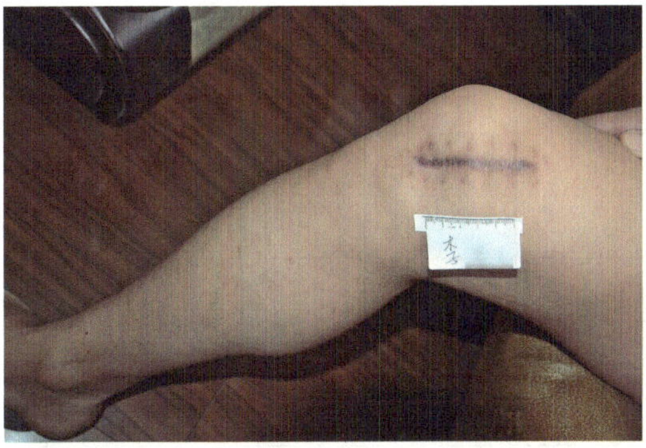

图 5-37　李某右膝内侧皮肤瘢痕

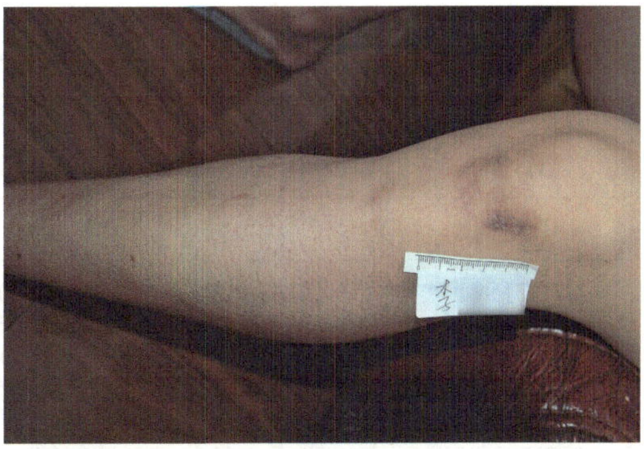

图 5-38　李某左膝前皮肤瘢痕伴色素沉着

见 2.5 cm × 1.2 cm 皮肤瘢痕伴色素沉着；右膝内侧见 8 cm × 0.6 cm 纵向皮肤瘢痕，周围见缝线针眼。抽取李某血样备检。

（5）张某体表损伤检验

身份证号为 ×××。神清，卧床，对答切题。头部留长发，发色黑，发梢棕染。额部、左眉弓内侧及鼻背上段见 8 cm × 10 cm 散在点、条状皮肤瘢痕，左肘至左前臂上段尺侧见长 8 cm 手术瘢痕，左肘下段尺侧见长 4 cm 手术瘢痕；左臀骶部至左大腿外后转子区见两段分别长 28 cm、3 cm 手术瘢痕；左小腿上段胫前见 2.5 cm × 2 cm 散在点、片状皮肤瘢痕伴色素沉着；右小腿中段胫前见 8 cm × 1.5 cm 散在条、片状皮肤瘢痕伴色素沉着。抽取张某血样备检。

（6）张某影像材料检查

2012 年 06 月 20 日左肘部数字 X 摄线一张（某医院病案号：×××）阅片示：左尺骨上段斜行粉碎性骨折，尺骨鹰嘴分离，周围软组织肿胀。

2012 年 06 月 20 日骨盆数字 X 摄线一张（片号：DR00031826）阅片示：左耻骨上支骨折，耻骨梳自弓状线外缘分离，左髋臼破裂，左股骨头半脱位；左骰骨粗隆间骨折，断端自大、小转子间分离。

2012 年 06 月 20 日头部 CT 片一张（某医院病案号：×××）阅片示：诸层面脑实质未见明显异常密度影，脑室系位正常，左额顶部头皮肿胀。

（7）李某影像材料检查

2012 年 06 月 20 日右膝部数字 X 摄线一张（片号：DR00031827）阅片示：右膝关节骨皮质尚连续，膝周软组织肿胀。

（8）生物检材检验

经 DNA 检测，李某血样、张某血样、“生物检材一”“生物检材二”的基因型见表 5-1。

经比对，张某的基因型与“生物检材一”的基因型一致，似然率为 2.72×10^{25}；李某的基因型与“生物检材二”的基因型一致，似然率为 2.05×10^{25}。

表 5-1　血杆和生物检材的基因型比对表

基因座	李　某	张　某	“生物检材一”	“生物检材二”
D19S433	13.2，15	13，14	13，14	13.2，15
D5S818	11，13	11，13	11，13	11，13
D21S11	29，32.2	30，31	30，31	29，32.2
D18S51	13，16	14，15	14，15	13，16
D6S1043	13，14	17，20	17，20	13，14
D3S1358	16，16	17，17	17，17	16，16
D13S317	9，10	9，10	9，10	9，10
D7S820	8，13	11，13	11，13	8，13
D16S539	10，12	11，12	11，12	10，12
CSF1PO	11，11	11，12	11，12	11，11
Penta D	9，12	8，8	8，8	9，12
vWA	18，18	17，19	17，19	18，18
D8S1179	12，14	10，13	10，13	12，14
TPOX	8，8	8，8	8，8	8，8
Penta E	15，18	12，13	12，13	15，18
TH01	7，9	6，7	6，7	7，9
D12S391	18，19	18，21	18，21	18，19
D2S1338	18，23	20，23	20，23	18，23
FGA	20，25	22，23	22，23	20，25
Amelogenin	X，Y	X，X	X，X	X，Y

（9）微量检材检验

李某事发时所着衣物：佰驰莱雅 2XL-175 蓝色短袖 T 恤。

经显微镜下检验发现：微量检材纤维为蓝色；样本（李某事发时所着衣物）纤维为蓝色。经相互比较检验，两种纤维的外观形态、颜色一致。

经 Nicolet 6700 傅里叶变换红外光谱仪检验，检材蓝色纤维与样本蓝色纤维的红外光谱一致。

经 inVia 激光拉曼光谱仪检验，检材蓝色纤维与样本蓝色纤维的拉曼光谱一致。

（三）书证摘录

1. 李某住院病案（某医院病案号：×××）

入院记录，专科情况：右髌骨外（内）侧缘一纵行创口，长约 7 cm，流血。

手术记录，手术名称：股四头肌断裂修补术，膝关节囊破裂修补术，清创缝合术。术中发现：右膝部外侧（内）一纵行创口，长约 7 cm，探查见股四头肌断裂，关节囊破裂。

2. 张某住院病案（某医院病案号：×××）

入院记录，专科情况：左肘部肿胀，压痛阳性，肘关节活动受限。左髋部肿胀，见皮肤擦伤。左下肢纵轴叩击痛阳性，髋关节活动受限。骨盆分离挤压试验阳性。左前臂中段尺侧一创口，流血，左手各指活动良好。

（四）分析说明

根据甲乙两车所检见的痕迹，结合道路交通事故现场图及照片分析，乙车在由南向北的行驶过程中，其正面与由西向东的甲车右侧发生碰撞可以成立。在惯性和碰撞力的共同作用下，乙车向东北方向运动，同时发生顺时针旋动，最终停于现场。

根据乙车的运动形态，在该车碰撞、旋转的过程中，车内前排人员由于惯性作用，可分别与其左前方向的车内相应部件发生二次碰撞，造成车内部分部件破损，两名当事人不同程度损伤。

DNA 检验的结果支持方向盘下饰罩右部附着人体组织物为李某所留，该部位非驾车人不能接触；比较李某、张某两人右膝部损伤情况，张某右膝部未见损伤，李某右膝内侧裂创、膝关节囊破裂，符合其就座于驾驶座在事故过程中与方向盘下饰罩碰撞形成的损伤特征。

左前门内侧饰板附着纤维与李某事发时所着衣物的纤维外观形态、颜色一致，红外光谱一致，拉曼光谱一致，二者是同种类纤维，支持李某事发时位于驾驶座，并与左前门内侧碰擦遗留痕迹的可能性。

张某头面部散在多处较细裂创，具有与前风窗玻璃碰撞、割划形成的特征，结合前风窗玻璃内侧由右上向左下的刮擦痕迹、DNA 检验结果分析，事发时张某由于惯性，向车内左前方运动，其头面部可与前风窗玻璃碰撞形成相应损伤。

张某左股骨粗隆间骨折、左耻骨上支骨折，具有遭受钝性物体直接暴力作用形成的特征，结合中央扶手箱损坏情况，该处损伤符合张某事发时位于右前座与变速箱饰罩碰撞形成的特征。

综上所述，李某是某号牌北京现代小型轿车事发时的驾车人。

第六章

道路交通事故中车辆安全技术状况鉴定

在道路交通事故的调查中，作为事故中主要的参与对象，车辆的安全技术状况是调查中必不可少的一个环节，其作为道路交通事故案件的一种证据是具有法律意义的。车辆安全技术状况的鉴定结果在事故处理、法律诉讼等法定程序中均起到了证据的作用。

车辆安全技术状况的鉴定主要是指对事故中涉及的机动车或非机动车，在检验其制动、转向、灯光等安全相关装置的功能情况的基础上，分析判断与事故发生是否存在因果关系的鉴定。其核心是为查明交通事故事实，由专门人员（鉴定人）依据相关法规、标准，对涉案车辆的相关安全装置进行检验，最终形成鉴定意见的一种科学技术手段和技术工作过程。

车辆安全技术状况的鉴定从技术依据来说，主要依据现行的国家标准和行业标准开展进行，也可在委托方确认同意的前提下采用其他标准。从鉴定事项类型来说，可分为对标鉴定及关联性鉴定。所谓对标鉴定，就是对车辆的安全相关装置的功能情况与标准中列明的条款进行对照，简而言之就是判断检验结果是否符合标准。所谓关联性鉴定，就是在车辆的安全相关装置的功能情况不符合标准或者存在异常工作情况的基础上，进一步判断其与事故的发生是否存在因果关系。鉴定事项类型一般由委托方根据其调查取证的需求来确立。

对于涉案车辆，在事故发生后必然分成两种情况。一是车辆损坏不严重，仍然可以正常发动行驶。二是车辆损坏较严重，不能正常发动行驶。对于第一种可以正常发动行驶的车辆，从检验过程来说，可分为动态检验和静态检验。对于第二种不能正常发动行驶的车辆，一般只能采用静态检验。动态检验主要通过整车路试的方法，对车辆行驶相关的系统性能进行测试，如制动系统、转向系统。静态检验可以在整车不拆解的情况下进行，也可以在特定部件进行拆解的情况下进行。

因此，本章主要介绍对车辆安全技术状况进行动态检验、静态检验的检验方法、依据标准，结合检验结果对车辆安全技术状况与事故的关系进行分析鉴定的思路，以及最终形成鉴定意见书的注意要点。

第一节　车辆安全技术状况的动态检验

一、概述

动态检验是对于具有行驶能力的车辆所采用的一种检验方法。相对于静态检验，动态检验可以更直观、更量化地反映车辆的安全技术状况，也能更准确地与标准之间进行符合性判定。所以，一般对于事故车辆在条件允许的情况下，优先采用动态检验。

二、车辆动态检验的标准和设备

动态检验一般都需严格按照标准规定的检验条件、检验方法进行。常用的车辆动态检验设备可以根据设备尺寸及安装方式，分为以车辆安全检测线为代表的大型固定式设备和以便携式制动性能测试仪为代表的小型便携式设备。车辆动态检验主要内容所依据的标准和使用的设备，见表 6-1。

表 6-1　车辆动态检验主要内容所使用到的标准和设备

序号	检验内容	依据标准	检　验　设　备
1	制动性能	GB 7258、GB 21861	制动试验台、制动性能测试仪
2	转向性能	GB 7258、GB 21861	方向盘转向力角检测仪
3	车速表	GB 7258	车速检验台
4	侧滑量	GB 7258	汽车侧滑检验台

三、车辆制动系统的动态检验

（一）车辆行车制动性能的检验

在正式进行动态检验前，可在较为开阔的平直路面上，以较低车速直行，双手轻扶方向盘，急踩制动踏板后立即松开，对车辆行车制动性能及跑偏与否初步了解，以便确保动态检验时的安全。

根据检验方式不同，车辆行车制动性能的检验可分为台试制动性能检验和路试制动性能检验。其检验过程均应按照 GB 7258 及 GB 21861 中的规定进行。

台试制动性能检验用到的检验台，主要有滚筒反力式制动检验台和平板制动检验台两种。其检验的主要参数有：

1）制动力百分比。

2）制动力平衡要求。

3）车轮阻滞力。

4）制动协调时间。

路试制动性能检验用到的检验设备，主要有便携式制动性能测试仪和非接触式五轮仪两种。其检验的主要参数有：

1）制动距离。

2）充分发出的平均减速度。

3）制动稳定性。

4）制动协调时间。

5）驻车制动坡度。

对于台试制动性能及路试制动性能的结果，GB 7258 中有对两种检验方式结果的优先级排比：对机动车台架检验制动性能结果有异议的，在空载状态下按路试检验制动性能复检。对空载状态复检结果有异议的，以满载路试复检结果为准。

在交通事故鉴定中，因为车辆往往属于证据查扣状态，不便于离开事故车停车场，也就不便于采用台试检验方式。因此，考虑实际开展的可行性因素，优先选用便携式制动性能测试仪进行制动性能检验。其主要检验的参数是充分发出的平均减速度，根据 GB 7258 应满足表 6-2 的要求。

表 6-2　路试制动性能 MFDD 要求

机动车类型	制动初速度 /（km/h）	空载检验 MFDD/（m/s^2）	满载检验 MFDD/（m/s^2）	试验通道宽度 /m
三轮汽车	20	≥ 3.8		2.5
乘用车	50	≥ 6.2	≥ 5.9	2.5
总质量小于或等于 3 500 kg 的低速货车	30	≥ 5.6	≥ 5.2	2.5
其他总质量小于或等于 3 500 kg 的汽车	50	≥ 5.8	≥ 5.4	2.5
铰接客车、铰接式无轨电车、汽车列车（乘用车列车除外）	30	≥ 5.0	≥ 4.5	3.0a
其他汽车、乘用车列车	30	≥ 5.4	≥ 5.0	3.0a
a 对车宽大于 2.55 m 的汽车和汽车列车，其试验通道宽度（单位：m）为“车宽（m）＋ 0.5”				

（二）车辆驻车制动性能的检验

车辆驻车制动性能的检验主要使用的设备有角度仪、秒表、测力计。其检验过程应按照 GB 7258 及 GB 21861 中的规定进行。

台试驻车制动性能检验的过程：当采用制动检验台检验汽车和正三轮摩托车驻车制动装置的制动力时，机动车空载，使用驻车制动装置，驻车制动力的总和应大于或等于该车在测试状态下整车重量的 20%，但总质量为整备质量 1.2 倍以下的机动车应大于或等于 15%。

路试驻车制动性能检验的过程：在空载状态下，驻车制动装置应能保证机动车在坡度为 20%（对总质量为整备质量的 1.2 倍以下的机动车为 15%）、轮胎与路面间的附着系数大于或等于 0.7 的坡道上正、反两个方向保持固定不动，时间应大于或等于 2 min。检验汽车列车时，应使牵引车和挂车的驻车制动装置均起作用。

四、车辆转向系统的动态检验

从主观评价的角度，GB 7258 中要求机动车（摩托车、三轮汽车、手扶拖拉机运输机组除外）正常行驶时，转向轮转向后应有一定的回正能力（允许有残余角），以使机动车具有稳定的直线行驶能力。机动车在平坦、硬实、干燥和清洁的道路上行驶不应跑偏，其方向盘（或方向把）不应有摆振等异常现象。汽车（三轮汽车除外）应具有适度的不足转向特性。

对于具有行驶能力的车辆进行转向系统动态检验，主要检验以下几个方面：

1）方向盘的转向轻便性。

2）车辆通道圆直径。

3）转向轮的横向侧滑量（前轴为非独立悬架的车辆）。

4）转向轮转向自动回正能力。

（一）转向系统动态检验的环境要求

对于转向系统进行动态检验时，检验场地应为干燥、平坦而清洁的水泥或柏油路面，任意方向上的坡度不大于 2%。检验时风速应不大于 5 m/s，大气温度应在 5～32℃。

（二）动态检验方向盘的转向轻便性

对于车辆方向盘的转向轻便性，可通过转向力角测量仪，按照 GB/T 6323.5《汽车操纵稳定性试验方法　轻便性试验方法》中规定的检验方法对车辆进行动态检验。

（三）动态检验车辆通道圆直径

对于车辆通道圆直径，可通过转向力角测量仪，按照 GB 7258《机动车运行安全技术条件》中规定的检验方法对车辆进行动态检验。

（四）动态检验转向轮的横向侧滑量

对于车辆转向轮的横向侧滑量，可在侧滑检验台或者机动车安全检测线上，按照 GB 7258《机动车运行安全技术条件》中规定的检验方法对车辆进行动态检验。

（五）动态检验转向轮转向自动回正能力

对于车辆转向轮的转向自动回正能力，可按照 GB 6323.4－1994《汽车操纵稳定性试验方法　转向回正性能试验》中规定的检验方法对车辆进行动态检验。

上述检验结果可参照 GB/T 13047《汽车操纵稳定性指标限值及评价方法》进行结果评价。

五、车辆行驶系统的动态检验

车辆行驶系统的动态检验一般是指，通过平板检测台检验车辆的悬架特性，其多数适用于最大设计车速大于或等于 100 km/h、轴载质量小于或等于 1 500 kg 的载客汽车。

六、车辆传动系统的动态检验

车辆传动系统的动态检验，可在一定检验条件下，对行驶状态的车辆以下几个方面进行检验：

离合器接合是否平稳，有无异响、打滑、抖动、沉重、分离不彻底等现象；

变速器倒挡能否锁止，换挡是否正常，有无异响；

传动轴 / 链有无异响、抖动；驱动桥的主减速器和差速器有无异响。

第二节　车辆安全技术状况的静态检验

一、概述

不管车辆是否还具有行驶能力，都可以对其进行静态检验。相对于动态检验，静态检验不仅可以对动态检验适用的车辆系统（如：制动系统、转向系统）进行检验，也可以对动态检验不适用的照明信号装置、安全防护装置等车辆系统进行检验。静态检验可以在整车上对特定系统或部件进行，也可以在车辆部件被拆解下的状态下进行。

二、车辆静态检验的标准和设备

静态检验主要通过人的肉眼检视，辅以特定的测量仪器进行检测。大部分的静态检验结果是对功能性的判定，量化的测定结果相对动态检验来说要少一些。车辆静态检验主要内容的标准和设备，见表 6-3。

表 6-3　车辆静态检验主要内容的标准和设备

序号	检验内容	依 据 标 准	检 验 设 备
1	制动系统	GB 7258、GB 21861	制动试验台、制动性能测试仪
2	转向系统	GB 7258、GB 21861	方向盘转向力角检测仪
3	车轮（含轮胎）	GB 7258	车速检验台
4	照明、信号装置	GB 7258	汽车侧滑检验台

续　表

序号	检验内容	依 据 标 准	检 验 设 备
5	刮水器	GB 7258、GB/T 18344	
6	安全防护装置	GB 7258	

三、车辆制动系统的静态检验

（一）制动系统的总体要求

制动系统的静态检验是指车辆在不移动位置的情况下，针对其制动系统进行的检验过程。一般制动系统的静态检验不涉及零部件拆检，可以在具有行驶能力的车辆，也可以在失去行驶能力的车辆上进行。

国标 GB 7258 中要求：汽车（三轮汽车除外）、摩托车（边三轮摩托车除外）、挂车（总质量不大于 750 kg 的挂车除外）的所有车轮应装备制动器。行车制动应作用在机动车（三轮汽车、拖拉机运输机组及总质量不大于 750 kg 的挂车除外）的所有车轮上。

这就是说对应标准里面所指的车型，在检验时要对每个车轮上的制动器是否安装作确认，然后还要确认该制动器是否功能有效。具体来说，对于制动系统的各种杆件不应与其他部件在相对位移中发生干涉、摩擦，上述杆件不得变形、损坏。

对于挂车（由轮式拖拉机牵引的装载质量 3 000 kg 以下的挂车除外），在与牵引车脱离后应能自行制动。就需要检验挂车是否安装有储能制动装置且其功能是否有效。

（二）液压制动系统的静态检验

对采用液压制动的机动车进行静态检验时，可以检查制动管路是否存在渗漏（包括外泄和内泄）现象。正常情况下，在保持踏板力为 700 N（摩托车为 350 N）达到 1 min 时，踏板不得有缓慢向前移动的现象。若发生缓慢向前移动的现象，则说明制动管路或制动器内存在渗漏现象，应作进一步排查。

对于液压制动的机动车，还可以对制动踏板的行程进行测量。液压行车制动在达到规定的制动效能时，踏板行程应小于等于踏板全行程的四分之三，制动器装有自动调整间隙装置的机动车踏板行程应小于等于踏板全行程的五分之四，且乘用车应小于等于 120 mm，其他机动车应小于等于 150 mm。

（三）气压制动系统的静态检验

对采用气压制动的机动车进行静态检验时，可以检查其制动系统的保压能力是否良好。正常情况下，在气压升至 750 kPa 且不使用制动，停止空气压缩机工作 3 min 后，其气压的降低值应小于等于 10 kPa。

另一方面，在气压为 750 kPa 的情况下，停止空气压缩机工作，将制动踏板踩到底，待气压稳定后观察 3 min，气压降低值对汽车应小于或等于 20 kPa，对汽车列车、铰接客车及铰接式无轨电车、轮式拖拉机运输机组应小于或等于 30 kPa。

在气压表显示为额定工作气压时，不继续充气，机动车在连续五次踩到底的全行程制动后，气压应不低于起步气压。

四、车辆转向系统的静态检验

对于失去行驶能力的车辆由于不能进行转向系统动态检验，故只能采用转向系统静态检验的方法。对于具有行驶能力的车辆应优先进行转向系统动态检验，当动态检验中发现不能确定的问题时，才考虑采用转向系统静态检验的方法。转向系统静态检验主要检验以下几个方面：

1）方向盘的最大自由转动量；

2）转向轮的最大转角；

3）车轮定位参数。

（一）转向系统的总体要求

机动车的方向盘（或方向把）应转动灵活，无卡滞现象。机动车应设置转向限位装置。转向系统在任何操作位置上，不应与其他部件有干涉现象。转向节及臂，转向横、直拉杆及球销应连接可靠，且不应有裂纹和损伤，并且转向球销不应松旷。对机动车进行改装或修理时横、直拉杆不应拼焊。三轮汽车、摩托车的前减震器、上下联板和方向把不应有变形和裂损。

（二）静态检验方向盘的最大自由转动量

对于转向系统未在事故中损坏的车辆，可以用转向力角测量仪来测量方向盘的最大自由转角。对于转向系统在事故中损坏的车辆，应具体分析损坏情况是否对方向盘的最大自由转角有影响，在确保没影响的前提下，也可用转向力角测量仪来测量方向盘的最大自由转角。

机动车方向盘的最大自由转动量应小于或等于：

1）最大设计车速大于或等于 100 km/h 的机动车：15°；

2）三轮汽车：35°；

3）其他机动车：25°。

（三）转向轮的最大转角及车轮定位参数

测量转向轮的最大转角及车轮定位参数时，应注意轮胎压力及磨耗程度对测量结果的影响，还应注意场地的平整度、坡度，以及前后轮是否位于同样的高度，以保证车辆处于水平状态。

从标准的要求来说，GB 7258 对三轮车及摩托车的转向轮有如下要求，三轮汽车、摩托车的转向轮向左或向右转角应小于或等于：

1）三轮汽车、三轮摩托车、正三轮轻便摩托车：45°；

2）两轮普通摩托车、两轮轻便摩托车：48°。

对于汽车（三轮汽车除外）的车轮定位，要求其应与该车型的技术要求一致。

五、车辆行驶系统的静态检验

车辆行驶系统的静态检验主要检验以下几个方面：

1）轮胎充气压力及胎冠最小花纹深度；

2）车轮的横向摆动量；

3）车轮的径向跳动量。

（一）车轮总成的要求

轮胎螺母和半轴螺母应完整齐全，并应按规定力矩紧固。客车、货车的车轮及车轮上的所有螺栓、螺母不应安装有碍于检查其技术状况的装饰罩或装饰帽（设计和制造上为防止生锈等情形发生而配备的、易于拆卸及安装的装饰罩和装饰帽除外），且车轮螺母、轮毂罩盖和保护装置不应有任何蝶型凸出物。

（二）轮胎的各项要求

同一轴上的轮胎规格和花纹应相同，轮胎规格应符合整车制造厂的规定。轮胎胎面不应由于局部磨损而暴露出轮胎帘布层。轮胎不应有影响使用的缺损、异常磨损和变形。轮胎的胎面和胎壁上不应有长度超过 25 mm 或深度足以暴露出轮胎帘布层的破裂和割伤。

乘用车、挂车轮胎胎冠花纹上的花纹深度应大于或等于 1.6 mm，摩托车轮胎胎冠花纹上的花纹深度应大于或等于 0.8 mm，其他机动车转向轮的胎冠花纹深度应大于或等于 3.2 mm，其余轮胎胎冠花纹深度应大于或等于 1.6 mm。

公路客车、旅游客车和校车的所有车轮及其他机动车的转向轮不应装用翻新的轮胎；其他车轮若使用翻新的轮胎，应符合相关标准的规定。

（三）车轮横向摆动量及径向跳动量的要求

车轮总成的横向摆动量和径向跳动量，总质量小于或等于 3 500 kg 的汽车应小于或等于 5 mm，摩托车应小于或等于 3 mm，其他机动车应小于或等于 8 mm。

六、车辆传动系统的静态检验

（一）车辆传动系统的静态检验

车辆传动系统的静态检验包括以下几个方面：

1）换挡杆及其传动部件是否与其他部件干涉；

2）传动轴通过地板下方纵向布置时，是否有防止传动轴滑动连接部件脱落或断裂等故障的防护装置；

3）传动系统各部件是否连接正常，是否变形或有裂纹。

（二）车辆传动系统的静态检验

车辆传动系统的静态检验包括以下几个方面：

1）离合器踏板自由行程；

2）离合器踏板力和换挡杆操纵力；

3）离合器滑转状况；

4）传动系统角间隙。

七、车辆照明、信号装置的检验

对于车辆的照明、信号装置一般采用静态检验方式，但对于车辆在事故中受损严重，不能正常通电的车辆，一般认为其不具备检验条件。

（一）车辆照明、信号装置的安装情况

从安装上来说，机动车的灯具应安装牢靠、完好有效，不应由于机动车振动而松脱、损坏、失去作用或改变光照方向；所有灯光的开关应安装牢固、开关自如，不应由于机动车振动而自行开关。开关的位置应便于驾驶人操纵。

外观上的检查，可以看机动车是否安装或粘贴遮挡外部照明和信号装置透光面的护网、防护罩等装置（设计和制造上带有护网、防护罩且配光性能符合要求的灯具除外），若安装或粘贴了即可认定不符合国标的相关要求。

对于货车或挂车，可以检查其是否加装了向前行驶时向后方照射的灯具。若加装了，也可认定为不符合国标的相关要求。

可以参照 GB 4785《汽车及挂车外部照明和光信号装置的安装规定》中的有关条款，对汽车（三轮汽车和装用单缸柴油机的低速货车除外）及挂车的外部照明和信号装置的数量、位置、光色、最小几何可见度进行比对检验。

对于总质量大于或等于 4 500 kg 的货车、专项作业车和挂车，可以测量其每一个后位灯、后转向信号灯和制动灯，国家标准要求透光面面积应大于或等于一个 80 mm 直

径圆的面积；如属非圆形的，透光面的形状还应能将一个 40 mm 直径的圆包含在内。

（二）车辆照明、信号装置的功能情况

功能上的检验，可以检查外部灯具是否闪烁。除转向信号灯、危险警告信号、紧急制动信号、校车标志灯，扫路车、护栏清洗车、洗扫车、吸尘车等专项作业车在作业状态下的指示灯具，以及消防车、救护车、工程救险车和警车安装使用的标志灯具外，其他外部灯具不应闪烁。

对实际的功能情况进行检验，要求机动车的前、后转向信号灯、危险警告信号及制动灯白天在距其 100 m 处应能观察到其工作状况，侧转向信号灯白天在距 30 m 处应能观察到其工作状况；前、后位置灯、示廓灯、挂车标志灯夜间能见度良好时在距其 300 m 处应能观察到其工作状况；后牌照灯夜间能见度良好时在距其 20 m 处应能看清号牌号码。制动灯的发光强度应明显大于后位灯。对称设置、功能相同的灯具的光色和亮度不应有明显差异。

机动车装备的前照灯应有远、近光变换功能；当远光变为近光时，所有远光应能同时熄灭。同一辆机动车上的前照灯不应左、右的远、近光灯交叉开亮。

机动车前照灯光束照射位置在正常使用条件下应保持稳定，其前照灯光束照射位置应满足图 6-1 的要求。

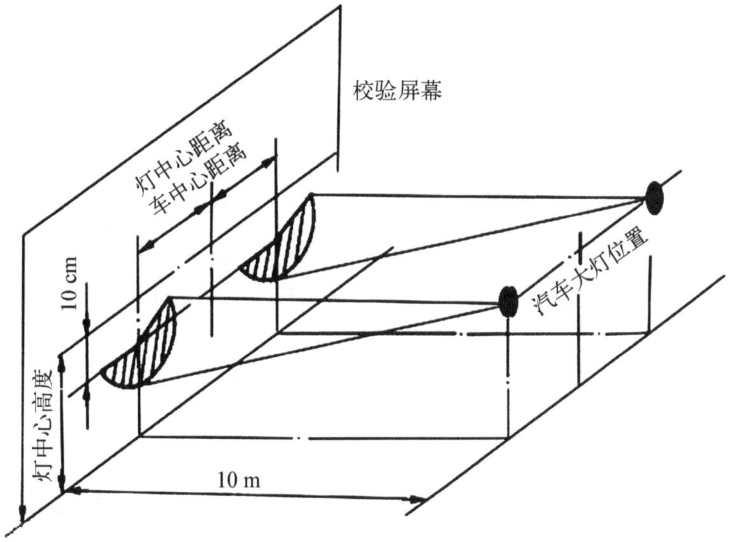

图 6-1　汽车前照灯光束位置要求

（三）车身反光标识的检验

1. 后部反光标识的检验

对于后部反光标识，主要检验其是否能体现宽度和高度。半挂牵引车应在驾驶室后部上方设置能体现驾驶室的宽度和高度的车身反光标识，其他货车（多用途货车除外）、

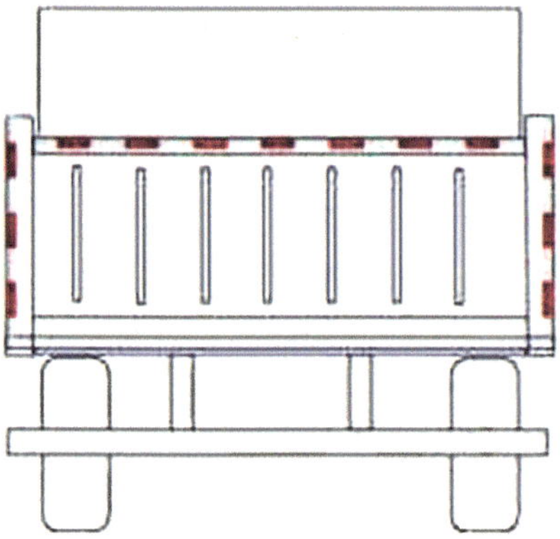

图 6-2　车身后部反光标识

货车底盘改装的专项作业车和挂车（设置有符合规定的车辆尾部标志板的专项作业车和挂车，以及旅居挂车除外）应在后部设置车身反光标识。

对厢式货车和挂车应能体现货厢轮廓，如图 6-2 所示。

对于总质量大于或等于 12 000 kg 的货车（半挂牵引车除外）和货车底盘改装的专项作业车、车长大于 8.0 m 的挂车及所有最大设计车速小于或等于 40 km/h 的汽车和挂车，应按 GB 25990《车辆尾部标志板》规定设置车辆尾部标志板。

2. 侧面反光标识的检验

对于侧面反光标识，所有货车（半挂牵引车、多用途货车除外）、货车底盘改装的专项作业车和挂车（旅居挂车除外）都应在侧面设置。侧面的车身反光标识主要检验其长度，一般要求大于或等于车长的 50%，对三轮汽车应大于或等于 1.2 m，对侧面车身结构无连续平面的货车底盘改装的专项作业车应大于或等于车长的 30%，对货厢长度不足车长 50% 的货车应为货厢长度，如图 6-3 所示。

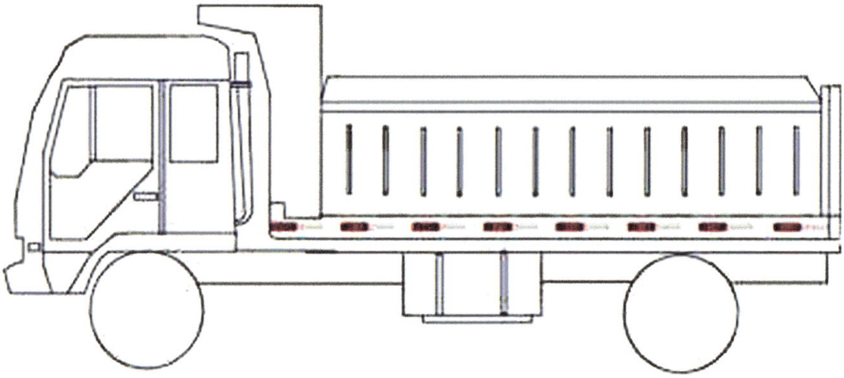

图 6-3　车身侧面反光标识

3. 车身反光标识的其他要求

货车（半挂牵引车除外）和挂车（组成拖拉机运输机组的挂车除外）设置的车身反光标识或车辆尾部标志板被遮挡的，应在被遮挡的车身后部和侧面至少水平固定一块 2 000 mm × 150 mm 的柔性反光标识。

反光标识材料及粘贴要求可以参照 GB 23254《货车及挂车 车身反光标识》。

八、车辆间接视野装置的检验

间接视野装置的一般要求：机动车（挂车除外）应在左右至少各设置一面主后视

镜；乘用车、总质量小于或等于 3 500 kg 的货车和货车底盘改装的专项作业车还应设置一面内视镜，但为满足专用功能的要求安装了遮挡内视镜视野范围的非玻璃材料的装置时，可不设置内视镜。一般车型间接视野装置示意图如图 6-4 所示。

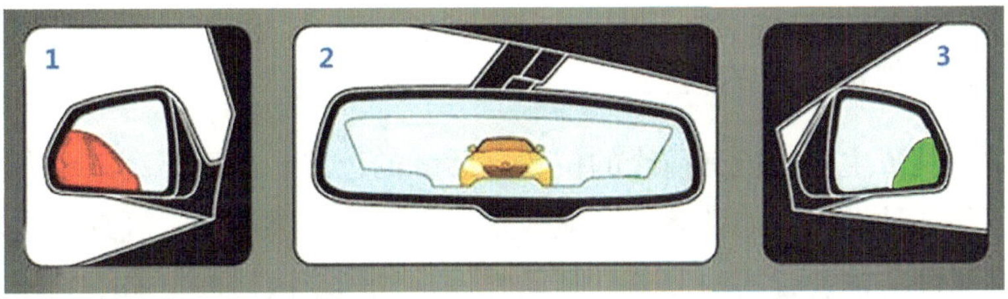

图 6-4　车辆间接视野装置

特殊车型间接视野装置的要求：总质量大于 3 500 kg 的货车和货车底盘改装的专项作业车还应在右侧至少设置一面补盲后视镜，但驾驶室 / 区高度无法满足镜面或其托架的任何部分离地高度大于或等于 1 800 mm 时，不应设置补盲后视镜；总质量大于 7 500 kg 的货车和货车底盘改装的专项作业车，以及在车辆右侧设置了补盲后视镜的总质量大于 3 500 kg 且小于或等于 7 500 kg 的货车和货车底盘改装的专项作业车，还应在左右两侧至少各设置一面广角后视镜。汽车及车身部分或全部封闭驾驶人的摩托车，设置有符合 GB 15084 规定的其他间接视野装置（如摄影 / 监视装置）时，应视为满足要求。

车长大于或等于 6 m 的平头载客汽车及总质量大于 7 500 kg 的平头货车和平头货车底盘改装的专项作业车，应在车前至少设置一面前视镜或相应的监视装置，以保证驾驶人能看清风窗玻璃前下方长 1.5 m、左侧驾驶室最外点平行于车辆纵向中心线，右侧为车辆纵向中心线向右 1.5 m 宽范围内的情况；但驾驶室 / 区高度无法满足前视镜的镜面或其托架的任何部分离地高度大于或等于 1 800 mm 时，不应设置前视镜。特殊车型间接视野装置示意图如图 6-5 所示。

图 6-5　特殊车辆间接视野装置

九、车辆安全防护装置的检验

对于车辆安全防护装置可分为侧面和后下部两方面，其参照 GB 11567-2017《汽车及挂车侧面和后下部防护要求》的有关规定进行检验。

（一）侧面防护装置的检验

侧面防护装置主要检验其前缘的位置、后缘的位置、离地高度三个方面。固定地安装在车辆上的各种设施，如备胎、蓄电池架、储气筒、燃油箱、灯具、反射镜、工具箱等可以作为侧面防护装置的一部分。制动元件，气体或液体的管路不允许作为侧面防护装置。侧面防护装置示例如图 6-6 所示。

图 6-6　侧面防护装置

1. 侧面防护装置的前缘位置要求

对于 N_2 和 N_3 类汽车，侧面防护装置的前缘应处在最靠近它的轮胎周向切面之后 300 mm 的范围之内，该切面是与车辆纵向平面垂直的铅垂面；对于全挂车，侧面防护装置的前缘应处在上述平面之后 500 mm 范围之内；对于半挂车，若安装有支腿，则前缘位于支腿的中心横截面之后不大于 250 mm 处。但是在任何情况下前缘到转向中心销位于最后位置时的中心横截面之间的距离不能超过 2.7 m。

2. 侧面防护装置的后缘位置要求

侧面防护装置的后缘应处在最靠近它的轮胎周向切面之前 300 mm 的范围之内，该切面是与车辆纵向平面垂直的铅垂面。

3. 侧面防护装置的离地高度要求

侧面防护装置的下缘任何一点的离地高度不应大于 550 mm。

（二）后下部防护装置的检验

后下部防护装置主要检验其离地高度、宽度、横向构件的端部三个方面。

1. 后下部防护装置的离地高度要求

对于后下部防护的状态可以调整的车辆，车辆的后下部防护整个宽度上的下边缘离地高度应不大于 450 mm。对于后下部防护的状态不能调整的车辆，车辆的后下部防护整个宽度上的下边缘离地高度应不大于 550 mm。

2. 后下部防护装置的宽度要求

后下部防护的宽度不可大于车辆后轴两侧车轮最外点之间的距离（不包括轮胎的变形量），并且后下部防护任一端的最外缘与这一侧车辆后轴车轮最外端的横向水平距离不大于 100 mm。如果车辆有两个以上的后轴，应以最长的后轴为准。如果装置属于车体或车体同时也是装置的一部分，即使车体超出后轴宽度，那么后下部防护同样不能超出后轴宽度。

3. 后下部防护装置的横向构件的端部要求

后下部防护的横向构件的端部不得弯向车辆后方，尖锐部分不得朝后。横向构件的端部成圆角状，其端头圆角半径不小于 2.5 mm，横向构件的截面高度不小于 100 mm，如图 6-7 所示。

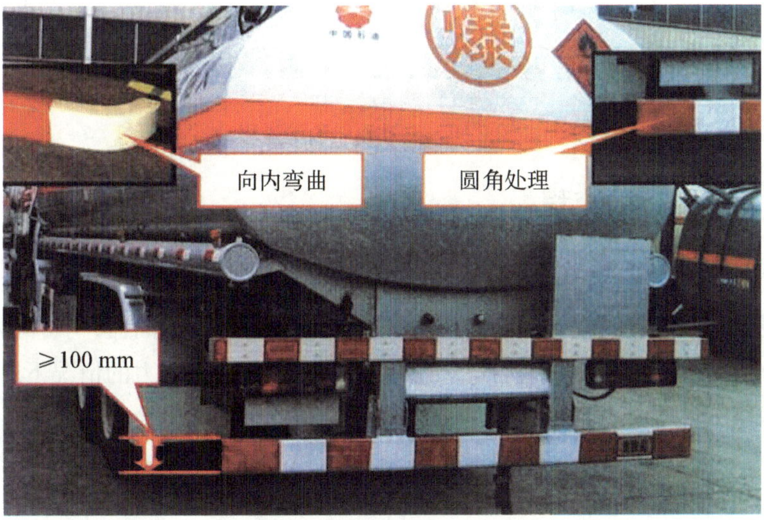

图 6-7　后下部防护装置

第三节　车辆安全技术状况的鉴定

车辆安全技术状况的鉴定是建立在检验结果的基础之上，鉴定人凭借专业知识，结合案情、现场状况等信息，对车辆安全技术状况相关系统与事故的关系作出判断。一般可以理解为，判断是否因为车辆自身的问题而引发事故。因此，检验流程是作出鉴定意见的关键所在。

一、制动系统的检验流程

对于制动系统的检验，应先从制动系统部件的外观检验开始。具体检验部件齐全与否、外观上是否连接完好。再者，从操作上来说就是踩踏制动踏板，具体检验管路是否泄漏、杆件是否干涉、制动是否有效。总的原则就是，尽量用动态的量化指标来评价；在车辆不能获取动态的量化指标时，采用静态检验方法。制动系统检验流程如图 6-8 所示。

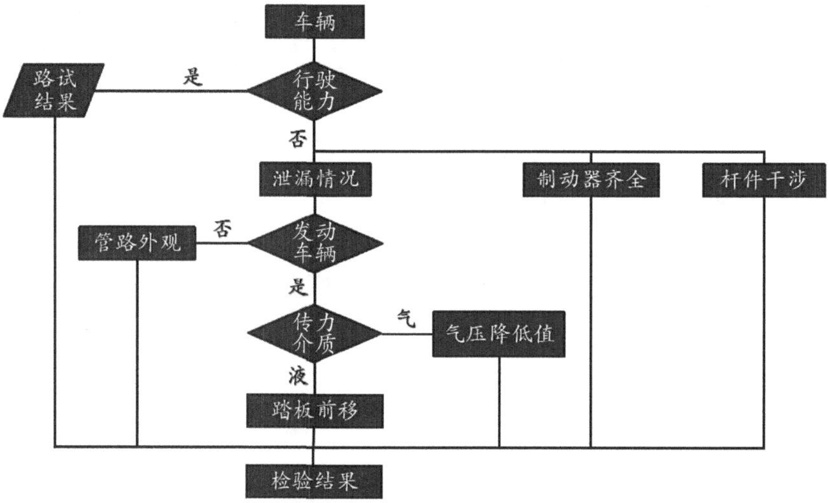

图 6-8 制动系统检验流程

二、转向系统的检验流程

对于转向系统的检验，应先从转向系统部件的外观检验开始。具体检验部件齐全与否、外观上是否连接完好。再者，从操作上来说就是转动方向盘，具体检验自由转动量、是否灵活、是否无卡滞、是否无干涉。在车辆具有行驶能力的情况下，还可以对回正能力、是否不足转向、是否跑偏进行检验确认。转向系统检验流程如图 6-9 所示。

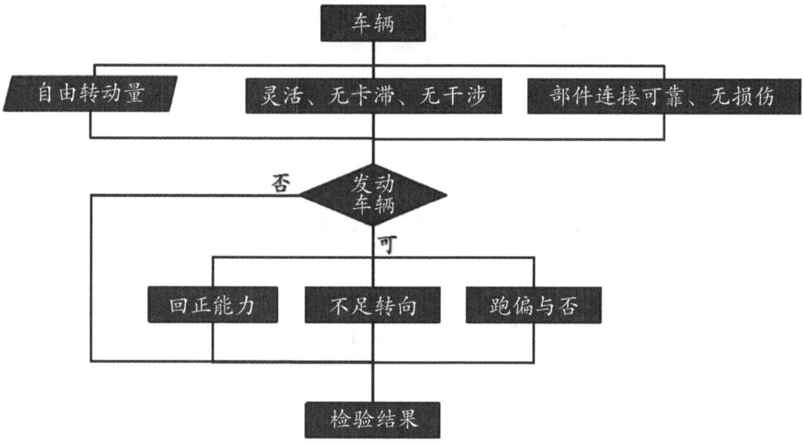

图 6-9 转向系统检验流程

三、车辆部件损坏与事故关系的鉴定

在交通事故发生后，往往能发现车辆某个或者某些部件损坏了，这就引发了一个问题：是否因为这个或者这些部件突发性的损坏失效从而引起了事故。这个问题对于事故责任认定、明确赔偿责任有着关键性的作用，所以就需要鉴定人员对车辆部件是在事故中受撞击造成损坏，还是在事故发生瞬间突然损坏失效抑或在事故发生前早期就已损坏作出判断。因为，每个事故中损坏的部件不尽相同，其检验方法也难以统一归类，故需结合实际鉴定需要选择适当的检验方法。以下列举两个案例略作说明。

（一）一起转向机相关的鉴定案例

1. 背景情况

一辆小型轿车在某省道通过一段左转弯路段时，向左冲入路边的水沟中，致使车辆损坏，驾驶人员受伤。事发前五天，该车曾被送至指定的汽车 4S 店进行更换转向器总成的维修项目。事发后一年，车辆所有人向法院起诉，提出由于更换的转向器总成存在缺陷从而引发了事故，要求相应赔偿。

2. 检验过程

由于事隔一年，当事人已将事故车辆作报废处理，只拆卸下转向器总成作为鉴定材料，故只能通过案卷中的照片对事故车辆的损坏情况及事故现场的具体情况展开分析。事故现场照片反映：事发地点位于左弯道的左侧水沟处，受检车左前轮陷在水沟中，前保险杠脱落，其左部破损。受检车事发后拍摄照片反映：受检车前保险杠内胆左部及发动机舱内左部部件均向后挤压移位，左前轮向后移位，左前车门弓曲变形，驾驶室内仪表台部件不同程度破损移位，转向盘严重失圆，前排正、副驾驶位安全气囊均已打开，气囊袋表面局部附着血迹。

转向器总成已部分拆解，如图 6-10 所示。左转向横拉杆弯曲变形，其防尘套右后部局部破损。转向器壳体距其左端 10～12 cm 范围内断裂，壳体前后侧见撞击刮擦印。

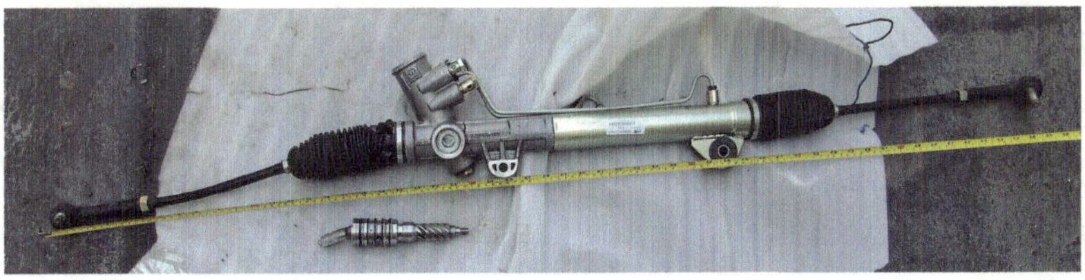

图 6-10　转向器总成

经廓型测量系统（Conturoscop C4P）检验，转向器输入轴套壳体内径为 φ38.084 mm。转向器输入轴套壳体内侧左前部见多条径向刮印，长度从 5.000～10.000 mm 不等，其最大深度为 0.125 mm，每条刮印均由数条细小的径向条纹组成，局部形成银色金属丝。转向器输入轴套壳体内侧右后部两个油孔之间见两条径向刮印，其中一条刮印长约半个圆周如图 6-11 所示。转向器输入轴套壳体内侧见五圈平行的条状圆形擦印，附着黑色物质。其中从下向上数起，第三圈黑色擦印上下方相邻的刮印下缘间距为 3.500 mm，第四圈黑色擦印下方相邻刮印下缘距第三圈黑色擦印上方相邻刮印下缘 6.200 mm。

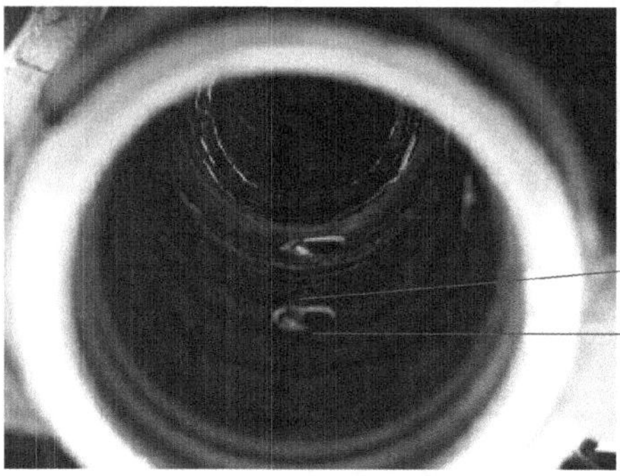

图 6-11　转向器输入轴套壳体内侧

转向器输入轴组件上部轴体断裂，并弯折变形。转向器输入轴组件除最上方的轴承套外，中部见四个圆柱形坎肩，共装有五个橡胶圈，每个坎肩表面均见数条细小的径向条纹，如图 6-12 所示。经测量，这四个圆柱形坎肩外径在 ϕ37.725 mm～ϕ37.735 mm 之间，其外缘局部见刮印，局部附着银色金属丝。从右向左数起，第三个橡胶圈沟槽上缘距第三个坎肩下缘 3.300 mm，第四个坎肩下缘距第三个橡胶圈沟槽上缘 6.500 mm。

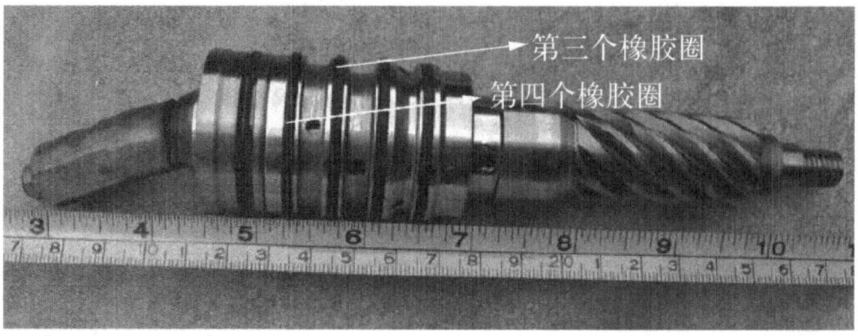

图 6-12　转向器输入轴组件

3. 分析说明

转向系统是在汽车行驶过程中，将驾驶员转动方向盘的动作转化为车轮的偏转动作的一组机构。一般可根据动力源的不同，分为机械转向系和动力转向系两种。现在的小型汽车一般均采用动力转向系统，其主要利用一套液压系统作为转向助力装置的动力来源。液压式动力转向装置的特点是重量轻，结构紧凑，明显改善转向操作舒适性。常见的小型汽车转向系统结构如图 6-13 所示。

转向器的生产厂商提供的厂内使用的生产技术材料显示，阀套的外径尺寸公差为 ϕ37.75－0.05 mm、壳体的内径尺寸公差为 ϕ38D7。对比事故车辆转向器输入轴套壳体及转向器输入轴组件所测得的数据，可以确认该转向器输入轴套壳体及转向器输入轴组件的内、外径加工尺寸均符合产品生产要求。

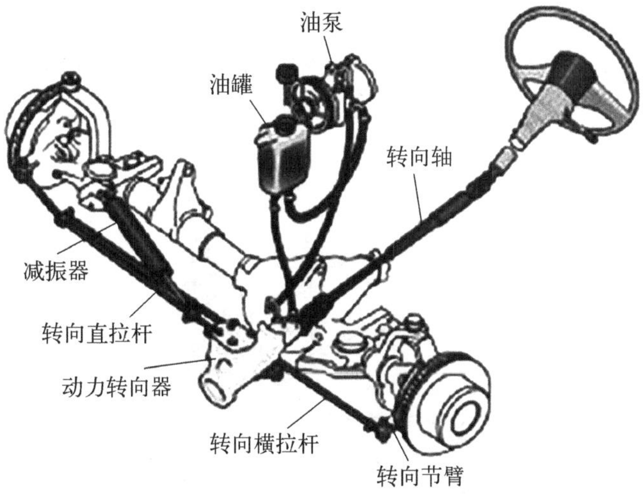

图 6-13　小型汽车转向系统结构图

转向器输入轴套壳体内侧刮印与转向器输入轴组件外侧边缘所检见的痕迹，符合转向器输入轴组件与轴套壳体之间发生相对异常运动时中产生的特征。根据委托方提供的照片分析，该车事发时发动机舱内左前部部件发生了移位、损坏，转向器输入轴组件与轴套壳体之间的相对异常运动符合在事故中随着车辆受撞击变形造成的后果。由于该痕迹的形成需要相对较大的外力作用，因此可以排除其在装配过程中形成的可能性。

对转向器损坏与事故的关系进行分析就必须对其工作原理有一定的了解。事故车辆采用的动力转向器是将机械转向器、转向动力缸和控制阀设计成一个整体。转向动力缸活塞与机械转向器制成一体，活塞将转向动力缸分成左右两腔。转向控制阀组装在机械转向器的下端，通过转向轴转动控制转向控制阀的工作状态。该转向器基本组成结构如图 6-14 所示。

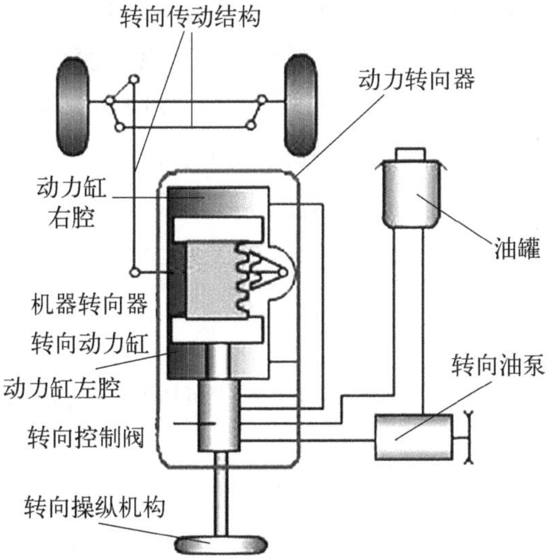

图 6-14　动力转向器基本组成结构图

该动力转向器的助力源为叶轮泵，其由发动机驱动，转向控制阀装在转向柱下端，齿条右端装有动力缸，缸分成两个工作压力室。储油罐通过吸管连接叶轮泵，通过回油管连接控制阀。压力管从控制阀通往叶轮泵，如图 6-15 所示。

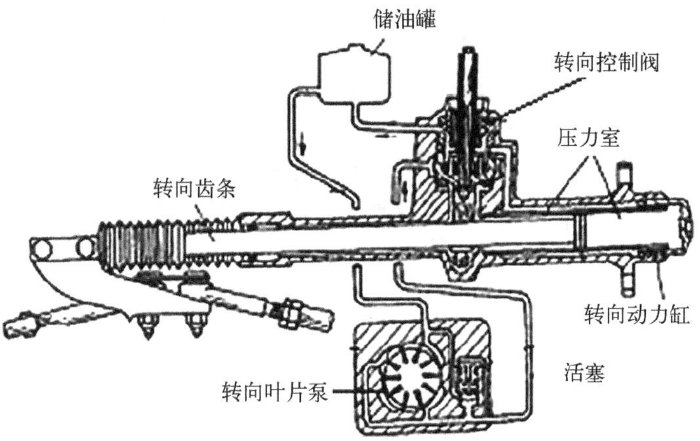

图 6-15　动力转向器工作原理图

不转向时，控制阀保持开启状态，动力缸活塞两边的工作腔与低压回油管相通而不起作用。叶轮泵输出的油液经控制阀流回储油罐。因转向压力和流量限制阀的节流阻力很小，故叶轮泵输出油的压力也很低，叶轮泵实际上处于空转状态。

转向时，驾驶员转动转向盘，带动转向轴和齿轮，使分配阀处于与某一转弯方向相应的工作位置时，转向动力缸中相应的工作腔与回油管路断开，与叶轮泵输出管路相通，另一腔仍通回油管路。地面转向阻力经横拉杆传到制有齿条的活塞杆上，形成比转向控制阀节流阻力高得多的管路阻力。于是叶轮泵输出压力急剧升高。高压液体通过控制阀进入动力缸活塞一边，推动活塞，进而推动齿条起加力作用。转向角度愈大，转向力愈大，活塞移动行程就愈长，产生的压力也就愈高，由此产生的转向加力也愈大。

转向盘停止转动时，控制阀随即回复到中间位置，使动力缸停止工作。当液压助力失效时，转动方向盘的力将增大，驾驶员的第一反应是方向打不动了，实际上即使液压助力失效，方向盘与转向轮之间的机械联动仍可实现人力转向，只是所需的转向力较大。即使转向器输入轴套壳体内侧事发前已存在所检见的刮印，一定程度上会增加操纵转向器所需的外力，但不影响转向装置的基本功能运作，也不会造成本起事故中向左转向过度的情况。

4. 鉴定意见

综合以上分析结果，鉴定人员最终做出了“可以排除因转向器总成发生突发性故障而诱发事故的可能性”的鉴定意见。

从上述案例来看，从转向器表面的痕迹、转向器的工作原理到车辆在事故中的碰撞形态等方面的检验分析，都对最后做出鉴定结论有着重要的意义。因此，车辆部件损坏与事故关系的鉴定是一项综合技术鉴定项目，需要多学科、多专业的技术支撑。

（二）一起制动盘相关的鉴定案例

要分析车辆部件的损坏原因，需要考虑其材质、结构、工作特性等方面，是一个相对复杂、综合的鉴定项目。要想确定该部件不同受力状态下的力学特性尤为困难，这主要是因为车辆部件的形状往往是由多个简单几何体的复合、叠加而成。如果用人工计算方法对这些部件的力学特性进行分析，将面临计算量大、计算精度差的问题。但借助计算机辅助的有限元法，能较快速、准确地计算出结果，并以图形化的方式显示出来。以下介绍一例如何通过有限元法对损坏的制动盘进行力学分析，以帮助鉴定该起事故起因的案例。

1. 背景情况

据委托方提供的信息，当事人声称车辆在国道正常行驶过程中，突然右后轮制动盘断裂，制动盘主体断落砸破右后轮钢圈，从而引发事故。

2. 检验过程

经初步检验发现，车辆右后轮整体脱落，车身多处见与事发路段地面及路边土坡碰撞的痕迹。由此分析，本起事故的存在两种可能性。一种确实如当事人所说，制动盘先行断裂。另一种则有可能是制动盘在车体侧向与现场固定物碰撞中造成了损坏。

对车辆右后轮制动盘的破损情况进一步检验发现，其制动盘主体与法兰断离，断口位置如图 6-16 所示制动盘外观照，基本位于制动盘主体与法兰连接处，并有一定对称分布特征。

图 6-16　制动盘外观照

在专业的材料鉴定机构进行断口分析后，首先，排除了制动盘材料本身存在缺陷的可能性。然后，寄希望于从该制动盘的力学特性方面，分析出断裂形成的原因。

3. 分析建模

发生事故车辆的右后轮采用浮钳盘式制动器，其主要由钳体、制动钳支架、活塞、制动块和制动盘等零部件组成。该类型制动器总成的几何模型图，如图 6-17 所示。

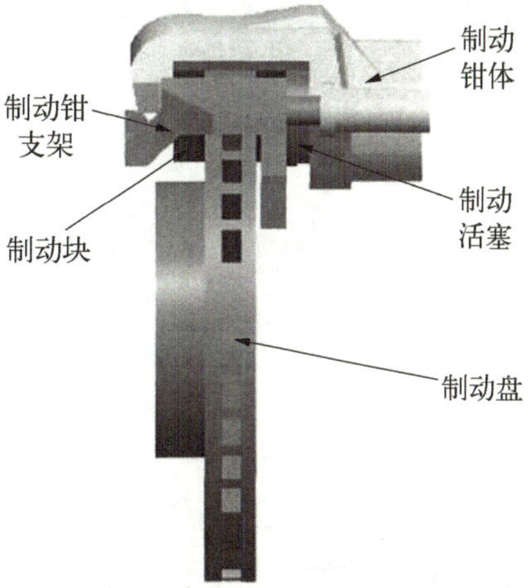

图 6-17　浮钳盘式制动器总成的几何模型图

制动钳体与活塞对应的部位设置有液压缸，并配有进油口。制动器不工作时，各零部件保持图 6-18 中的状态。制动块基本贴合在制动盘面上，但制动块对制动盘不产生夹紧力。

制动器工作时，制动总泵将制动液从图 6-19 右部的进油口压入液压缸，并推动活塞连同活动制动块向制动盘方向移动。同时，由于制动钳体可以沿导向销轴向方向移动，液压缸内压力会通过制动钳体的移动使固定制动块压向制动盘。最终，两个制动块夹紧制动盘，产生与制动盘旋转方向相反的阻力矩，使车辆减速。

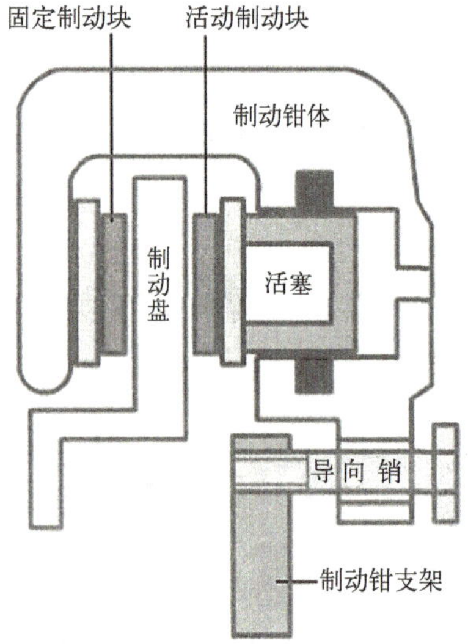

图 6-18　制动器不工作时剖面图

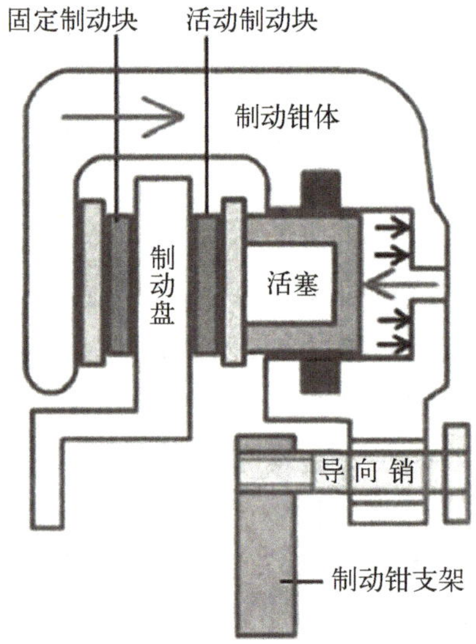

图 6-19　制动器工作时剖面图

对制动盘及制动块的外形尺寸进行测量，在有限元软件内建立相应的模型。为了减少计算所需的系统资源，在不影响计算结果的前提下，对模型进行适当简化，制动盘与制动块模型，如图 6-20 所示。

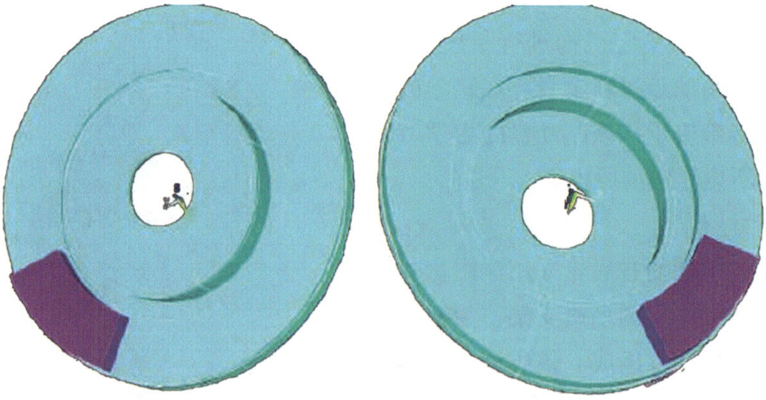

图 6-20　制动盘与制动块模型图

查阅相关文献，制作如表 6-4 的材料参数表。依照表 6-4 内的参数，在有限元软件内设置制动盘及制动块的密度、弹性模量、泊松比等属性。划分网格后，定义制动块与制动盘的接触，设定摩擦系数为 0.38。

表 6-4 材料参数表

材料名称	密度（kg/m^3）	弹性模量（Pa）	泊松比
制动盘	7 800	2.09×10^{11}	0.3
制动块	1 550	3.7×10^{8}	0.25

在行驶过程中，制动盘处于绕中心轴旋转的状态。制动时，制动盘除受自身重力外，其主要就受制动块的夹紧力和摩擦力。若当事人所述情况属实，制动盘应在这种受力状态下造成损坏。

在车身侧向与固定物碰撞过程中，车轮发生轴向位移。车轮的位移带动制动盘的法兰部分使制动盘产生位移。制动钳支架安装在车身悬架上，其不会完全与车轮同步位移。制动块就会干涉制动盘的移位，制动盘处于与行驶过程完全不同的另一种受力状态。

不管是何种受力状态下造成的制动盘损坏，破损的部位都应该在应力集中部位。只要分析出制动盘在上述两种状态下的应力分布情况，就能判断出事发时的实际情况。

4. *仿真求解*

根据分析的情况，首先模拟正常制动时的制动盘与制动块的载荷，如图 6-21 所示。在模型的法兰部分加载转矩，模拟车轮的转动惯性矩。两块制动块外侧分别加载数值相等、方向相对的压强，模拟制动块的压紧力。

通过有限元软件求解出正常制动时，制动盘的应力分布情况，如图 6-22 所示。从图中可以发现，制动盘上应力较大区域集中在制动块附近的制动盘主体上。

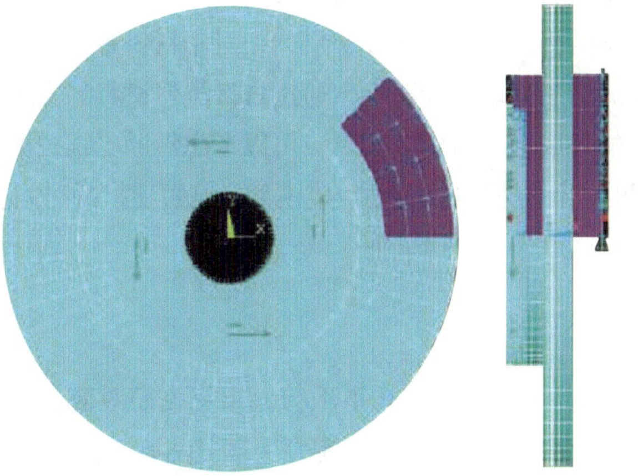

图 6-21 模拟正常制动时载荷加载图

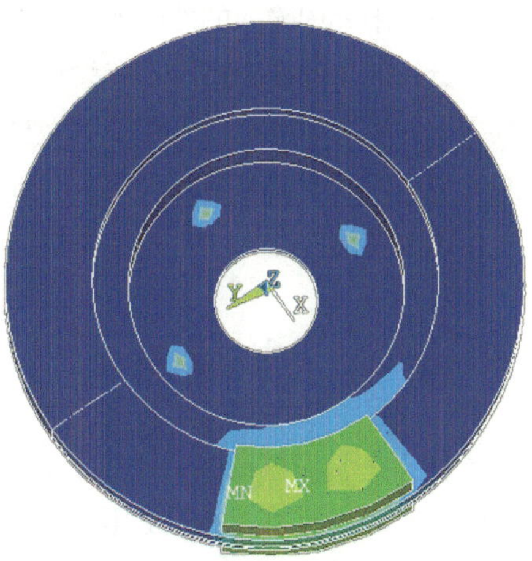

图 6-22 正常制动时制动盘应力分布图

再模拟车轮侧向位移时的制动盘与制动块的载荷，如图 6-23 所示。在模型的法兰部分加载轴向位移，模拟从车轮传递来的外力。两块制动块均限制自由度。

通过有限元软件求解出车轮侧向位移时，制动盘的应力分布情况，如图 6-24 所

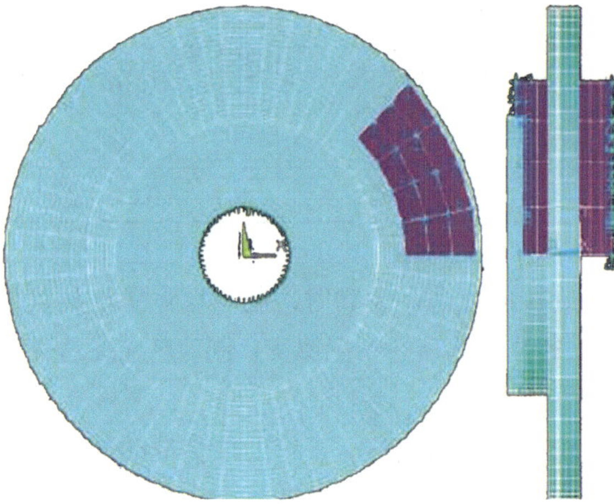

图 6-23　模拟车轮侧向位移时载荷加载图

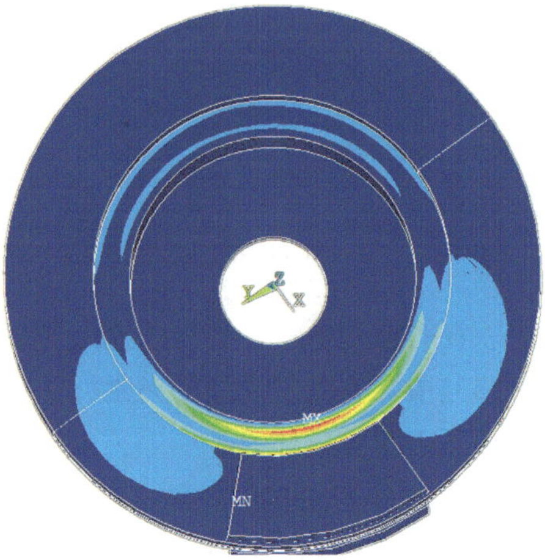

图 6-24　车轮侧向位移时制动盘应力分布图

示。从图中可以发现，制动盘上应力集中在主体与法兰连接处并具有对称分布特征。

5. 鉴定意见

交通事故中制动盘的断裂部位主要沿圆周方向、集中在制动盘主体与法兰部分结合处，而且有一定的对称性，其与图 6-24 的红色（应力较大）区域基本一致。而图 6-22 的应力较大区域集中在制动盘与制动块接触的部位，其分布区域、特点均与制动盘的实际损坏部位相差较大。因此可以判断，制动盘不是在正常制动状态下（图 6-22）损坏的，而是在车轮侧向与固定物碰撞中（图 6-24）形成。在综合其他信息之后，做出了“可以排除因制动盘先行断裂而引起事故”的鉴定意见。

工程中的有限元应用往往关注设计方案的仿真，最终达到某些方面优化的目的。此时，对有限元中输入的外廓尺寸、材料参数等数据的准确性要求较高。但在交通事故鉴定中，分析的目的在于搞清现有设计的力学特性。重点在于外廓尺寸，对于材料参数的准确性要求并不高。因此，可在没有做材料的力学试验的情况下，通过查询类似材料的文献资料完成有限元材料参数的确定。当部件的外廓形状特别复杂时，可以考虑借助三维扫描仪获得该部件的外廓尺寸参数。在扫描同时，计算机也能自动生成模型，缩短建模的时间。

四、鉴定意见书的要点

作为一份完整的鉴定文书，需要注意以下几点：委托事项与鉴定意见需对应；使用合适、有效的标准；检验过程与鉴定意见存在逻辑关系；鉴定意见表述客观。一般鉴定文书中最受关注的部分就是鉴定意见，所以鉴定意见的表述是极其重要的。对于车辆安全技术状况相关鉴定的鉴定意见表述，根据不同鉴定类型分别举例供参考。

（一）功能性或符合性判定的鉴定意见

对于判断车辆安全装置是否功能有效的鉴定文书，如果要表达车辆各个相关安全装置的功能有效，可以用“×××车相关安全装置的功能有效”作为鉴定意见。

对于判断车辆安全装置是否功能有效的鉴定文书，如果要表达车辆某个安全装置功能失效，如制动装置，可以用“×××车制动装置的功能失效”作为鉴定意见。

对于判断车辆安全装置是否符合标准的鉴定文书，如果要表达车辆某个安全装置符合标准的要求，如后部防护装置，可以用“×××车的后部防护装置符合××××标准的有关规定”作为鉴定意见。

对于判断车辆安全装置是否符合标准的鉴定文书，如果要表达车辆某个安全装置不符合标准的要求，如后部防护装置，可以用“×××车的后部防护装置不符合××××标准的有关规定”作为鉴定意见。

（二）事故关联性判断的鉴定意见

对于判断车辆特定部件或系统与事故发生之间是否存在因果关系的鉴定文书，如果要表达车辆各个相关系统均与事故无关，可以用“可以排除×××车因机械原因而诱发事故的可能性”或“可以排除×××车因机械突发性故障而诱发事故的可能性”作为鉴定意见。

对于判断车辆特定部件或系统与事故发生之间是否存在因果关系的鉴定文书，如果要表达车辆某个安全装置与事故有关，如制动装置，可以用“不排除×××车因制动装置突发性故障而诱发事故的可能性”或“×××车因制动装置突发性故障而引发事故可以成立”作为鉴定意见。

第七章

道路交通事故车辆速度鉴定

事故车辆速度是道路交通事故调查的重要内容，也是公安交通管理部门进行事故认定、法院进行司法审判的关键技术依据。道路交通事故车辆速度（以下简称为车速）鉴定以事故现场、痕迹等客观物证为依据，以运动学、动力学为理论基础，结合交通工程、车辆工程、道路工程等工程学科，以及汽车检测、碰撞实验技术，以分析计算涉案车辆行驶速度或状态。1941 年，瑞士苏黎世出版了第一本关于交通事故车速鉴定的论著《交通事故力学》，此后，相关研究成果和论著也陆续出现，逐步构建并完善了车速鉴定的理论和技术方法。

本章介绍的主要内容包括：道路交通事故车速鉴定的目的和内容、车速鉴定的基础理论、基于视频图像的速度鉴定、基于事故形态的速度鉴定，以及典型道路交通事故车速鉴定案例。

第一节　车速鉴定的目的和内容

一、车速鉴定的目的

道路交通事故车速鉴定的直接目的是还原车辆在事故发生过程中，或与事故发生有关联的某一阶段的平均速度或某一时刻的速度。在某些案件的调查过程中，也可能存在通过不同阶段或时刻的速度鉴定结果，分析、计算车辆的加速或减速状态，或利用速度鉴定结果进一步对事故车辆进入交通管控区域时所对应交通信号灯状态进行鉴定。

二、车速鉴定的内容

根据车速的鉴定目的，其鉴定内容一般包括：事故瞬间车辆的行驶速度（包括车辆发生碰撞、倾覆或坠落瞬间的速度等）；采取避险时车辆的行驶速度（包括事故发生前采取制动、转向等避险措施瞬间的速度等）；车辆在某段距离或过程的平均行驶速度；车辆在某段距离或过程的速度变化状态（包括加速、减速等）。

从案件事实调查，以及案件处理和审理的角度出发，应该尽可能鉴定出采取措施时的车辆速度，反映出未采取避险措施前的车辆行驶速度，以此判断车辆是否超速行驶。但在具体案件的鉴定过程中，往往受到鉴定材料、标准和方法的限制，只能计算车辆碰撞时或碰撞后的速度，有些情况只能通过痕迹和其他车辆的速度，分析被鉴定车辆的速度。

第二节　车速鉴定的基础理论

道路交通事故车速重建技术最早起源于欧美等发达国家，1941 年，瑞士苏黎世出版了第一本关于交通事故车速鉴定的论著《交通事故力学》，此后，经历了近 80 年的发展历程，相关研究成果、论著也陆续出现，逐步构建并完善了车速鉴定的理论和技术方法，形成了一套较为成熟的理论体系和技术方法。车速鉴定的理论基础主要包括相关力学基础知识、运动学基础知识、动力学基础知识，以及车辆碰撞过程和特性。

一、力学相关基础知识

（一）力的概念

1. 力的定义

力是物体间的相互机械作用，其作用效果是使物体的机械运动状态发生变化（包括变形）。例如，人用力推车子，使其由静到动，由慢到快，运动状态发生变化。或者反过来，车子撞在墙上，受到墙的反作用力，使其由动到静，甚至反弹回去，也是运动状态发生变化。因此，只要物体的运动状态发生变化，它一定受到力的作用。不仅如此，即使物体的运动状态没有变化，也可能受到力的作用，例如，停在路面上的车，因受到重力和路面反力的作用，其轮胎在与路面接触的部分发生明显的变形，就是静力作用的证明。

2. 力的三要素

力对物体的作用效果决定于三个因素，称为力的三要素，它们是力的大小、方向和作用点。其一，力的大小不同，作用效果就不同。其二，力的方向不同，其作用效果也不同。这是因为方向不同，物体在空间运动的路径不一样，两者无法等效。其三，力的作用点不同，作用效果也不一样。如图 7-1 所示，一本书放在桌面上，用手推它，当推力 F 的作用线通过书的重心 C 点时，书只向前平行移动，没有转动。当推力 F 的作用线不通过 C 点时，书向前运动既有移动又有转动，两者效果不一样。

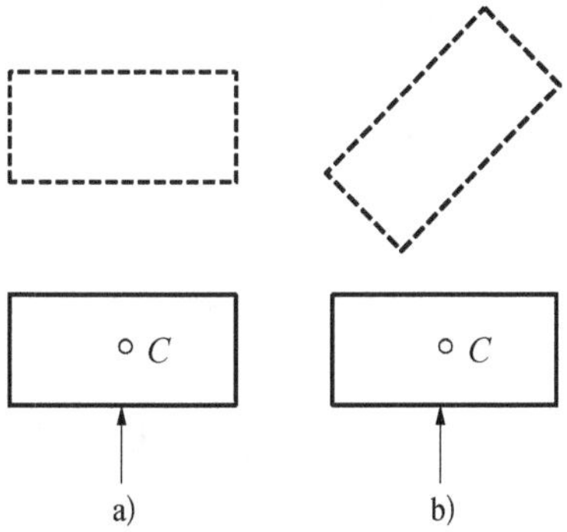

图 7-1　力的三要素

3. 力用矢量表示

力的三要素在数学上需要用一个矢量 F 表示，如图 7-2。矢量 F 的模 F（即长度 AB）表示力的大小，

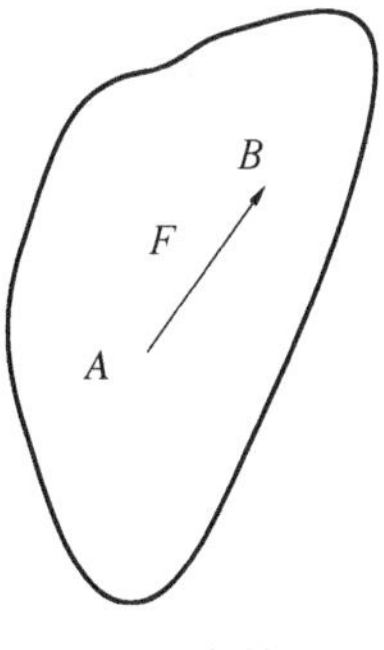

图 7-2　力的矢量

矢量 F 的指向表示力的方向，矢量 F 的端点 A（或 B）表示力的作用点。

（二）力的合成与平衡

1. 力的四边形法则

如图 7-3 所示，地上有一重物，通过其上 A 点作用两个力 F_1 和 F_2，这两个力可以合成为一个合力 R。由经验可知，当合力 R 垂直向上，且大于或等于物块的重力时，该物块将被向上提起，此时合力 R 的大小和方向由分力 F_1 和 F_2 为边组成的平行四边形的对角线决定。

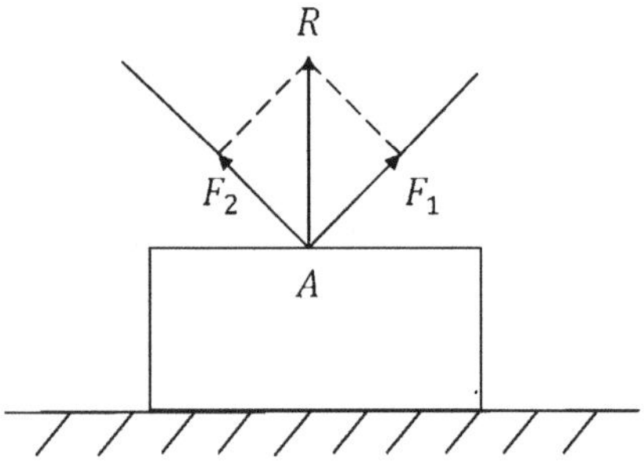

图 7-3 平行四边形法则

由于力是矢量，不仅有大小，而且还有方向，两个力之和就不能用大小相加，而是由平行四边形的对角线决定。矢量相加称为矢量和，所以矢量和遵守平行四边形法则。其内容是：作用在同一点的两个力 F_1 和 F_2，可以合成为一个合力 R，其大小和方向等于这两个力的矢量之和（即平行四边形的对角线），且作用点不变。即

$$R = F_1 + F_2 \tag{7-1}$$

2. 二力平衡条件

受两个力作用的刚体（不变形的物体）能保持平衡的必要与充分条件是：这两个力满足大小相等，方向相反，作用线相同。用矢量表示为：

$$F_1 = - F_2 \tag{7-2}$$

式中负号表示方向相反。将上式移项得：

$$F_1 + F_2 = 0 \tag{7-3}$$

式（7-3）表示平衡的两个力的矢量和等于零。将它代入式（7-1）得合力 $R = 0$，也就是说，平衡的两个力的合力等于零，平衡的两个力的存在与否，不会影响物体原有的状态。

3. 力的可传性

对于刚体来说，力可以沿其作用线滑移到任何地方而不改变其对刚体的作用，证明如下：

已知 F_1 作用在点 A，如图 7-4a 所示。在其作用线上的任一点 B 处加一对平衡力

$$F_3 = - F_2$$

如图 7-4b 所示，这样做并不影响原力对刚体的作用。只要满足

$$F_3 = F_1$$

那么

$$F_1 = - F_2$$

成为一对平衡力，可以把这两个力去掉如图 7-4c 所示。这样做并不影响原力对刚体的作用。于是，作用在 B 点的 F_3，与作用在 A 点的 F_1 是等效的。这就证明了：力可以沿其作用线滑移到任何地方而不改变其对刚体的作用，即力的可传性。

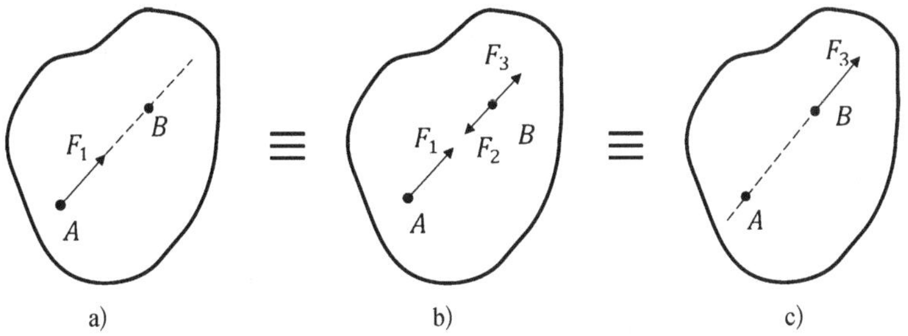

图 7-4 力的可传性

根据力的可传性，对刚体来说，只要作用线位置不变，作用点的位置可以任意滑移。

4. 汇交力系的合成

设有 n 个力 F_1、F_2、……、F_n，它们的作用线汇交于同一点 O（称为汇交力系）。首先可将各个力的作用点沿其作用线滑移到 O 点而成为共点力系，如图 7-5a 所示。然后可以将任意两个力 F_1、F_2 合成为 F_{12}，再将 F_{12} 和 F_3 合成为 F_{123}，……。如上依次合成，直到和最后一个分力 F_n 合成为合力 R_O，则 R_O 就是汇交力系的合力，如图 7-5b 所示。

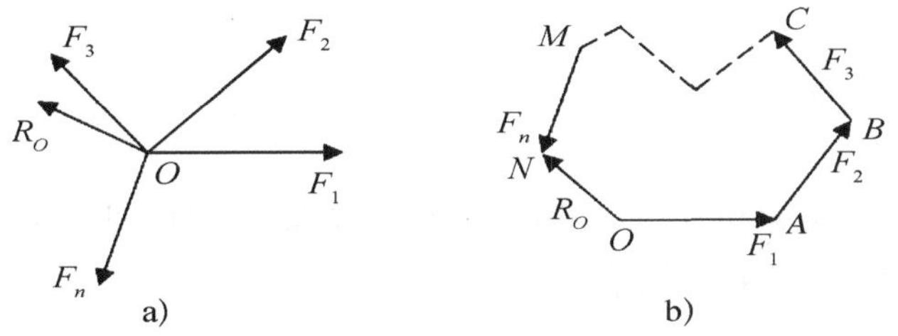

图 7-5 力多边形

从 O 点出发，将 n 个分力按矢量首尾相接画成多边形 $OABC$……N（称为力多边形）。矢量和 R_O 是这个力多边形的封闭边，它由起点 O 指向终点 N，它的箭头指向与各分力箭头的顺序相反，这是在力多边形中区别合矢量和分矢量的唯一标志。

用矢量和表示合力的大小和方向为

$$R_O = F_1 + F_2 + \cdots + F_n = \sum_{i=1}^{n} F_i = \sum F_i \tag{7-4}$$

汇交力系可合成为一个合力 R_O，其大小和方向等于各分力 F_i 的矢量和（由各分力首尾相接组成的力多边形的封闭边，其箭头指向与各分力箭头的顺序相反），合力的作

用点仍在汇交点 O。

5. 汇交力系的平衡

当由 n 个力组成的汇交力系平衡时，其合力 R_O。一定等于零，根据式（7-4），各分力的矢量和一定等于零，即

$$F_1 + F_2 + \cdots + F_n = \sum F_i = 0 \tag{7-5}$$

此时，由 n 个力 F_i 组成的力多边形的终点 N 与起点 O 一定重合—自行封闭。

汇交力系平衡的几何条件是：力多边形自行封闭，各分力全部首尾相接，没有箭头相反的合力存在。

（三）力偶与力矩

1. 力偶

大小相等，方向相反，但不作用在同一直线的两个力称为力偶。组成力偶的那两个力大小相等、方向相反，但这两个力并不平衡，因为这两个力的作用线不重合。这就再次表明，力的三要素中的第三个要素，作用点或作用线位置非常重要。

2. 力偶矩

力偶的两个力的作用线组成的平面称为力偶作用面。作用面相同的力偶称为平面力偶。为了度量力偶使物体产生转动的效果，引入平面力偶矩：

$$m = \pm F \cdot d \tag{7-6}$$

如图 7-6 所示，F 为力偶两个力中任一个力的大小，d 为两个力作用线之间的距离，并称为力偶臂。“±”代表平面力偶的两种转向。通常规定逆时针转时取“+”号，顺时针转时取“−”号。

3. 力对点之矩

力对物体的作用效果包括移动和转动。移动效果由力的大小和方向（即力矢量）决定，转动效果由力对点之矩来度量。

图 7-7 中有一个力 F 及某一点 O，力 F 对 O 点之矩 $m_O(F)$ 定义为

$$m_O(F) = \pm F \cdot h \tag{7-7}$$

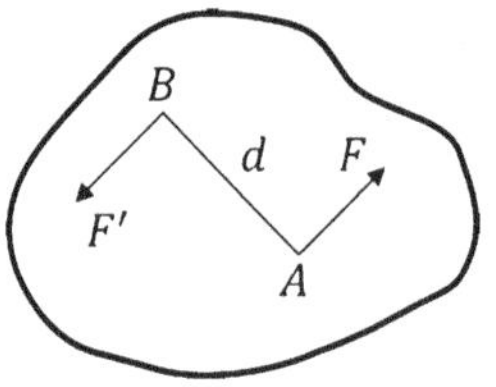

图 7-6　力偶

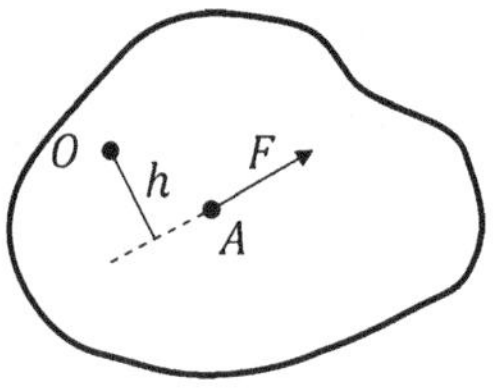

图 7-7　力对点之矩

式中，F——力的大小；

h——力作用线到 O 点的垂直距离，称为力臂。

符号“±”代表力对点之矩的两种转向。当顺着力的方向绕 O 点转为逆时针时，取“+”号，顺时针转时，取“−”号。

4. 平面力偶的基本性质

组成力偶的两个力比较特殊，其基本性质：

1）在力偶矩 m 不变的条件下，力偶中力的大小 F 和力偶臂的长短 d 可任意改变，而不改变其对刚体的作用。也就是说，决定力偶作用效果的是力偶矩的大小和转向，不是单个的力 F 或力偶臂 d。因此，可以用弧形箭头来表示力偶，如图 7-8b 所示，箭头表示力偶的转向，m 表示力偶矩的大小。

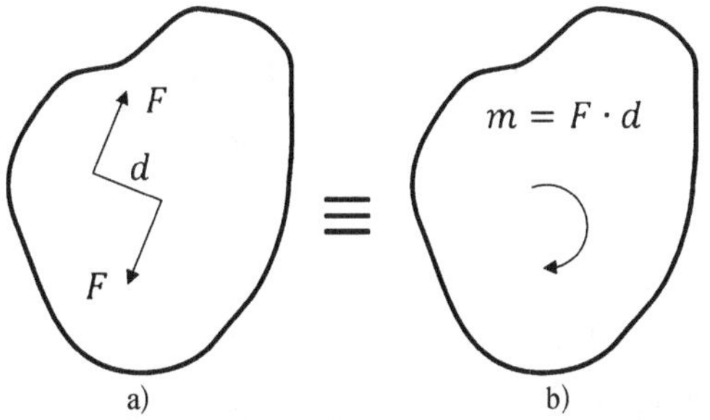

图 7-8　力偶用弧形箭头

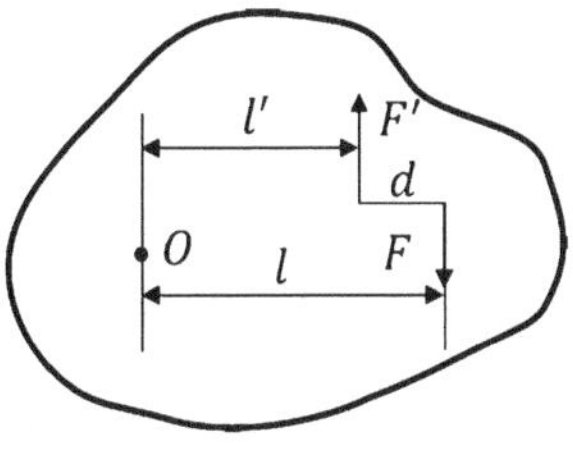

图 7-9　力偶对任何一点之矩

2）力偶可以在其作用面内转移到任何地方，而不改变其对刚体的作用，因为作用在刚体上的力可沿其作用线滑移到任何地方，而且力的大小和方向都可改变，只要力偶矩的大小和转向保持不变。根据这一特性，标画力偶 m 时，可以放在任意位置，不必限制它在某一点上。

3）力偶对任一点之矩就等于力偶矩本身。如图 7-9 所示。力偶（F、F'），对 O 点之矩，等于力 F 和 F'，对 O 点之矩之和，即

$$m_O(F) + m_O(F') = -F \cdot l + F' \cdot l' = -F(l - l') = -F \cdot d = m \qquad (7\text{-}8)$$

可见，无论力矩中心 O 在什么位置，力偶对点之矩等于力偶矩本身。

5. 力线平移定理

力对点之矩与力偶矩都是物体转动效果的度量，都是力乘距离，都是代数量，它们之间存在密切的关系，体现在力线平移定理中，现推导如下。

如图 7-10a 所示，有一力 F 作用在 A 点，另有一点 B，离 F 的距离为 h，如果在 B 点加一对平衡力 F'、F''，并使他们与力 F 大小相等，作用线平行，即满足

$$F' = -F'' = F \qquad (7\text{-}9)$$

如图 7-10b 所示，图 7-10b 与 7-10a 当然是等效的。进一步观察图 7-10b 的三个力中，F 与 F'' 为一力偶，可用力偶 m 表示如图 7-10c 所示。图 7-10c 与 7-10b 也是等效的，则图 7-10c 与 7-10a 也就等效。比较这两个图可见，原来作用在 A 点的力 F，现在平行移动到 B 点（即 F'），同时增加了一个力偶 m。此附加力偶之矩等于

$$m = F \cdot h = m_B(F) \tag{7-10}$$

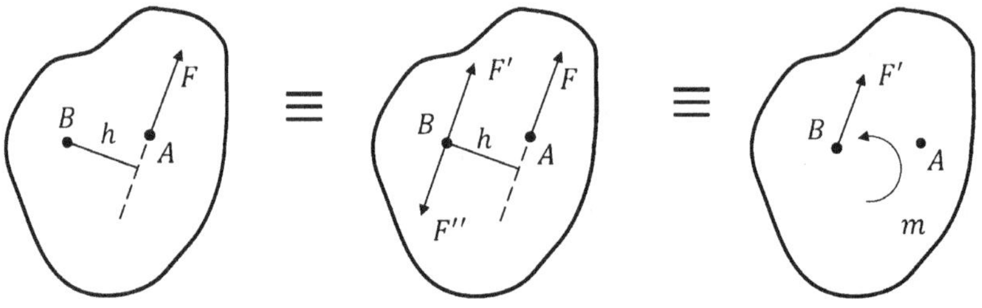

图 7-10　力线平移定理

这是原力 F 对新作用点 B 之矩。于是，得到力线平移定理为：力的作用线可以平行移动到刚体的任何地方，但需附加一个力偶，此附加力偶之矩等于原力对新作用点之矩。

力线平移定理在理论推导和分析实际问题时都很有用。例如图 7-10b 中，F 力作用线没有通过重心 C 时，可以把它平移到作用线通过重心，同时应附加一个力偶，所以图 7-10b 与图 7-10a 相比，除了同样有平行移动外，图 7-10b 中还有转动。

（四）力的分析与计算

1. 受力分析

为了研究物体的平衡状态或动力状态，首先需要弄清该物体所受的各种力。为此把要研究的物体（称为研究对象）单独画出，画上它所受的全部作用力，这种图称为受力图或称为分离体图。这就是说，受力图是将该物体从周围物体的约束中分离出来，并用约束力代替原来存在的约束，以保证物体的受力状态不失真。

内力与外力，区分的根据是研究对象的取法。任何两个物体间的相互作用力，如果把这两个物体分开来取研究对象就是外力，如果合在同一个研究对象里就是内力。

2. 平面力系的简化

作用线位于同一平面的各个力组成平面力系，它是工程中最常见的情形。对于更复杂的空间力系，往往可按空间直角坐标系分解为三个平面力系来处理。

设有 n 个力 F_1、F_2、……、F_n 组成平面力系，可以根据力线平移定理，将它们向平面内任一点 O 简化（O 点称为简化中心），办法是将这 n 个力一的作用线都平移到 O 点，汇交在一起成为汇交力系 F_i'。同时根据力线平移定理（图 7-11），相对每个力 F_i 附加一个力偶 m_i，此力偶之矩等于原力 F_i 对新作用点 O 之矩，即

$$m_i = m_O(F_i) \quad (i = 1, 2, \cdots, n) \tag{7-11}$$

这样将 n 个力作用线平移至 O 点后得到一个汇交力系 F_i' 和一个附加的力偶系 m_i，如图 7-11b 所示，然后就可以将汇交力系合成为一个合力 R_O，将附加力偶系合成为一个合力偶 M 如图 7-11c 所示。

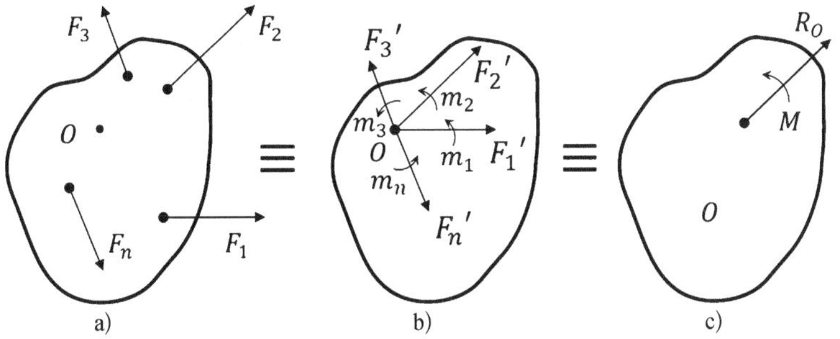

图 7-11　平面力系简化

为了从数学上计算合力和合力偶，先定义力系的主矢量和主矩。

1）将力系 F_i（$i=1, 2, \cdots, n$）中各个力按矢量和的办法加起来，所得的合矢量称为力系的主矢量 R，即

$$R=\sum F_i \tag{7-12}$$

也就是说，力系中各力的矢量和称为力系的主矢量。

2）将力系 F_i（$i=1, 2, \cdots, n$）各个力对某一点 O 计算力矩并加起来称为力系对 O 点的主矩 M_O，即

$$M_O=\sum M_O(F_i) \tag{7-13}$$

也就是说，力系中各力对某一点的力矩代数和称为力系对该点的主矩。

有了力系的主矢量和对 O 点的主矩，那么平面力系向 O 点平移后所得汇交力系合力的大小和方向，就等于力系的主矢量，即

$$R_O=\sum F_i'=\sum F_i=R \tag{7-14}$$

同时所得附加力偶系的合力偶之矩，就等于力系对 O 点的主矩，即

$$M=\sum M_i=\sum m_O(F_i)=M_O \tag{7-15}$$

至此可得结论：平面力系（$i=1, 2, \cdots, n$）向任一点 O 简化得一个力 M_O 和一个力偶 M；此力的大小和方向等于力系的主矢量 R（即 $R_O=R$），此力的作用点就在简化中心 O 点；同时，此力偶等于力系对 O 点之主矩 M_O（即 $M=M_O$）。

3. 平面力系的解析

力是矢量，矢量的运算有两种途径：一种是几何法，它是在平行四边形法则的基础上，用力多边形来进行，如图 7-5 所示；另一种是解析法，它是在力的投影基础上，将一个矢量方程分解为两个独立的投影方程进行求解。

（1）力在轴上的投影

如图 7-12 所示，设有力 F 和轴 x，将 F 矢量的起点 A 和终点 B，分别向 x 轴作垂

线得线段 ab，称力为 F 在 x 轴上的投影，并用 X 表示，即

$$X = F\cos\alpha \tag{7-16}$$

式中，α 为力 F 与 x 轴正向的夹角。当 $\alpha < 90°$ 时，投影 X 为正；当 $\alpha > 90°$ 时（图 7-12b），投影 X 为负，因为 $\cos\alpha = -\cos\beta$。通常是用于小于 90° 的锐角进行运算，因此，当力的方向与轴的正向基本相反时，力在轴上的投影表示成

$$X = -F\cos\beta \tag{7-17}$$

这就是说，力在轴上的投影有时正，有时负，为代数量。

根据上述定义，同一个力在互相平行的两个轴上的投影是相等的；同时，力线平行移动时不影响它在轴上的投影。

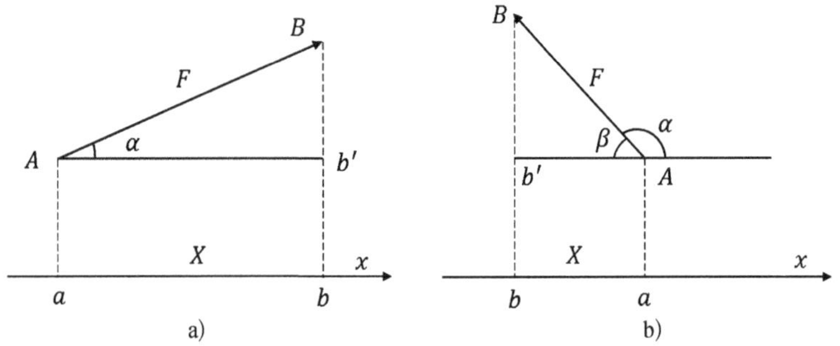

图 7-12　力在轴上的投影

（2）合力投影定理

图 7-13 所示 R 为 F_1 和 F_2 的合力。

即

$$R = F_1 + F_2$$

现在把它们投影在 x 轴，合力 R 在 x 轴上的投影记为 R_x，在图上为线段 ad。F_1 在 x 轴上的投影记为 X_1，在图上为线段 ab，F_2 在 x 轴上的投影记为 X_2，在图上的线段 bd。则由线段关系有

$$ad = ab + bd$$

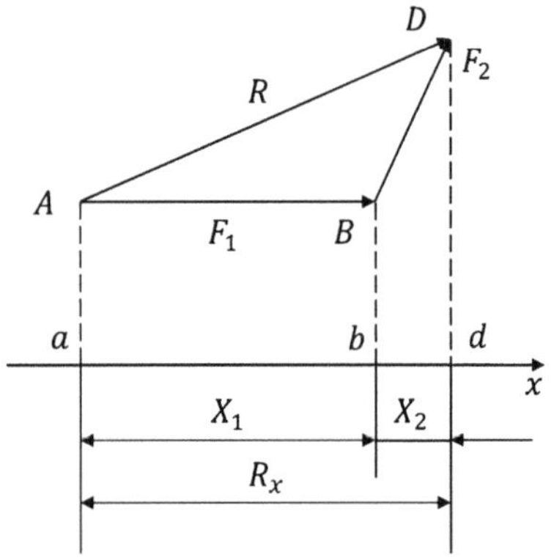

图 7-13　合力投影定理

得

$$R_x = X_1 + X_2 \tag{7-18}$$

这表明合力 R 在 x 轴上的投影等于分为 F_1 和 F_2 在 x 轴上投影的代数和。

上述以两个分力为例证明了合力投影与分力投影的关系。现在把它推广到具有 n 个分力的情况，若有

$$R = F_1 + F_2 + \cdots + F_n = \sum F_i \tag{7-19}$$

则有

$$R_x = X_1 + X_2 + \cdots + X_n = \sum X_i \tag{7-20}$$

合力在任一轴上的投影等于各分力在同一轴上投影的代数和。这称为合力投影定理。

（3）平面力系的平衡方程

从平面力系简化的最后结果中可以得出，如果主矢和主矩都为零，即

$$\left.\begin{aligned} R &= \sum F_i = 0 \\ M_O &= \sum m_O(F_i) = 0 \end{aligned}\right\} \tag{7-21}$$

该力系一定平衡。上述第一式为矢量方程，把它投影在直角坐标轴 x 和 y 上得

$$R_x = \sum X_i = 0$$
$$R_y = \sum Y_i = 0$$

这是两个独立的代数方程。式（7-21）中的第二式本身就是代数方程。把它们联合起来得：

$$\left.\begin{aligned} &\sum X_i = 0 \\ &\sum Y_i = 0 \\ &\sum m_O(F_i) = 0 \end{aligned}\right\} \tag{7-22}$$

这就是平面一般力系平衡方程的基本形式。其中前两个称为力的投影方程，第三个称为力矩方程。三个独立的代数方程可以求解三个未知量。

二、运动学相关基础知识

运动学是研究物体在空间的位置随时间变化的几何性质（轨迹、速度、加速度等），但不涉及产生运动的物理因素（力和质量）。针对碰撞事故分析中所涉及的知识，将运动学最基本的内容加以介绍。

几何上的点往往是实际物体的抽象结果。以下两种情况时，物体的运动可抽象为点的运动：① 当研究物体的整体运动时，例如研究车辆整体的运动状况，就可把车辆抽

象为一个动点来代表；② 当物体的尺寸大小与其运动的范围相比小到可以忽略不计时，例如飞机、导弹、人造卫星等。

点运动的轨迹有直线与曲线之分；曲线又可分为圆周运动，抛物线运动及其他高次曲线运动等。

（一）点的直线运动

1. 速度

为了描述点运动的快慢，引入速度的概念。车辆由 A 点到 B 点经过的位移为 s，经历的时间为 t，速度定义表达为

$$v^{*} = \frac{s}{t} \tag{7-23}$$

它表示在 t 时间间隔内，运动的平均快慢。如果把时间间隔取得非常小，平均速度的极限称为瞬时速度，这在数学上称为位移：对时间 t 的变化率（导数），即瞬时速度：

$$v = \frac{ds}{dt} \tag{7-24}$$

然而，对于匀速直线运动，瞬时速度就等于平均速度，即

$$v = v^{*} = \frac{s}{t} \tag{7-25}$$

速度的单位为米 / 秒（m/s），也可以采用千米 / 小时（km/h）。它们的换算关系为

$$\begin{aligned} 1\ \text{m/s} &= 3.6\ \text{km/h} \\ 1\ \text{km/h} &= \frac{1}{3.6}\ \text{m/s} \end{aligned} \tag{7-26}$$

2. 加速度

为了描述速度变化的快慢，引入加速度的概念。假设初始速度为 v_0，经过 t 时间后速度变为 v，速度定义表达为

$$a^{*} = \frac{v - v_0}{t} \tag{7-27}$$

它表示 t 时间间隔内速度的平均变化率。如果时间间隔 t 取得非常非常小，平均加速度的极限称为瞬时加速度，这在数学上称为速度 v 对时间 t 的变化率（导数），即瞬时加速度：

$$a = \frac{dv}{dt} \tag{7-28}$$

然而对于匀变速直线运动，瞬时加速度就等于平均加速度，即

$$a = a^* = \frac{v - v_0}{t} \tag{7-29}$$

加速度的单位常用米 / 秒 ^{2}（m/s^2）。

3. 匀变速度运动

由（7−29）式可整理：

$$v = v_0 + a \cdot t \tag{7-30}$$

为了应用式（7−23）求解位移 s，首先要求出平均减速度，它等于初速度 v_0 和末速度（$v_0 + a \cdot t$）的平均值，即

$$v^* = \frac{1}{2}[v_0 + (v_0 + a \cdot t)] = v_0 + \frac{1}{2}a \cdot t$$

然后根据式（7−23），可得位移

$$s = v^* \cdot t = v_0 \cdot t + \frac{1}{2}a \cdot t^2 \tag{7-31}$$

联立式（7−30）和式（7−31），消去时间 t，得到：

$$v^2 = v_0^2 + 2a \cdot s \tag{7-32}$$

式（7−30）、式（7−31）和式（7−32）是均变速运动的三个基本公式，其中共有五个变量：加速度 a，初速度 v_0，末速度 v，位移 s，时间 t，只要已知其中三个，就可以求出其余两个。针对不同的已知量和代求量，列出 15 个公式，如表 7−1 所示。

表 7−1　直线运动的变量及求解公式

代求量	已知量	采用公式	序号
末速度 v	t，a，v_0	$v = v_0 + a \cdot t$	1
	a，v_0，s	$v = \pm\sqrt{v_0^2 + 2a \cdot s}$	2
	t，a，s	$v = \frac{s}{t} + \frac{1}{2}a \cdot t$	3
初速度 v_0	t，a，v	$v_0 = v - a \cdot t$	4
	a，v，s	$v_0 = \pm\sqrt{v^2 - 2a \cdot s}$	5

续 表

代求量	已知量	采用公式	序号
初速度 v_0	t, a, s	$v_0=\frac{s}{t}-\frac{1}{2}a\cdot t$	6
位移 s	t, a, v_0	$s=v_0\cdot t+\frac{1}{2}a\cdot t^2$	7
	a, v_0, v	$s=\frac{v^2-v_0^2}{2a}$	8
	t, v_0, v	$s=\frac{1}{2}(v_0+v)t$	9
加速度 a	t, v_0, v	$a=\frac{v-v_0}{t}$	10
	t, v_0, s	$a=2\frac{s-v_0\cdot t}{t^2}$	11
	v_0, v, s	$a=\frac{v^2-v_0^2}{2s}$	12
时间 t	a, v_0, v	$t=\frac{v-v_0}{a}$	13
	a, v_0, s	$t=\frac{(\pm\sqrt{v^2+2a\cdot s}-v_0)}{a}$	14
	v_0, v, s	$t=\frac{2s}{v+v_0}$	15

表 7-1 中的五个量，除时间 t 总为正外，其余四个可正可负，称为代数量。这是因为位移，速度，加速度都是矢量，既有大小，又有方向。但对直线运动来讲，矢量方位与轨迹重合，只能有两种指向，这两种指向正好与正负号对应，因此，正负号表示位移、速度、加速度的方向。

用正负号表示位移、速度、加速度的方向有两种办法。第一种，沿轨迹直线选定坐标轴 x 的正方向，位移、速度、加速度的方向与坐标轴正向一致时，其值为正，反之为负。第二种，以初速度方向为正，加速运动时 a 为正，减速运动时 a 为负。

（二）点的圆周运动

1. 匀速圆周运动

（1）速度的大小和方向

设动点沿半径 r 的圆弧作匀速运动，如图 7-14a 所示。从 A 点到 B 点经过的距离为弧长 s，经历的时间为 t，速度为

$$v = \frac{s}{t} = v_1 = v_2$$

这只是速度的大小，速度的方向是沿圆周的切线方向（垂直于半径）。由于圆弧上各点的切线方向是不断变化的，所以速度方向也不断地变化。这就是说，匀速圆周运动的速度大小虽然没有变化，但是速度的方向在不断变化，因此也有加速度。

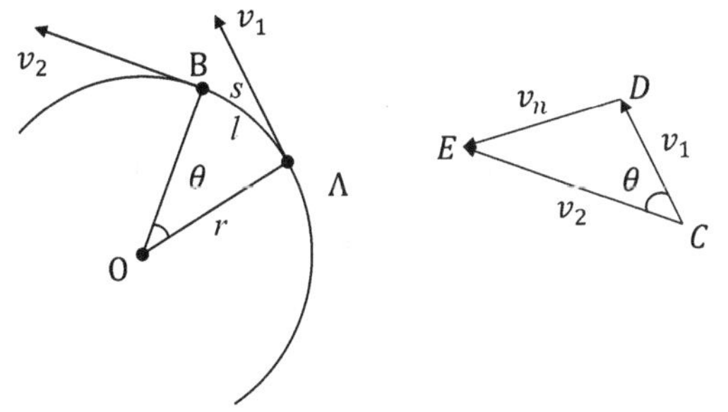

a)　　　　b)

图 7-14　法向加速度

（2）向心加速度

图 7-14a 中，由 A 点的速度 v_1 到 B 点的速度 v_2 速度的变化为

$$v_2 - v_1 = v_n$$

为求此速度矢量的增量，可以如图 7-14b，从同一点 C 出发，速度 v_1 和 v_2 的平行线，同时把上述矢量差移项变为矢量和

$$v_2 = v_n + v_1$$

即 v_n 和 v_1 为分矢量，首尾相接，v_2 为合矢量。速度增量 v_n 也是矢量，其大小由三角形 CDE 与 DAB 相似，对应边成比例：

$$\frac{v_n}{l} = \frac{v}{r}$$

或

$$\frac{v_n}{v} = \frac{l}{r}$$

式中 l 为 AB 之间的弦长，可近似地用弧长 s 代替得

$$\frac{v_n}{v} = \frac{s}{r}$$

两边除以时间间隔 t 得

$$\frac{v_n}{t} \cdot \frac{1}{v} = \frac{s}{t} \cdot \frac{1}{r}$$

式中，$s/t = v$，而速度增量 v_n 的时间变化率 v_n/t 就是加速度 a 的大小，代入上式得

$$\frac{a}{v} = \frac{v}{r}$$

当时间间隔越来越小时，弦长 l 越来越接近，上式等号的近似性逐步消失。因此有

$$a = \frac{v^2}{r} \tag{7-33}$$

这是加速度的大小。加速度方向由增量 v_n 的方向决定。当时间间隔 t 越来越小时夹角 θ 也越来越小。最后 v_n 的方向垂直速度 v 的方向，也就是沿半径 r 的方向，并指向圆心 O。因此这个加速度称为向心加速度，并用 a_n 表示，即有大小：

$$a_n = \frac{v^2}{r} \tag{7-34}$$

动点作匀速圆周运动时，具有向心加速度 a_n，其大小等于速度平方除以圆周半径，其方向沿着半径指向圆心。

2. 匀变速圆周运动

以上讨论了匀变速直线运动，此时的加速度 a 代表速度大小对时间的变化率。刚才又讨论了匀速圆周运动，此时的向心加速度代表速度方向对时间的变化率。把两者结合起来，就得到匀变速圆周运动的加速度。即：动点作匀变速圆周运动时，加速度分成切向加速度 a_τ，和法向加速 a_n 两部分；切向加速度代表速度大小对时间的变化率，其大小为

$$a_\tau = \frac{dv}{dt}$$

或者

$$a_\tau = \frac{v - v_0}{t} \tag{7-35}$$

其方向沿圆周切向；法向加速度代表速度方向对时间的变化率，其大小为

$$a_n = \frac{v^2}{r} \tag{7-36}$$

其方向沿半径指向圆心（也称为向心加速度）。

鉴于切向加速度 a_τ 与直线运动中的加速度 a 都是速度大小对时间的变化率，具有相同的数学关系，因此在表 7-1 中，只要用 a_τ 代替 a，所有 15 个公式同样适用匀变速圆周运动。

（三）点的抛物线运动

在交通事故中，有的车辆常常冲出道路，悬空掉下山谷，这属于抛物线运动。还有的车辆碰撞后，撞碎的门窗玻璃及其他散落物也作抛物线运动。

图 7-15 中，动点 M 从 A 点脱离地面，按抛物线轨迹落到 B 点。A 点脱离时的初速度为 v_0，其方向与水平面的倾斜角为 θ，着地点 B 相对 A 点高度为 h，AB 间水平距离为 d。

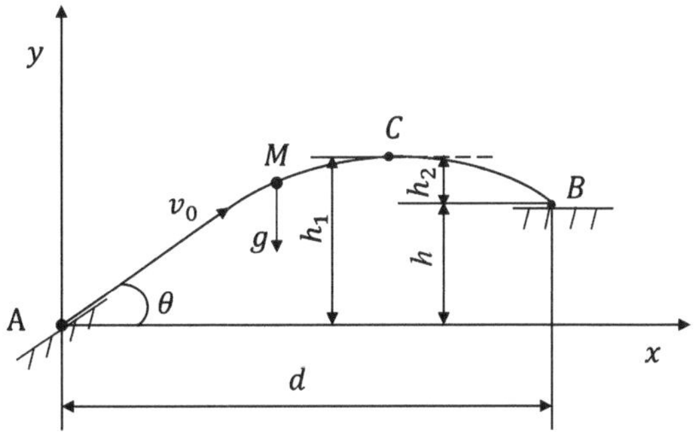

图 7-15　抛物线运动

抛物线为平面曲线，需要用 x、y 两个坐标来描述。由于动点 M 在运动过程中只受重力作用，不考虑空气阻力，因此动点沿 x 方向不受外力作用，保持水平分速度不变，即在整个运动过程中，水平分速度为

$$v_x = v_0 \cos\theta$$

按匀速运动公式，水平距离

$$d = v_x \cdot t = v_0 \cos\theta \cdot t \tag{7-37}$$

动点沿 y 方向受重力作用，加速度 g 为一常数，因此动点沿 y 方向为匀变速运动，由于动点先到达最高点 C，然后再下落，所以需把 y 方向的运动分成前后两个阶段。前一阶段由 A 点到 C 点，上升高度为 h_1，经历时间为 t_1，初速度为

$$v_{oy} = v_0 \sin\theta$$

末速度为

$$v_{cy} = 0$$

根据表 7-1 中公式 13 和 8 分别得

$$t_1 = (v_{cy} - v_{0y})/(-g) = (v_0/g) \cdot \sin\theta \tag{7-38}$$

$$h_1 = (v_{cy}^2 - v_{0y}^2)/2(-g) = (v_0^2/2g) \cdot \sin^2\theta \tag{7-39}$$

后一阶段由 C 点到 B 点，下落高度为 h_2，经历时间为 t_2，初速度 $v_{cy} = 0$。根据表 7-1 中公式 12 得到：

$$t_2 = \frac{\pm\sqrt{v_{0y}^2 + 2as} - v_{0y}}{a} = \frac{-\sqrt{0 + 2(-g)(-h_2)} - 0}{-g} = \frac{\sqrt{2gh_2}}{g} = \sqrt{\frac{2h_2}{g}} \tag{7-40}$$

用相对升高 h 表示 h_2：

$$h_2 = h_1 - h \tag{7-41}$$

将它代入式（7-40）并引入式（7-39）得

$$t_2 = \sqrt{\frac{2(h_1 - h)}{g}} = \sqrt{\frac{2}{g}\left(\frac{v_0^2}{2g}\sin^2\theta - h\right)} = \frac{1}{g}\sqrt{v_0^2\sin^2\theta - 2gh} \tag{7-42}$$

由于垂直运动与水平运动是同时进行的，所以

$$t = t_1 + t_2$$

将式（7-38）和式（7-42）代入式（7-36）得

$$d = v_x \cdot t = v_x(t_1 + t_2) = v_0\cos\theta\left[\left(\frac{v_0}{g}\right)\cdot\sin\theta + \left(\frac{1}{g}\right)\sqrt{v_0^2\sin^2\theta - 2gh}\right]$$

进一步移项整理

$$gd - v_0^2\sin\theta\cos\theta = v_0\cos\theta\sqrt{v_0^2\sin^2\theta - 2gh}$$

$$gd^2 - 2dv_0^2\sin\theta\cdot\cos\theta + 2hv_0^2\cos^2\theta = 0$$

这是以 d 和 h 表示的抛物线方程。我们关心的是用 d，h 表示初速度 v_0，为此再将它重新整理得

$$gd^2 = 2v_0^2(d\sin\theta\cdot\cos\theta - h\cos^2\theta)$$

$$v_0 = d\sqrt{\frac{g}{(2\cos\theta)}\Big/(d\sin\theta - h\cos\theta)} \tag{7-43a}$$

这就是用落地点的水平距离 d 和上升高度 h 表示的初速度 v_0 的大小。

当水平抛出时，$\theta = 0$，而解上升高度为负值，因此式（7-43a）可整理变换为

$$v_0 = d\sqrt{g/(2h)} \tag{7-43b}$$

三、动力学相关基础知识

把力学和运动学结合起来，研究运动与力的关系，称为动力学。

（一）牛顿定律

1. 牛顿定律

第一定律（惯性定律）：质点若不受力的作用，则将保持其运动状态不变，即保持

匀速直线运动或静止。质点保持其运动状态不变的性质称为惯性，因此第一定律也叫惯性定律。

第二定律（力与加速度关系定律）：质点受力作用而产生的加速度，其方向与力的方向相同；其大小与力成正比，即

$$ma = F \tag{7-44}$$

式中，a——质点的加速度；

F——作用在质点上的力；

m——表示质点惯性的大小，称为质量。

质量 m 常常通过重量来求得。因为地面上的物体都受重力作用。设质量为 m 的质点，其重量为 G，重力加一速度为 g。根据式（7-44）得

$$mg = G$$

所以有

$$m = \frac{G}{g} \tag{7-45}$$

重力加速度已经测定为

$$g = 9.806\ 65\ \text{m/s} \approx 9.8\ \text{m/s}$$

第三定律（作用与反作用定律）：两个物体之间的作用力与反作用力，总是大小相等，方向相反，沿同一直线，分别作用在两个不同的物体上。作用与反作用定律在形式上与二力平衡条件很相似，都是大小相等，方向相反，作用线相同。但是两者是根本不同的，作用力与反作用力分别作用在两个不同的物体上。

2. *质点动力方程*

设某质点的质量为 m，其上作用 n 个力 F_1、F_2、……、F_n，根据牛顿第二定律及力的独立作用原理得到：

$$ma = F_1 + F_2 + \cdots + F_n = \sum F_i \tag{7-46}$$

这称为质点动力方程，也叫质点运动微分方程，它是一矢量方程，求解具体问题时，可以写成两种投影形式：直角坐标形式和自然坐标形式。每种形式都可以求两类问题：第一类问题已知运动求力，第二类问题已知力求运动。

（1）直角坐标形式的动力方程

将式（7-46）投影在空间直角坐标上得到

$$\left.\begin{aligned} ma_x &= \sum X \\ ma_y &= \sum Y \\ ma_z &= \sum Z \end{aligned}\right\} \tag{7-47}$$

这种直角坐标形式动力方程常用于已知力求运动的第二类问题。如抛物线运动中（图 7-15），动点只受重力 G 作用，它的动力方程为

$$ma = G = mg$$

即加速度 $a = g$，把它投影到直角坐标系上，则有

$$x \text{轴} \quad a_x = 0$$
$$y \text{轴} \quad a_y = -g$$

这表示：水平方向加速度等于零，属于匀速运动。铅垂方向加速度等于常数，属于匀变速运动。

有了加速度，通过积分，加上初始条件，就能得到速度和位移，对于匀速和匀变速运动，可以直接利用表 7-1 所列 15 个公式。点的抛物线运动中，从式（7-37）到式（7-43）的结果就是这样求出来的。

（2）自然坐标形式的动力方程

图 7-16 所示空间曲线上的每一点都可建立三个互相垂直的坐标轴 τ、n、b，并称为自然坐标系。

其中 τ 为切向单位矢量；n 为主法向单位矢量，指向曲率中心；b 为副法向单位矢量，它分别垂直 τ 和 n，即 $b = \tau \times n$，现在将动力方程式（7-46）分别投影在三个自然轴上得

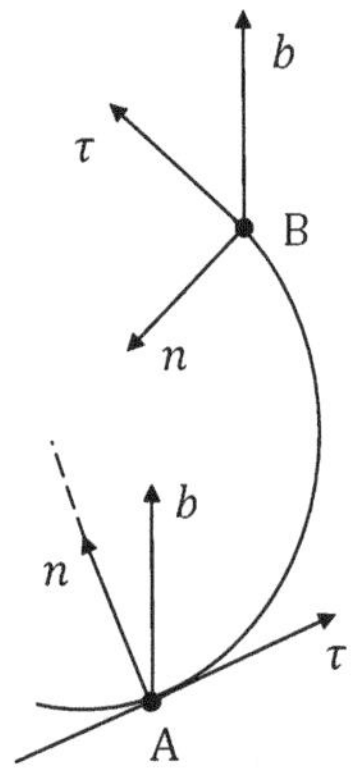

图 7-16　自然坐标系

$$\left.\begin{aligned} ma_\tau &= \sum F_\tau \\ ma_n &= \sum F_n \\ ma_b &= \sum F_b = 0 \end{aligned}\right\} \tag{7-48}$$

等式右边的$\sum F_\tau$、$\sum F_n$、$\sum F_b$ 分别为作用在质点上的各个力在三个自然轴上投影的代数和。等式左边的 a_τ、a_n、a_b 分别为质点加速度沿自然轴的三个分量。由于质点作任何曲线运动时，加速度只有切向加速度。a_τ 和法向加速度 a_n 两个分量，没有副法向的加速度分量，即

$$a_b = 0$$

所以上述第三式实际上是平衡方程。自然坐标形式的动力方程要求运动轨迹已知。因此常用于已知运动求力的第一类问题。

动力问题的解题步骤一般是：① 选取研究对象画受力图；② 进行运动分析；③ 建立动力方程并求解。与静力问题的解题步骤相比，增加了运动分析，其任务是选取坐标系和寻找各个运动量之间的关系。

（二）动量定理

1. 动量与冲量

（1）质点动量

质量 m 与其速度 v 的乘积 mv 称为动量。其中速度 v 是矢量，质量 m 是常数，两者相乘结果 mv 仍是矢量，其方向由速度代表。

（2）质点系的动量

由 n 个质点 m_i（$i=1, 2, \cdots, n$）组成的质点系，首先需要明确质量中心 C 的位置坐标。假设各质点 m_i 在空间的位置坐标为 x_i、y_i、z_i。若把其中的重力 G_i 用 m_ig 代替，并从分子和分母中消去重力加速度 g，可以得到：

$$\left.\begin{aligned} x_c &= \frac{\sum m_i x_i}{\sum m_i} \\ y_c &= \frac{\sum m_i y_i}{\sum m_i} \\ z_c &= \frac{\sum m_i z_i}{\sum m_i} \end{aligned}\right\} \tag{7-49}$$

由此坐标确定的 C 点，称为质点系的质量中心，简称质心。质心是质量分布的中心，而重心是重力分布的中心，两者在概念上是不同的。但由于在地面上，重力加速度不随位置而变化，重力分布状况与质量分布状况完全相同，所以重心与质心重合在一起。

式（7-49）等号右边的分母为各质点质量之和，即

$$\sum m_i = M$$

称为质点系的总质量。把它代入式（7-49），并改写为

$$\left.\begin{aligned} Mx_c &= \sum m_i x_i \\ My_c &= \sum m_i y_i \\ Mz_c &= \sum m_i z_i \end{aligned}\right\} \tag{7-50}$$

将此等式两边分别对时间求一阶导数，得到质心速度 v_C 的三个分量与各质点速度 v_i 的三个对应分量之间的关系。把这三个分量合成为矢量来表达：

$$Mv_c = \sum m_i v_i \tag{7-51}$$

等号右边为各质点动量的矢量和，称为质量系的总动量。等号左边为质点系总质量与质心速度的乘积，称为质心的动量。则式（7-51）表示：质点系的总动量$\sum m_i v_i$等于质心的动量 Mv_C。

（3）力的冲量

力 F 与其作用时间 t 的乘积，称为冲量 P，即

$$P = F \cdot t \tag{7-52}$$

当力 F 不是常量时，需采用积分形式：

$$P = \int_0^t F\mathrm{d}t \tag{7-53}$$

冲量也是矢量，其方向由力的方向决定。

2. 动量定理

（1）质点动量定理

牛顿第二定律公式（7-44）中，加速度：

$$a = \mathrm{d}v/\mathrm{d}t$$

则有

$$ma = m(\mathrm{d}v/\mathrm{d}t) = \mathrm{d}(mv)/\mathrm{d}t$$

于是

$$\mathrm{d}(mv)/\mathrm{d}t = F \tag{7-54}$$

两侧积分得：

$$\int_0^t \mathrm{d}(mv) = \int_0^t F\mathrm{d}t$$

进一步整理得：

$$mv - mv_0 = P \tag{7-55}$$

此式左边为动量的变化，右边为力的冲量，结论为：在时间从 0 到 t 的过程中，质点动量的变化，等于作用在其上的力的冲量，这称为质点动量定理的积分形式，也称为质点冲量定理。

（2）质点系动量定理

由 n 个质点 m_i 组成的质点系可按式（7-54）建立 n 个方程：

$$\frac{\mathrm{d}}{\mathrm{d}_t}(m_i v_i) = F_i = F_i^e + F_i^i \quad (i = 1, 2, \cdots, n)$$

这里把作用在质量 m_i 上的合力 F_i 分成外力 F_i^e 和内力 F_i^i 两部分，然后求和：

$$\sum \frac{\mathrm{d}}{\mathrm{d}_t}(m_i v_i) = \sum F_i^e + \sum F_i^i \tag{7-56}$$

由于内力是质点系内各质点间相互作用力，它们一定成对出现，求和时互相抵消，即：

$$\sum F_i^i = 0 \tag{7-57}$$

代入式（7-56）得到

$$\frac{\mathrm{d}}{\mathrm{d}_t}(\sum m_i v_i) = \sum F_i^e \tag{7-58}$$

两边对时间积分

$$\int_0^t \mathrm{d}(\sum m_i v_i) = \int_0^t \sum F_i^e \mathrm{d}_t$$

得到

$$\sum m_i v_i - \sum m_i v_{ie} = \sum P_i^e \tag{7-59}$$

或者引入式（7-51）得到

$$Mv_c - Mv_{c0} = \sum P_i^e \tag{7-60}$$

上述两式表明，在时间从 0 到 t 的过程中，质点系动量的变化等于作用在其上全部外力冲量的矢量和。这称为质点系动量定理的积分形式，也称为质点系冲量定理。

（3）质点系动量守恒

当作用在质点系上所有外力的矢量和等于零时。即

$$\sum F_i^e = 0 \tag{7-61a}$$

或者外力冲量的矢量和

$$\sum P_i^e = 0 \tag{7-61b}$$

那么根据式（7-59）得

$$\sum m_i v_i = \sum m_i v_{i0} = 常量 \tag{7-62}$$

式（7-62）表明质点系动量保持不变。称为质点系动量守恒。

经常遇到的情况是，作用在质点系上所有外力在某一轴（x）上的投影代数和等于零，即

$$\sum F_{ix}^{e} = \sum P_{ix}^{e} = 0 \tag{7-63}$$

那么根据式（7-59）在 x 轴的投影方程得：

$$\sum m_i v_{ix} = \sum m_i v_{i0x} = \text{常数} \tag{7-64}$$

式（7-64）表明质点系沿 x 轴的动量保持不变，这称为质点系沿 x 轴动量守恒。

（4）动量守恒定律

动量守恒定律：一个系统不受外力或所受外力之和为零，这个系统的总动量保持不变。以两车碰撞为例，对以两辆碰撞车辆所构成的系统进行分析，根据动量守恒有下式成立：

$$m_1 \vec{v}_{10} + m_2 \vec{v}_{20} = m_1 \vec{v}_{11} + m_2 \vec{v}_{21}$$

式中，m_1、m_2——车辆 1、2 的质量；

v_{10}、v_{20}——车辆 1、2 碰撞前的速度；

v_{11}、v_{21}——车辆 1、2 碰撞后的速度；

动量守恒定律的适用条件：

1）系统不受外力或者所受合外力为零。

2）系统所受合外力虽然不为零，但系统的内力远大于外力时，如碰撞、爆炸等现象中，系统的动量可看成近似守恒。

3）系统总的来看不符合以上条件的任意一条，则系统的总动量不守恒。但是若系统在某一方向上符合以上条件的任意一条，则系统在该方向上动量守恒。

在车速鉴定的应用中，同样需要对照以上适用条件。在利用动量守恒定律对车辆碰撞过程进行分析时，不需要考虑系统间的作用力（碰撞力）的影响（车辆变形）；注意车辆间的质量差异及变化；若两车碰撞前的动量相差悬殊，则可以忽略碰撞对速度的影响。

3. *质心运动定理*

（1）质心动力方程

将式（7-51）代入式（7-58）得

$$\frac{d}{d_t}(mv_c) = \sum F_i^e$$

而

$$\frac{d}{d_t}v_c = a_c$$

为质心的加速度，代入上一式得

$$Ma_c = \sum F_i^e \tag{7-65}$$

这解是质心动力方程，把它和质点动力方程式（7-46）相比较可知，两者是一样的。故得：质点系质心的运动如同一个质点的运动，只要认为质心上集中了全部质量和全部外力。

质心动力方程式（7-65）具体应用时，如同式（7-46）一样，一可采用两种投影形式：直角坐标形式（7-47）和自然坐标形式（7-48）。

质心动力方程表明，质点系质心的运动只与作用在其上的外力有关，而与各质点间相互作用的内力无关。

（2）质心运动守恒

当作用在质点系上所有外力的矢量和等于零时，根据式（7-65），质心加速度等于零。那么，质心的速度保持不变。当作用在质点系上所有外力在某一轴（x）上的投影代数和等于零，那么质心沿 x 轴的速度分量保持不变，则质心的位置坐标保持不变。

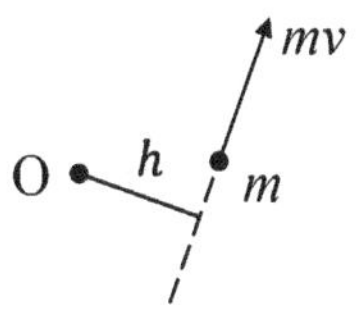

图 7-17　动量矩定义

4. 动量矩定理

与力对点之矩式（7-7）相似，也可定义动量 mv 对 O 点之矩（图 7-17）：

$$m_O(mv) = \pm mv \cdot h \tag{7-66}$$

+、一号决定于转向。当动量 mv 绕 O 点逆时针转时取正号，反之取负号。

与质点动量定理式（7-54）相似有质点动量矩定理为

$$\left(\frac{d}{d_t}\right) m_O(mv) = m_O(F) \tag{7-67}$$

它的内容是：质点动量对某点 O 的动量矩对时间的一阶导数，等于作用在该质点上的力对同一点 O 的力矩。

由 n 个质点 m_i 组成的质点系，对每个质点应用式（7-67）后加起来得到

$$\sum \left(\frac{d}{d_t}\right) m_O(m_i v_i) = \sum m_O(F_i^e) + \sum m_O(F_i^i)$$

等号右边各质点所受外力分为内力和外力两部分。由于内力成对产生，它们对任一点的力矩之和互相抵消，即

$$\sum m_O(F_i^i) = 0$$

所以

$$\sum \left(\frac{d}{d_t}\right) m_O(m_i v_i) = \sum m_O(F_i^e) \tag{7-68}$$

此式称为质点系动量矩定理。它的内容是：质点系对某点 O 的动量矩对时间的一阶导数等于作用于其上的全部外力对同一点 O 的力矩之和。

（三）功能原理

在车辆碰撞等交通事故中，除了在机械运动范畴内，两车动量、动量矩互相转换外，还发生机械能与其他形态能量的转换。例如车轮被制动而滑移时，动能转化为热能，碰撞时发声、发热、发光等等。当然机械运动范畴内也存在着动能与势能（位能）之间的转换。用来联系各种能量之间数量关系的度量手段称为功。

1. 力的功

（1）定义

力与其作用点位移的乘积叫做功。力与位移都有方向性，如图 7-18 所示，作用力 F 与位移方向成 θ 角。那么当物体从 M_1 到 M_2 位移了 s 距离时，力 F 所做的功 W 定义为：

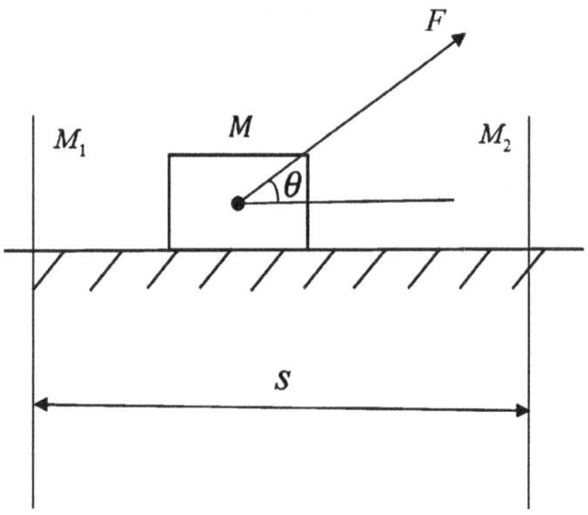

图 7-18　力的功

$$W = F \cdot s \cdot \cos\theta \tag{7-69}$$

式中 θ 为力的方向与其作用点位移方向的夹角。

功是代数量，可正、可负、也可等于零。如果把力分解为沿位移方向和垂直位移方向两个分力的话，那么只有沿位移方向的分力做功，垂直位移方向的分力不做功。

（2）重力的功

重力 G 由位置 M_1 运动到 M_2 所做的功（图 7-19），等于重力 G 乘这两点高差 h，即：

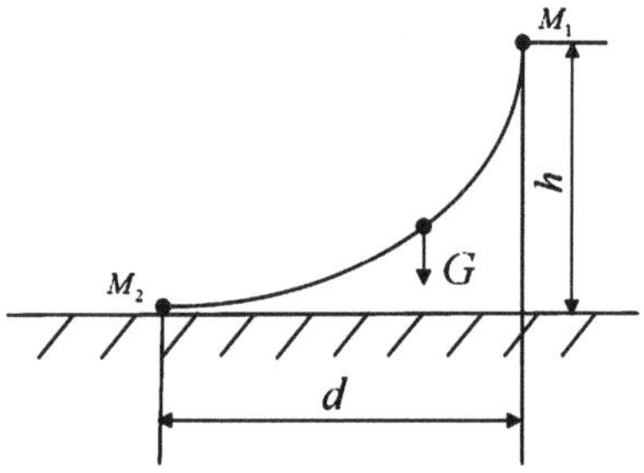

图 7-19　重力的功

$$W = \pm G \cdot h \tag{7-70}$$

当 h 为上升时取（－）号，即物体上升重力做负功。当 h 为下降时取（＋）号，即物体下降重力做正功。不管重力作用点由 M_1 到 M_2 走过的路径是直线还是曲线，重力做功与路径无关，与水平距离 d 也无关，只与高差 h 有关。

（3）轮胎与路面间摩擦力的功

轮胎与路面间滑动摩擦力 F 做的功分以下两种情况：

① 当车轮抱死不滚动而滑动时，滑动摩擦力 F 做功为

$$W = -F \cdot s = -\phi \cdot N \cdot s \tag{7-71}$$

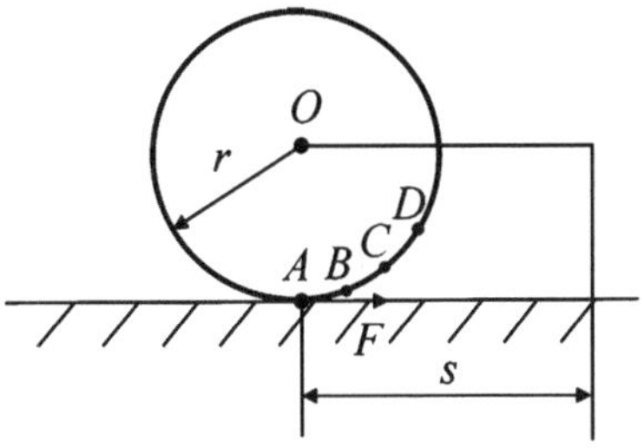

图 7-20　轮胎滑动摩擦的功

式中，ϕ——路面附着系数；

N——路面法向反力；

s——轮心位移的距离。

② 当车轮只滚动而不滑动时，滑动摩擦力 F 不做功。虽然当轮心位移 s 距离后，F 力似乎也跟着位移了 s 距离，其实这是不断变换 F 力作用点的结果。如图 7-20 中，F 力作用在 A 点，下一瞬时就作用在 B 点，然后 C 点……不管哪一点着地的瞬时都没有位移，否则就有滑动了。

2. 动能

物体由于运动而具有的能量，称为物体的动能。它的大小定义为物体质量与速度平方乘积的二分之一。这是一个恒正的标量，因为速度大小的平方不可能出现负值。

假设有 n 个质量为 m_i，速度为 v_i 的系统，它所具有的动能 T 就等于系统内各物体动能的总和，即

$$T = \sum \frac{1}{2}m_i v_i^2 \tag{7-72}$$

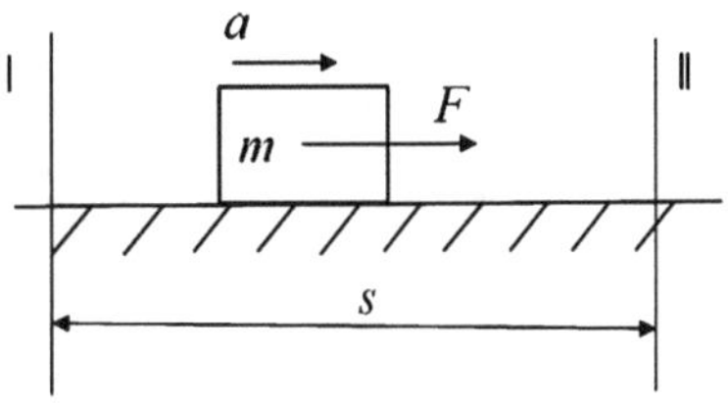

图 7-21　动能定理

图 7-21 所示在水平面上某物块，质量为 m，受水平力 F 作用，从位置Ⅰ运动到位置Ⅱ，速度从 v_1 变为 v_2，经过的距离为 s。由于水平方向只受 F 力作用，根据牛顿第二定律：

$$ma = F$$

得加速度为：

$$a = \frac{F}{m}$$

又根据匀变速运动式

$$v_2^2 = v_1^2 + 2as$$

得到

$$v_2^2 - v_1^2 = 2\left(\frac{F}{m}\right)s$$

即

$$\left(\frac{1}{2}\right)mv_2^2 - \left(\frac{1}{2}\right)mv_1^2 = F \cdot s$$

此等式左边为物块动能的变化，右边为力所做的功，即

$$T_2 - T_1 = W_{12} \tag{7-73}$$

式中，T_1——物块在位置Ⅰ所具有的动能；

T_2——物块在位置Ⅱ所具有的动能；

W_{12}——作用在物块上的力，从位置Ⅰ到位置 n 的过程中所做的功。

物体动能的变化等于作用于其上的力所做的功。当力做正功时，使物体的动能增加，反之力做负功时，使物体的动能减少。

3. 势能（位能）

在物体运动或变形过程中，有些力所做的功与路径无关，只决定于始末两个位置，这意味着一定的位置潜在有着一定的做功能力。把这种由位置决定的做功能力称为位能或势能。把做功与路径无关的力称为势力。选定一个位置作为势能零点，那么另一个位置所具有的势能定义为：物体从该位置回到势能零点的过程中，势力所做的功。下面介绍重力势能和弹性力势能的计算。

（1）重力势能

如图 7-22 所示，通常以地面为重力势能的零点，那么位于高度 h 的物体，其重力 G 所具有的势能 U，等于物体从 h 高度下落到地面（即回到势能零点）的过程中，重力所做的功，根据式（7-70），重力势能：

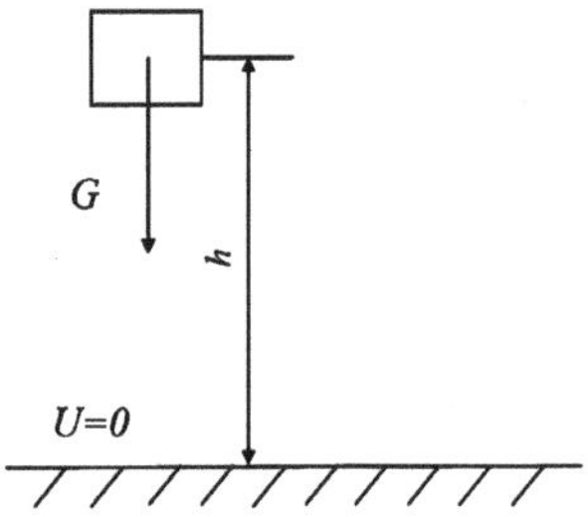

图 7-22　重力势能

$$U = Gh \tag{7-74}$$

（2）弹性力势能

各种物体受力后将发生变形。物体的变形分为两种，弹性变形—外力卸去后，变形即恢复，也叫作可逆变形；塑性变形—外力卸去后，变形仍存在，也称为残余变形或永久变形。

物体产生弹性变形的力称为弹性力，这可以用一个弹簧来模拟。如图 7-23 所示，设弹簧不受力时的自由长度为 l_0 受外力 F 作用后，其变形为 x（无论缩短或伸长），力

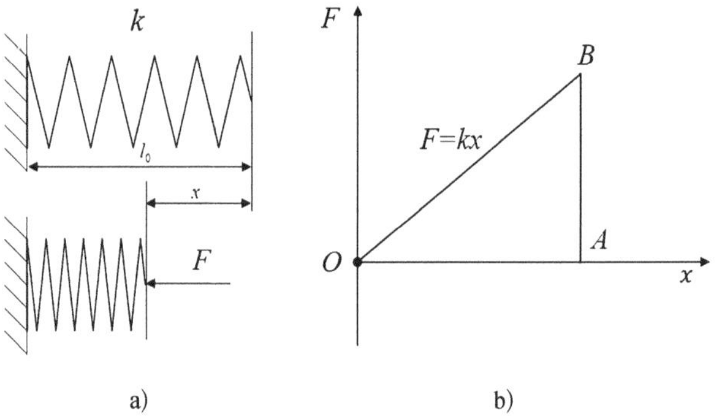

图 7-23　弹性力势能

与变形的关系为线性的比例关系：

$$F = kx \tag{7-75}$$

如图 7-23b 所示。式中比例系数 k 称为弹簧的刚度。它表示使弹簧产生单位变形所需要的力。由于力 F 随着变形 x 的变化而线性地变化，它所做的功需要逐步积分，其结果就是图（7-23b）中三角形的面积，即弹性力的功

$$W = \left(\frac{1}{2}\right) kx \cdot x = \left(\frac{1}{2}\right) kx^2 \tag{7-76}$$

这是外力 F 在使弹簧产生变形 x 的过程中所做的功。

弹性力的势能 U。通常以弹簧未变形的自由长度为势能零点。变形为 x 时的势能是指变形恢复（即回到势能零点）过程中，弹性力所做的功。弹性力 F' 是指弹簧给周围物体的力，它与使弹簧变形的外力 F 是作用力与反作用力的关系。弹性力 F' 在变形恢复过程中所做的功，正好与外力 F 在使弹簧变形过程中所做的功相等。所以弹性力的势能为

$$U = \left(\frac{1}{2}\right) kx^2 \tag{7-77}$$

式中，x——弹簧的变形（无论伸长或缩短）；

k——弹簧的刚度。

4. 能量守恒

（1）机械能守恒定律

当物体运动过程中，只受势力作用时（这样的空间称为势力场），从位置Ⅰ到位置Ⅱ，势力所做的功可分为两段计算，如图 7-24 所示，先从位置Ⅰ到势能零点，再从势能零点到位置Ⅱ。即

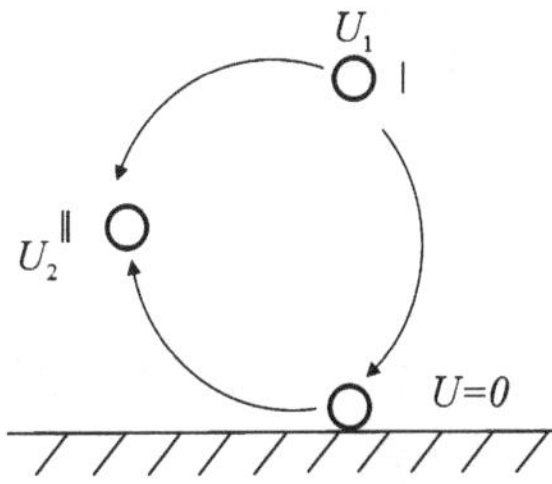

图 7-24　机械能守恒

$$W_{12} = W_{10} + W_{02} \tag{7-78}$$

因为势力做功与路径无关，所以这样做当然是允许的。根据势能的定义，位置Ⅰ的势能 U_1 就等于从位置Ⅰ回到零点时势力所做的功，即：

$$U_1 = W_{10}$$

同理　$U_2 = W_{20}$

反过来　$W_{02} = -U_2$

把这些代入式（7-78）得到

$$W_{12} = W_{10} + W_{02} = U_1 - U_2$$

把它代入式（7-73），得到

$$T_2 + U_2 = T_1 + U_1 \tag{7-79}$$

式中两边分别为两个位置的动能加势能。我们把物体的动能加势能称为它的机械能。那么式（7-79）表明，物体在势力场中运动时，机械能保持不变，这称为机械能守恒定律。

（2）广义的能量平衡方程

上例中从位置Ⅰ到Ⅱ，重力势能减少，动能增加，即重力势能转化为动能。从位置Ⅱ到位置Ⅲ，动能减少，重力势能也继续减少，弹性势能增加，即动能和重力势能转化为弹性势能。这表明在势力场中，物体的动能和各种势能之间可以互相转化，但是总的机械能保持不变。

如果在物体运动过程中，存在着摩擦力等非有势的力，或者存在着塑性变形等不可逆的过程，那么机械能就不守恒了。一部分机械能将转化为热能、声能、光能、化学能等其他形态的能量。不过在广义的范畴内，能量仍然是守恒的，它既不能创造，也不能消灭，只能从一种形态转化为另一种形态。对于这种广义范围的能量平衡仍可利用动能定理式（7-73）

$$T_2 - T_1 = \sum W_{12}$$

把它改变为：

$$T_1 = T_2 - \sum W_{12} = T_2 + (-\sum W_{12}) \tag{7-80}$$

式中，T_1——初始的动能；

T_2——最后剩余的动能；

$\sum W_{12}$——从位置Ⅰ到位置Ⅱ运动过程中，作用在物体上的所有外力所做的功；反之（$-\sum W_{12}$）表示本物体对周围物体做功，它使本物体的动能转化为其他形态的能量。

有可能转化的能量包括：① 由重力或弹性力做功转化为势能；② 由摩擦力做功转化的能量；③ 其他形式的能量消耗（例如碰撞中的塑性变形功、振动等）。

可见，式（7-80）中（$-\sum W_{12}$）是以功的形式表达的能量转化。因此式（7-80）就成为广义的能量平衡方程。

（3）能量守恒定律

能量既不会凭空产生，也不会凭空消失，只能从一个物体传递给另一个物体，而且能量的形式也可以互相转换。在一个封闭（孤立）系统的总能量保持不变。

以两车碰撞为例。以两车中的1车为研究对象，对由1车构成的系统进行分析，根据能量守恒定理，有下式成立：

$$\frac{1}{2}m_1v_{10}^2 + m_1gh_{11} = \frac{1}{2}m_1v_{11}^2 + m_1gh_{12} + E_{1loss} \tag{7-81}$$

式中，m_1——1 车的质量；

v_{10}——1 车碰撞前的速度；

v_{11}——1 车碰撞后的速度；

h_{11}——1 车碰撞前的质心高度；

h_{12}——1 车碰撞后的质心高度；

E_{1loss}——1 车的能量损失。

车辆碰撞中的 E_{1loss} 可能包括有：由于车辆塑性变形所损失的能量；由于车辆轮胎与地面间的摩擦力做功；车辆在旋转过程中损失的能量。应用实践中应根据具体条件，考虑 E_{1loss} 的形式，以及是否可以忽略不计。

同样，也可以对由 1 车和 2 车构成的系统进行分析，根据能量守恒定律进行分析。

四、事故过程的认知

（一）事故过程

对于事故过程和碰撞形态的认识和判断是车速鉴定的重要基础。现场图、照片等现场勘验材料，以及痕迹检验、鉴定结果是（事故调查）认识、判断事故过程的基础材料。从车速鉴定的角度出发，事故过程可以分为前、中、后三个阶段，每个阶段车辆所处的状态即是“事故调查”的对象，也是“车速鉴定”的依据和基础。

交通事故中车辆的碰撞过程一般具有时间短、碰撞力大的特点。时间短，包括变形和恢复阶段，一般在 0.1 s 左右，而且刚度越大，碰撞时间越短。碰撞力大，碰撞力通常是物体重量的十几倍甚至几十倍。

（二）碰撞形态

从车速鉴定的角度出发，以碰撞力与车辆质心的位置，以及车辆的运动维度对碰撞形态进行分析。具体如下：

1. 力与质心

按照碰撞力与车辆质心的位置，车辆碰撞类型可以分为：向心正碰、向心斜碰、偏心正碰、偏心斜碰等。作用力与质心的位置是影响车辆碰撞后运动形态的主要因素，此外，还必须结合两车的动量进行考量。

（1）向心正碰

质心对质心的碰撞为向心碰撞；相对速度的方向与碰撞面呈直角的碰撞为正碰撞。完全的追尾碰撞或对向碰撞均为向心正碰，如图 7-25 所示。

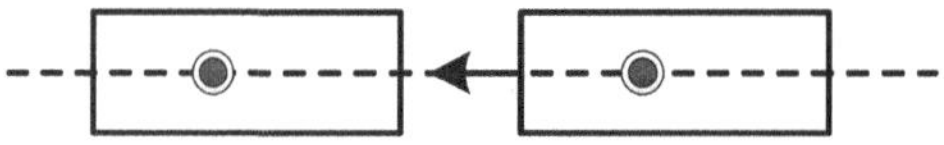

图 7-25　向心正碰

通过受动力学分析，在这种碰撞形态下，碰撞力和惯性方向均在通过两车质心的一条直线上。碰撞车辆间的接触部位（接触面）没有分力或相对切向运动的趋势，因此不会发生摩擦；车辆也不会发生旋转。

（2）向心斜碰

虽然是质心对质心的碰撞，但是碰撞速度不垂直与碰撞面，而是斜向碰撞的称为向心斜碰，如图 7-26 所示。

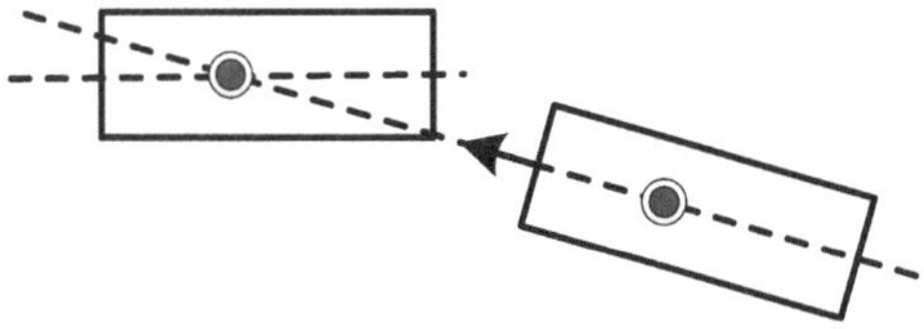

图 7-26　向心斜碰

通过受动力学分析，在这种碰撞形态下，碰撞力和惯性不在一条直线上，车辆间的接触部位（接触面）在切向方向上具有分力或相对运动趋势，具备产生摩擦的条件；且受力（合力）方向不通过质心时，还会产生旋转力矩，车辆存在发生旋转的可能性。

（3）偏心正碰

质心与质心偏斜的碰撞，且速度与碰撞面呈直角，如图 7-27 所示。

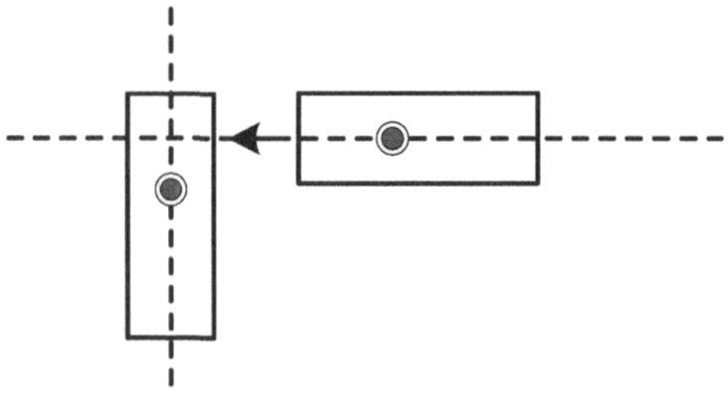

图 7-27　偏心正碰

通过受动力学分析，在这种碰撞形态与向心斜碰相似。同样，车辆间的接触部位（接触面）在切向方向上具有分力或相对运动趋势，车辆间具备产生摩擦的条件；当受力（合力）方向不通过质心时，还会产生旋转力矩，车辆存在发生旋转的可能性。

（4）偏心斜碰

质心与质心偏斜的碰撞，且速度方向未与碰撞面呈直角，所以会产生摩擦力，如图 7-28 所示。

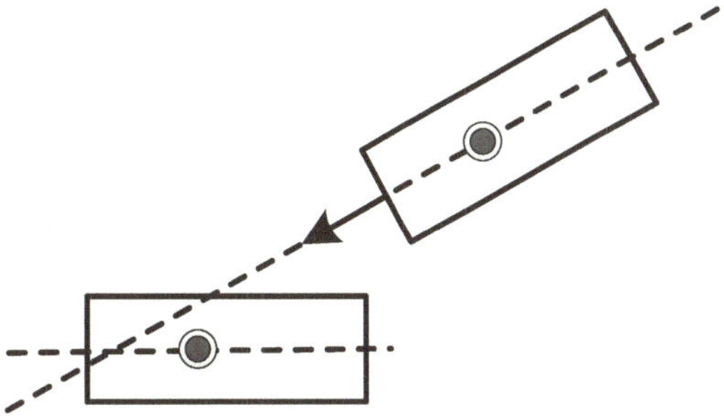

图 7-28　偏心斜碰

通过受动力学分析。同样，车辆间的接触部位（接触面）在切向方向上具有分力，车辆间具备产生摩擦的条件；当受力（合力）方向不通过质心时，还会产生旋转力矩，车辆存在发生旋转的可能性。

2. 车辆的运动维度

按照车辆在碰撞过程中的运动维度，可以将车辆碰撞分为一维碰撞和二维碰撞。具体如下：

（1）一维碰撞

一维直线碰撞，也叫对心正碰撞。碰撞前后车辆质心的运动始终保持在同一直线上，只用一个坐标轴就能够完全描述车辆的运动状态，故称为一维直线碰撞（图 7-29）。

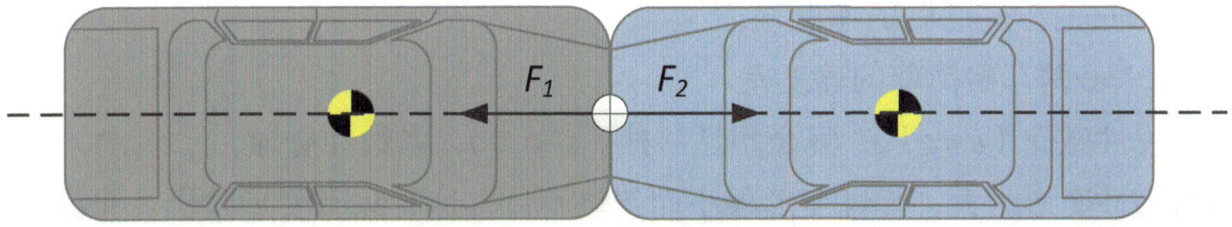

图 7-29　一维碰撞

一维直线碰撞中又可以分为两种：正面碰撞，碰撞前两车行驶速度相反，形成对向碰撞；追尾碰撞，碰撞前两车速度的方向相同，由于后车速度快于前车速度，后车的头部与前车的尾部发生碰撞。

（2）二维碰撞

碰撞前、后，车辆的速度方向不在一条直线上。此外，可能伴随车辆旋转（图 7-30）。

二维碰撞还可以根据受力特点和求解方程不同分为以下四种：

忽略转动的二维碰撞，围绕碰撞点旋转的二位碰撞，一般的二维点碰撞，一般的二维面碰撞。

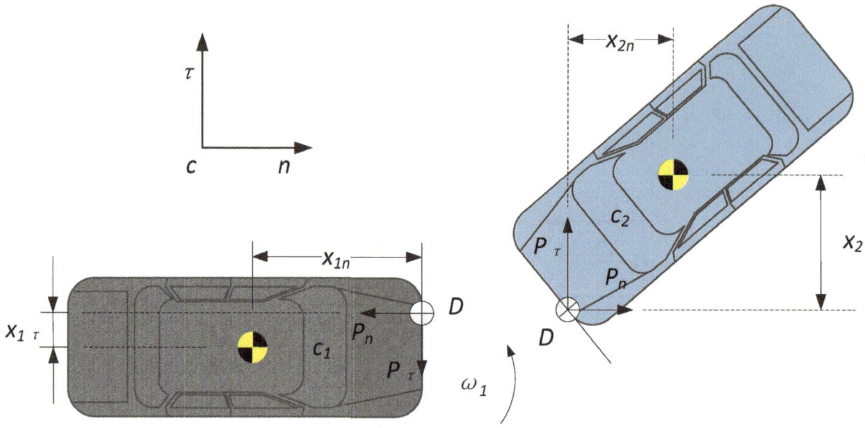

图 7-30　二维碰撞

（三）弹性恢复

从车辆开始接触，在接触面上产生碰撞压力和压缩变形。这个压力从小到大，使得速度逐渐接近，直至两车出现相同的速度（共同速度），压缩变形达到最大。紧接着由于弹性变形逐渐恢复，两车压紧的程度逐渐放松，两车速度出现相反的差异，直至两车分立。

弹性恢复系数如式（7-82）表示：

$$\varepsilon = \frac{\Delta v_{after}}{\Delta v_{before}} \tag{7-82}$$

Δv_{after}——两车碰撞后的速度差；

Δv_{before}——两车碰撞前的速度差。

完全弹性碰撞（$\varepsilon = 1$）、完全塑性碰撞（$\varepsilon = 0$）、弹塑性碰撞。

有时塑性变形很大，弹性变形很小而忽略不计，这时只有变形阶段，而没有弹性恢复阶段。此种情况，变形阶段末瞬时两车具有相同的速度，就是碰撞后过程的开始。

（四）接触形式

根据车辆碰撞过程中是否达到共同速度，将碰撞分为完全碰撞和滑动碰撞。具体如下：

完全碰撞：在压缩阶段结束时两车达到共同速度，在碰撞点处未发生相对运动。图 7-31 中两车追尾碰撞是典型的完全碰撞。

图 7-31　完全碰撞

滑动碰撞：两车未曾达到过共同速度，在碰撞接触面有切向相对运动（滑动），该运动符合摩擦运动的规律（图 7-32）。

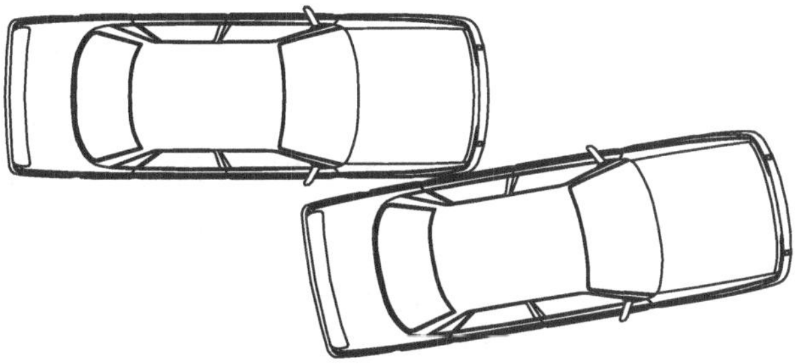

图 7-32　滑动碰撞

第三节　车速鉴定的一般方法

目前，道路交通事故车辆速度鉴定的方法主要包括：基于事故形态的速度鉴定、基于事故模拟软件的车速重建、基于行车记录信息的速度鉴定和基于视频图像的速度鉴定。

一、概述

（一）基于事故形态的车速鉴定

这种方法在事故形态和过程分析的基础上，利用运动学、动力学等经典力学的相关理论方法，结合汽车检测、碰撞实验技术，重建事故过程中的速度，这种方法是车速计算的基本方法，也是使用最广泛的方法。GA/T 643-2006《典型交通事故形态车辆行驶速度技术鉴定》和 GB/T 33195-2016《道路交通事故车辆速度鉴定》主要采用了这种方法，其中包括：根据功能原理，利用车辆路面制动痕迹及制动纵滑附着系数的速度计算公式；基于碰撞数据建立的车辆塑性变形与有效碰撞速度的经验公式，结合动量守恒定律和功能原理，推导一维碰撞事故中的速度计算公式；根据动量守恒定律和功能原理，推导的车辆二维碰撞事故中的速度计算公式；基于抛物运动过程，推导人车碰撞事故、车辆坠落事故中，利用人体、车辆抛出距离及滑行阻力系数的车辆碰撞速度；根据圆周运动的极限条件，推导车辆转弯过程中发生侧滑、侧翻时临界速度计算公式等。

（二）基于模拟仿真的车速重建

这种方法根据事故车辆、道路信息，以及动力学、碰撞力学相关理论和实验数据建立车辆及其碰撞模型，以车辆碰撞速度、角度等碰撞初始条件作为输入参数，以车辆运动轨迹和位置作为目标约束函数，建立事故过程重建模型。通过仿真优化，当车辆运动轨迹或位置的输出结果与事故现场情况相吻合，建立的目标误差约束函数达到预期结果数，就将本次模拟的初始输入条件作为重建结果进行输出。

20 世纪 60 年代美国已经开始使用计算机辅助交通事故分析，并由 NHTSA（美国道路交通安全管理局）开发出世界第一套汽车模拟碰撞软件 SMAC，该软件主要用于分析、模拟两辆汽车之间的撞击，依据车辆撞击后的损坏程度、车辆最后位置以及地面遗留的轮胎印痕，模拟计算车辆撞击前的初始状态、撞击过程。后来发展的 AUTOSMAC 软件能自动调整车辆撞击前的初始状态，使模拟更加迅速有效。此后，随着有关数学力学等计算模型的不断改进，又出现了一些用于事故再现的应用软件，如 CRASH（CRASH3、CRASH97），IMPAC、EESARM、HVOSM、EDCRASH、J2DACS、WACCAR、PC-CRASH 等。经过不断更新、升级，目前 PC-CRASH 已经在单刚体模型的基础上加入了多刚体和有限元计算模型，得到道路交通事故重建领域的普遍认可，成为道路交通事故重建领域应用最广泛事故模拟软件。

基于事故形态的速度鉴定与基于事故模拟软件的车速重建所使用的基本理论和方法与基本相同，但从逻辑顺序和计算步骤的角度出发，基于事故形态的速度鉴定采用的是“反推法”，依据事故现场中涉案车辆、行人的最终位置，逐步反推前一阶段的速度；而基于计算机模拟的车速重建则采用的是“正推法”。

基于计算机模拟的车速重建方法所使用的车辆模型和碰撞模型相对复杂，需要借助计算机进行大量运算；考虑的因素较多，需要输入的参数较多，部分参数难于在事故调查的过程中获取；此外，还存在输入条件不唯一的可能性。因此，目前，计算机模拟软件仍是一个复杂的工具，其计算过程和结果对于鉴定人和使用者来说，可能是“灰箱”或“黑箱”，使用的方法和参数是否符相关鉴定标准的要求，鉴定人能否进行解释和出庭质证，这些问题都成为该方法在司法鉴定领域应用所要面临的问题。

（三）基于视频图像的车速鉴定

随着城市化进程的推进和处理突发性事件的需要，视频监控技术得到了快速发展，广泛应用于交通管理、公共监控及安保系统中。视频监控系统不仅有一定的监视作用，而且可以为一些案件提供现场证据，为案件的侦破及取证提供重要线索。一些大中型城市在重要路段、交叉口等主要交通节点普遍设置视频监控设备，此外一些私家车也已经开始安装视频车辆行驶记录仪，这些设备可以记录其监控范围内车辆的行驶过程、交通管理控制信号和各种交通事件。

2009 年，司法部司法鉴定科学技术研究所对基于视频图像的车速度鉴定方法进行了探索，在国内首次提出了根据速度定义，利用现场参考物和车辆结构特征的空间标定方法，并结合视频帧率计算车辆行驶速度。2014 年，公安部颁布并实施了 GA/T 1133-2014《基于视频图像的车辆行驶速度鉴定》。近年来，国内的部分学者和研究人员正在探索基于摄影测量技术重建视频图像中的车辆行驶速度。

（四）基于行车记录信息的车速鉴定

由于ABS、ESP等电子制动控制系统的广泛应用，事故现场已经很难再发现典型的车辆制动痕迹；车身结构不断优化，以及超强度钢材的大量使用，使得传统车辆碰撞参数的计算方法已经不能与目前的车身强度相匹配。汽车安全技术的不断发展已经给道路交通事故车速鉴定带来了新的挑战。

同时，随着汽车电子系统的不断发展，部分现代汽车已经具备记录车辆碰撞前，或碰撞时车辆行驶状态、驾驶操作的功能。如：汽车行驶记录仪的数据、车辆故障代码信息、汽车事件记录系统（EDR）的数据等。

汽车事件记录系统（EDR）可以记录车辆碰撞前的行驶、操控过程，以及碰撞过程中的速度变化情况。美国交通部公路交通安全管理局（NHTSA）在2012年版的“49 CFR Part 563”联邦法规中规定，新生产的乘用车辆必须安装满足相关技术要求的EDR装置。一般车型的EDR记录数据中包括：车辆碰撞前一定时间范围内的车辆速度、发动机转速、油门踏板位置、节气门开度、制动踏板操作情况，以及车辆碰撞后一定时间范围内的速度变化情况。

我国也制定国家标准《汽车事件数据记录系统》，该标准规定了M1类车辆的汽车事件数据记录系统的术语和定义、技术要求、试验方法和要求、外观和标识、车辆型式的扩展和说明书。

EDR的使用和推广有助于提高道路交通事故鉴定技术的准确性、科学性和客观性。随着EDR技术的发展，相关技术法规逐步完善，应用地区和领域不断扩展，该项技术已经给道路交通事故鉴定技术带来了革命性变化。本书在第八章详细介绍。

二、基于视频图像的车速鉴定

（一）计算公式

基于视频图像的车速鉴定主要是根据速度的定义，利用速度的定义进行计算：

$$v = \frac{s}{t}$$

视频图像以图像帧的形式离散地记录了车辆在图像中的运动过程，任意两帧图像间的时间间隔即是行驶时间，车辆在两帧图像上的位置变化即为该车行驶过的位移，将根据视频检验所得的 s 和 t 代入上式，即可计算出被鉴定车辆在相应过程的平均行驶速度。

（二）行驶时间的标定

在固定帧率视频中，图像帧间的时间间隔是一个固定值。因此，时间标定可以根据图像间的间隔帧数和帧率进行计算。如：视频的帧率为f，则每两帧图像间的时间间隔t'可以表示为：

$$t' = \frac{1}{f}$$

第n帧图像与第$n+x$帧图像间隔了x帧图像，则这两帧图像间的时间间隔可以如下计算：

$$t_{(n \to n+x)} = [(n+x) - n] \times t' = x \times \frac{1}{f} = \frac{x}{f}$$

（三）行驶距离的标定

1. 利用现场固定参照物

观察被鉴定车辆车身上某一特征点通过视频图像中某两个参照物的时间间隔，设该时间间隔为t_1，实地测量图像中某两个参照物间的距离，设该距离为l_1，利用速度—时间—位移公式计算车辆通过两个参照物时平均速度。具体操作步骤如下：

1）根据监控录像中被鉴定车辆的行驶轨迹，选取某一平面内车辆通过的两个可以测量其间距离的点、线或延长线作为参照物，通常可以选择路面标线、人行道边缘或混凝土路面的伸缩缝作为参照物。

2）根据录像中被鉴定车辆的行驶轨迹及参照物的位置，选取车身上的某一特征点作为观察对象。

3）从该特征点到达第一个参照物时开始计数，逐帧播放视频，当该特征点到达第二个参照物时结束计数，此帧图像为第x帧。

4）按照被鉴定车辆的行驶方向，测量两参照物间的距离l_1，如图 7-33 所示。

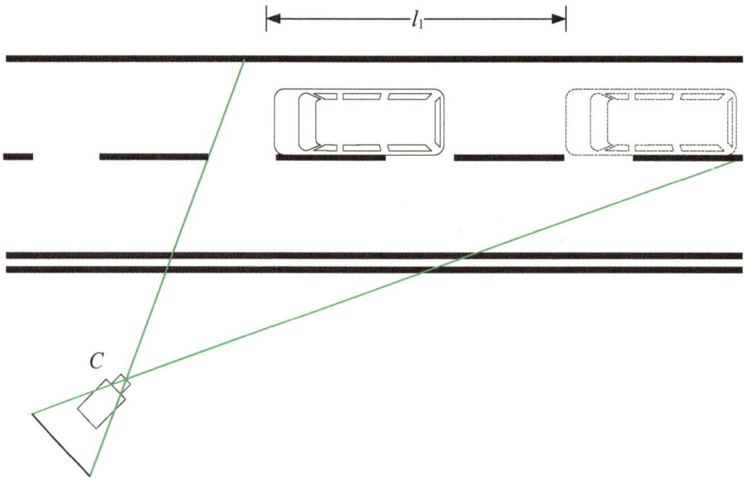

图 7-33　测量两参照物间的距离

因此，被鉴定车辆通过两个参照点的平均速度可以计算如下：

$$v_1 = \frac{l_1}{t_1} = \frac{l_1 \cdot f}{x} = \frac{f}{x}$$

若视频场景中没有可供直接参考的标定物，对于固定式摄像头（位置、角度、焦距不变），或者图像画面尚未发生变化。可以根据鉴定需要，进行现场复勘，在目标车辆的行驶轨迹上人为设置参考物。

而后，将复勘时人为设置的参考物叠加在事发时的视频图像上，逐帧检查视频图像，如直接参考观测的方法，观察目标车辆及其特征点与参考物间的位置关系，测量其行驶时间及距离。

具体操作时，可以视车辆的行驶距离和时间（帧率）等情况，适当调整人为参考物的设置距离，已达到车辆特征点与人为参考物间位置关系准确对应的位置关系。

2. 利用车辆特征部位

当视频图像中未出现可供选取的固定参照物，或未能观测到车辆特征点与固定参照物重合的图像时，可以视情况选用以下方法：观察被鉴定车辆车身上某两个特征点通过空间中某一参考点的时间间隔 t_2，测量车身上两个特征点的距离 l_2。利用速度—时间—位移公式计算车辆通过该空间点时的速度。具体操作步骤如下：

1）选取车身某一侧面（左、右）上离地高度近似相同，且可以测量水平距离的两个特征点。通常选取车辆左侧（或右侧）前后端部、前后轮轴心等。

2）从视频图像中任意一帧图像开始，以与车辆前部特征点重合的空间中的一点 A 为空间特征点。逐帧播放视频，在第 y 帧图像上，车身上的另一特征点与空间特征点 A 重合。

3）测量车身上两特征点间的距离。则被鉴定车辆通过的 A 点时的速度可以利用速度—时间—位移公式计算。

在实际案例中，可以根据备选的车辆特征点与参考点间的位置关系，优选两者位置对应关系准确、距离信息易于获取的车辆特征点，如图 7-34 所示。

同时，也可以根据两者的位置对应关系，选择车辆行驶时间和距离的不同标定方式，如图 7-35 所示，以固定的车辆行驶时间，标定目标车辆行驶距离的范围；或如图 7-36 所示，以固定的车辆行驶距离，标定目标车辆行驶时间的范围。以上两种车辆行驶时间和距离的标定方式都可以使用，但在鉴定的实践中应优选速度计算结果范围较小的标定方式。

（四）需要注意的情况

在选取固定设置作为参考物，观测目标车辆行驶时间和距离时，应避免以下两种错误的位置关系：

1）车辆特征点与参考物间形成的位置关系是覆盖，而不是到达或位置重合，其真

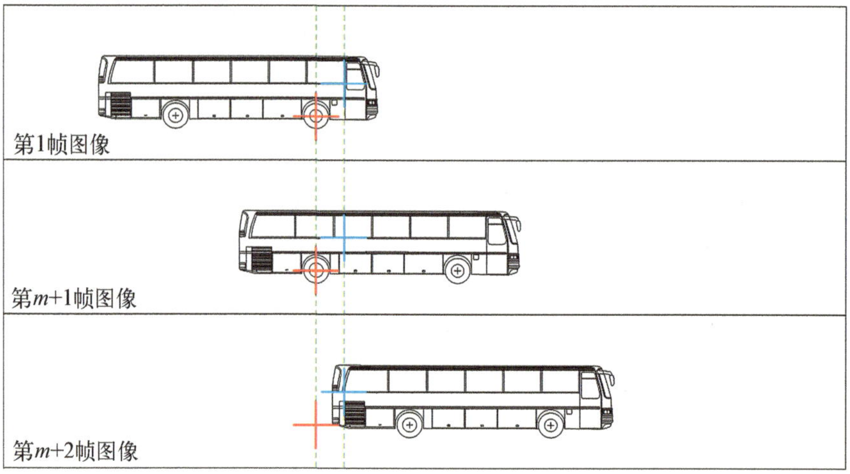

图 7-34　灵活选取车辆特征点

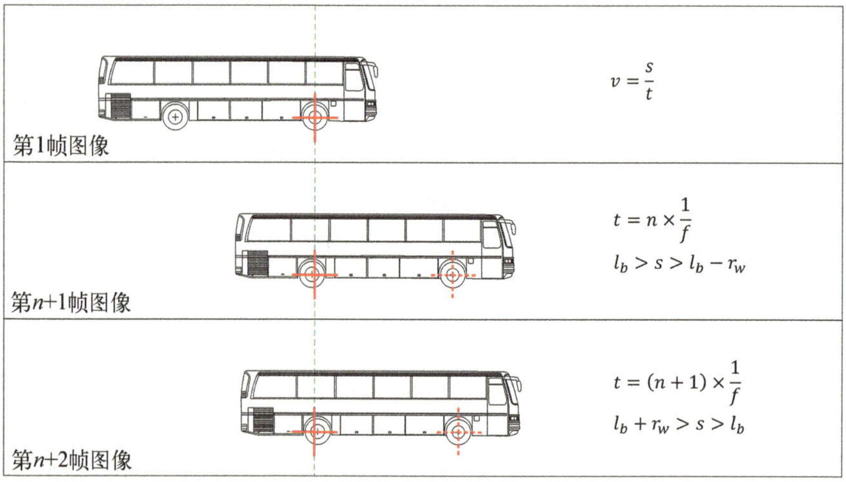

图 7-35　标定目标车辆行驶距离的范围

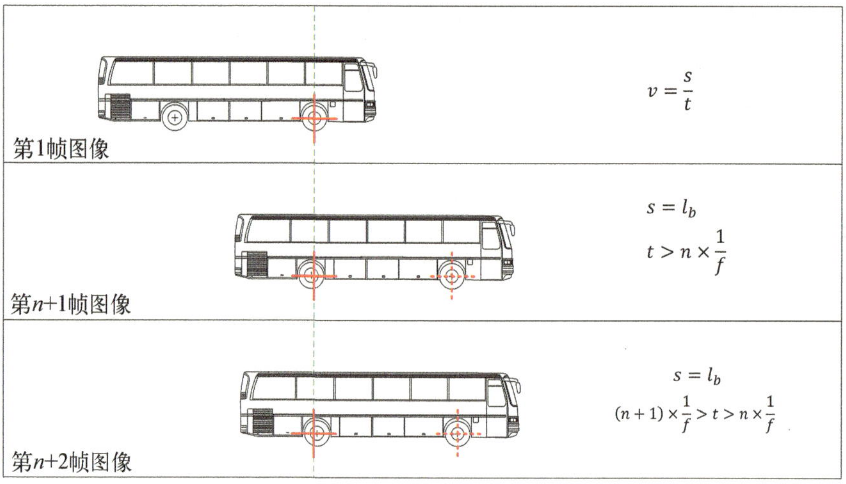

图 7-36　标定目标车辆行驶时间的范围

实的行驶距离与参考物间的距离形成相似三角形的关系，如图 7-37 所示。因此，以上两个距离并非相等，但可以利用相似三角形进行求解。

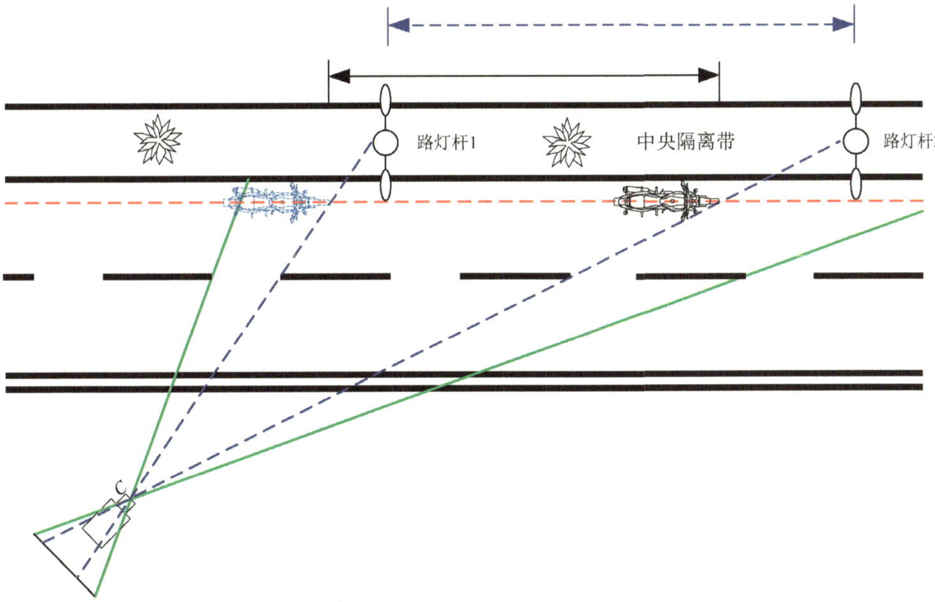

图 7-37　利用现场固定物观察行驶距离

2）以距离为例，物方空间中的某一线段的中点并非相平面成像线段的中点；同样，相平面中某一线段的中点，也不直接对应其物方空间线段的中点，如图 7-38 所示。但是，物方空间中的线段与其相平面中的线段满足一维直接线性的关系。

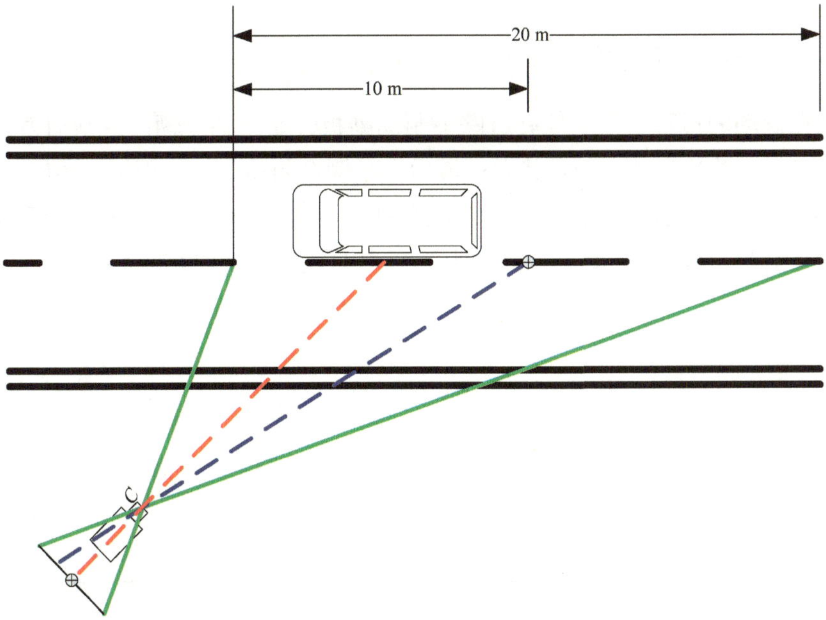

图 7-38　视频中像空间中点与物方空间中点的差异

三、基于事故形态的速度鉴定

（一）基本思路

从速度鉴定的角度出发，分析碰撞形态和事故过程的各个阶段；根据牛顿定律、功能原理、动量守恒等运动学和动力学的相关基础理论，结合碰撞试验和经验公式，对事故过程中的各个阶段构建适当的模型；以事故现场中车辆最终位置和事故后果为依据，逐步反推前一阶段的车速，并尽可能计算出被鉴定车辆采取避险措施时的速度。

（二）理论假设

根据车辆碰撞形态和事故过程，结合车辆的碰撞特点，车速鉴定过程中常使用以下假设：

第一，在直接碰撞过程中，只考虑车辆间的碰撞力，不考虑其他的常见力，如重力、路面作用力（制动、滚动、滑动、转向）。因为与碰撞力相比，这些常见力小到可以忽略不计。当然，在碰撞前、碰撞后的过程中不存在碰撞力，而是常见力起作用。

根据第一个假设，把参与碰撞的两车作为一个整体，碰撞前后一定满足动量守恒定律。因为碰撞阶段只考虑碰撞力，而碰撞力对于整体来讲属于内力，也就是说外力（合力）等于零，所以动量守恒。但动能不守恒，因为内力可以做功，使动能转换。汽车设计时，也有类似考虑，通过吸能的塑形变形来到达减少乘员伤害的目的。

第二，在直接碰撞过程中，车辆的位移小到可以忽略不计。因为碰撞时间很短，所以速度乘以时间所得到的位移很小。根据这一假设，变形阶段和恢复阶段都在同一位置上完成。

（三）基于制动痕迹的车速计算

车辆在制动的过程中，从驾驶员踩下制动踏板开始，到车辆产生制动力 F_p；而后，制动力逐步上升并达到基本稳定状态；最后，车辆在制动力的作用下运动停止。在此过程中，车辆的减速度也随之发生变化，从车辆产生制动力开始，车辆减速度 a_b 也开始产生并逐步上升，直至达到基本稳定的状态，其过程如图 7-39 近似表示。

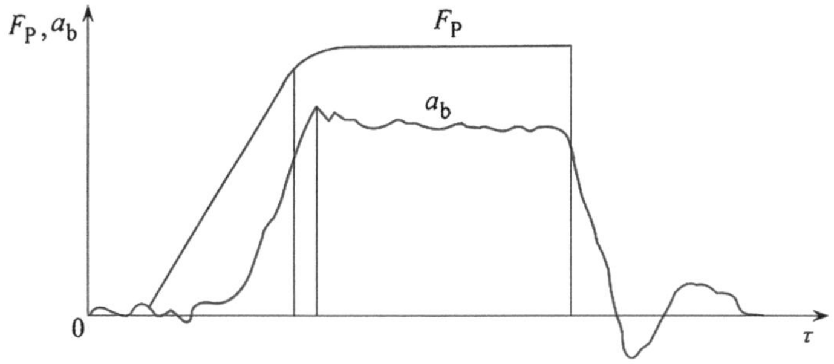

图 7-39　车辆制动过程中的制动力和减速度

将上图中制动力和减速度的变化情况，近似等效成梯形，如图 7-40 所示。则车辆的减速度可以分为两个阶段，第一阶段是减速度匀速线性上升阶段；第二阶段是减速度稳定阶段，即匀变速运动阶段。

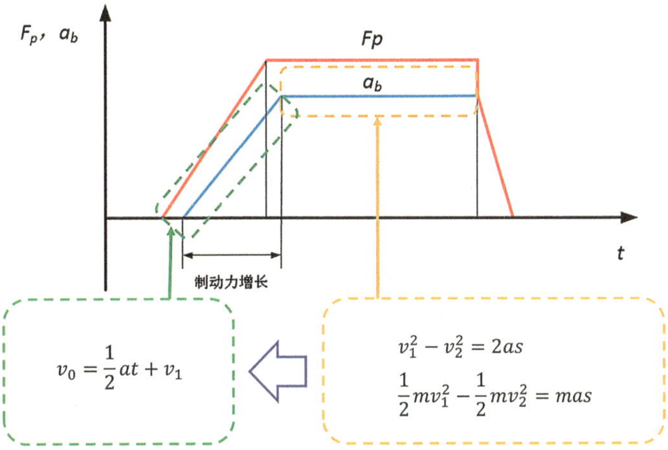

图 7-40 等效梯形图

根据以上两个阶段的运动特点，选择适当的公式进行分析建模，并由后向前逐步反推速度。从第二阶段开始，第二阶段是减速度稳定阶段，车辆运动呈匀减速状态，能动克服摩擦力做功。因此，对于第二阶段，可以分别从运动学和功能原理两个角度进行分析。

设定：减速度上升至稳定阶段 a 时的速度为 v_1；末速度为 v_2，即车辆停止时的速度数值为 0；从 v_1 到 v_2，车辆行驶过的距离为 s。

对第二阶段进行分析，根据运动学公式有

$$v_1^2 - v_2^2 = 2as = 2\varphi gks$$

根据功能原理有

$$\frac{1}{2}mv_1^2 - \frac{1}{2}mv_2^2 = mas = mg\varphi ks$$

以上两式均可以进一步整理得：

$$v_1 = \sqrt{2as} = \sqrt{2g\varphi ks} \tag{7-83}$$

在第二阶段的基础上，继续分析第一阶段。第一阶段是减速度从 0 线形增长到 a 的过程，从运动学的角度出发，减速度呈倾斜直线上升，上图中纵轴表示减速度，横轴是减速度上升所对应的时间 t，减速度斜向直线与对应过程的横轴时间所围成的三角形的面积就是这一阶段的速度变化量 Δv，如下式表示：

$$\Delta v = \frac{1}{2}at$$

则制动的初速度 v_0 可以进一步由下式表示为

$$v_0 = \frac{1}{2}at + \sqrt{2as} = \frac{1}{2}g\varphi kt + \sqrt{2g\varphi ks} \tag{7-84}$$

(四)一维碰撞的速度车速计算

以车辆对向碰撞为例，分析一维碰撞事故中的车速计算过程。车辆 1、2 分别以 v_{10}、v_{20} 的速度对向行驶并发生碰撞，从两车接触开始车辆发生压缩变形，同时产生碰撞力，随着碰撞的继续进行，车辆的压缩变形达到最大程度，此时两车达到了相同的速度，即共同速度 v_c；而后，两车的弹性形变开始恢复，两车在弹力的作用下向相反的方向运动，且速度也随之发生变化；然后，两车分别以 v_{11}、v_{21} 分离；最后，两车碰撞后剩余的动能克服摩擦力做功，速度降低至 0。

在分析一维碰撞过程中，对应共同速度的概念又引入了有效碰撞速度，有效碰撞速度的定义：车辆碰撞前的瞬间速度和碰撞过程中完成动量交换达到同一速度时的速度变化量。也可以理解为从车辆发生碰撞至各车达到相同速度时各车辆产生的速度变化。

以上过程如下图 7-41 所示。

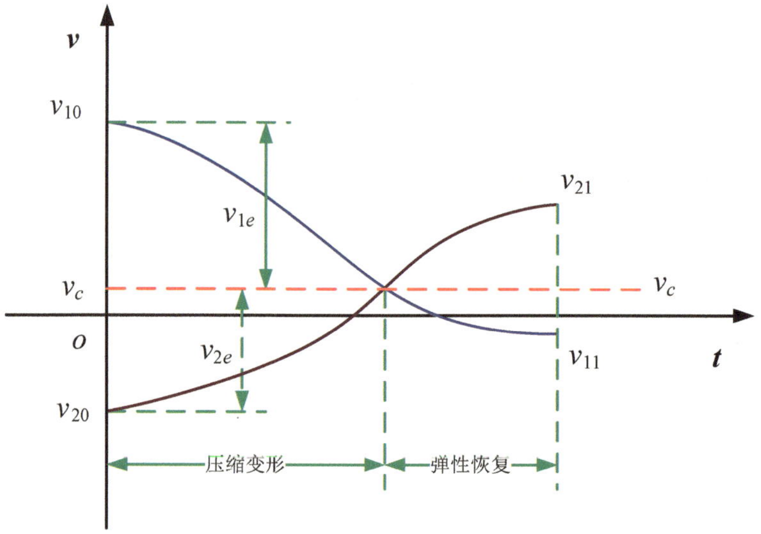

图 7-41 一维碰撞事故中的车速计算过程

根据有效碰撞速度的定义，1 车碰撞初速度 v_{10} 与 v_c 之间的速度变化量即为该车的有效碰撞速度 v_{1e}。同样，2 车的有效碰撞速度 v_{2e}。根据有效碰撞速度的定义，有下式成立：

$$v_{1e} = v_{10} - v_c = \frac{m_2}{m_1 + m_2}(v_{10} - v_{20})$$

$$v_{2e}=v_c-v_{20}=\frac{m_1}{m_1+m_2}(v_{10}-v_{20})$$

$$v_{1e}+v_{2e}=v_{10}-v_{20}$$

$$\frac{v_{1e}}{v_{2e}}=\frac{m_2}{m_1}$$

根据牛顿第三定律，同样有下式成立：

$$F_1t=F_2t$$

$$m_1(v_{10}-v_c)=m_2(v_c-v_{20})$$

$$m_1v_{1e}=m_2v_{2e}$$

通过以上分析和推导，可以得知两车的有效碰撞速度与车辆的质量成反比；两车有效碰撞速度的代数和等于两车初速度之差。

根据碰撞实验的统计数据，得到轿车正面碰撞有效碰撞速度与塑性变形量的经验公式，如下所示：

$$v_e=105.3x \tag{7-85}$$

式中，x 为轿车正面塑性变形量。

根据反推法由车辆最终位置按阶段，逐步反推碰撞前的速度。以上对向碰撞事故的最后一个阶段是两车分别以 v_{11}、v_{21} 分离，剩余动能克服摩擦力做功。根据功能原理，对两车分离后的运动进行分析，有下式成立：

$$\frac{1}{2}m_1v_{11}^2=m_1g\mu_{11}s_{11}$$

$$v_{11}=\sqrt{2g\mu_{11}s_{11}} \tag{7-86}$$

式中，g——重力加速度；

μ_{11}——1 车碰撞后的运动阻力系数；

s_{11}——1 车碰撞后的运动距离；

对于 2 车同样有

$$\frac{1}{2}m_2v_{21}^2=m_2g\mu_{21}s_{21}$$

$$v_{21}=\sqrt{2g\mu_{21}s_{21}} \tag{7-87}$$

式中，μ_{21}——2 车碰撞后的运动阻力系数；

s_{21}——2 车碰撞后的运动距离。

以上在对碰撞后两车运动分析计算的基础上，分别求得两车碰撞后速度。按照反推法的思路，进一步反推前一阶段，即两车碰撞阶段，计算两车碰撞时的速度。

根据动量守恒定律，对车辆 1、2 的碰撞过程进行分析，有下式成立：

$$m_1 v_{10} + m_2 v_{20} = (m_1 + m_2) v_c = m_1 v_{11} + m_2 v_{21} \tag{7-88}$$

式中，v_c——车辆 1、2 碰撞后达到的共同速度。

根据上式，共同速度 v_c 可以如下表示：

$$v_c = \frac{m_1 v_{10} + m_2 v_{20}}{m_1 + m_2} = \frac{m_1 v_{11} + m_2 v_{21}}{m_1 + m_2}$$

$$v_c = \frac{m_1 v_{11} + m_2 v_{21}}{m_1 + m_2} = \frac{m_1 \sqrt{2g\mu_{11} v_{11}} + m_2 \sqrt{2g\mu_{21} v_{21}}}{m_1 + m_2} \tag{7-89}$$

由上式，进一步代入整理：

$$v_{10} = v_c + v_{1e} = \frac{m_1 \sqrt{2g\mu_{11} v_{11}} + m_2 \sqrt{2g\mu_{21} v_{21}}}{m_1 + m_2} + 105.3x_1 \tag{7-90}$$

$$v_{20} = v_c - v_{2e} = v_c - v_{1e}\frac{m_1}{m_2} = \frac{m_1 \sqrt{2g\mu_{11} v_{11}} + m_2 \sqrt{2g\mu_{21} v_{21}}}{m_1 + m_2} - 105.3x_1 \frac{m_1}{m_2} \tag{7-91}$$

（五）基于圆周运动的速度计算

1. 车辆侧滑

车辆在做圆周运动（转弯）时，当其离心力大于或等于车辆所能够提供的横向摩擦力时，则车辆就会发生横向侧滑，如图 7-42 所示。

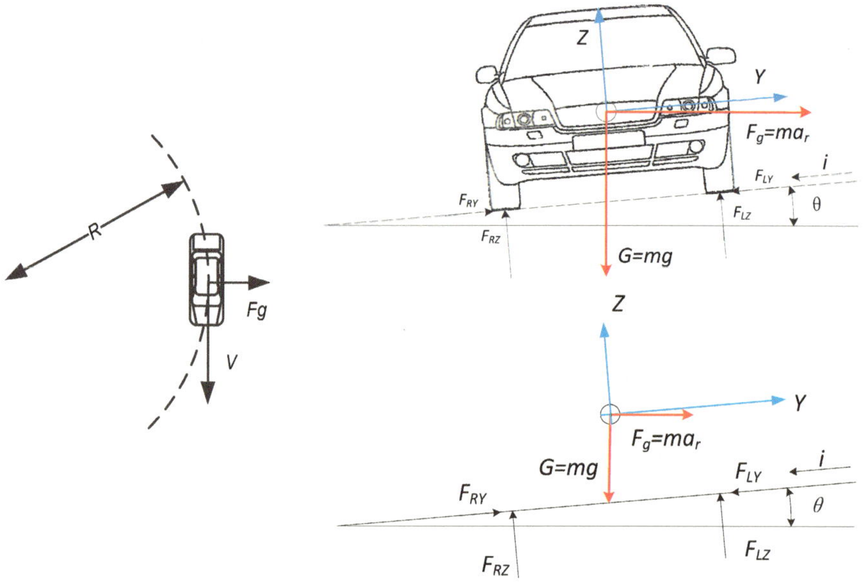

图 7-42　车辆侧滑

其中，θ——路面横坡角度，i 为对应的坡度；

G——车辆的重力；

F_g——车辆因做圆周运动而产生的离心力；

其中离心力 F_g 可以表示如下：

$$F_g = \frac{Gv^2}{gR}$$

对车辆发生侧滑时，车体 Y 轴方向的受力情况进行分析：

$$(G\cos\theta + F_g\sin\theta)\mu_Y = F_g\cos\theta - G\sin\theta$$

$$G(\sin\theta + \mu_Y\cos\theta) = F_g(\cos\theta - \mu_Y\sin\theta)$$

$$G(\sin\theta + \mu_Y\cos\theta) = \frac{Gv^2}{gR}(\cos\theta - \mu_Y\sin\theta)$$

上式进一步整理变换得

$$v^2 = \frac{gR(\sin\theta + \mu_Y\cos\theta)}{(\cos\theta - \mu_Y\sin\theta)}$$

$$v = \sqrt{\frac{(\sin\theta + \mu_Y\cos\theta)}{(\cos\theta - \mu_Y\sin\theta)}gR}$$

$$v = \sqrt{\frac{(\mu_Y + i)}{(1 - \tan\theta\mu_Y)}gR}$$

$$v = \sqrt{\frac{(\mu_Y + i)}{(1 - \mu_Y i)}gR} \tag{7-92}$$

2. 车辆侧翻

车辆在做圆周运动（转弯）时，当其离心力所形成的倾覆力矩大于或等于车辆重力所能够提供的最大抗倾覆力矩时则车辆发生横向侧翻。对车辆发生侧翻时进行受力分析。当车辆内侧（右侧）轮胎与地面间的作用力为零时，即 $F_{RY} = F_{RZ} = 0$，则车辆达到发生侧翻的临界状态，如图 7-43 所示。其中，θ 为路面横坡角度；i 为对应的坡度；h_g 为车辆的质心高度；T 为车辆的轮距；G 为车辆的重力；F_g 为车辆因做圆周运动而产生的离心力。

对外侧（左）轮胎建立力矩方程：

$$\sum M_L = \frac{T}{2}G\cos\theta + h_g G\sin\theta + \frac{T}{2}F_g\sin\theta - h_g F_g\cos\theta = 0$$

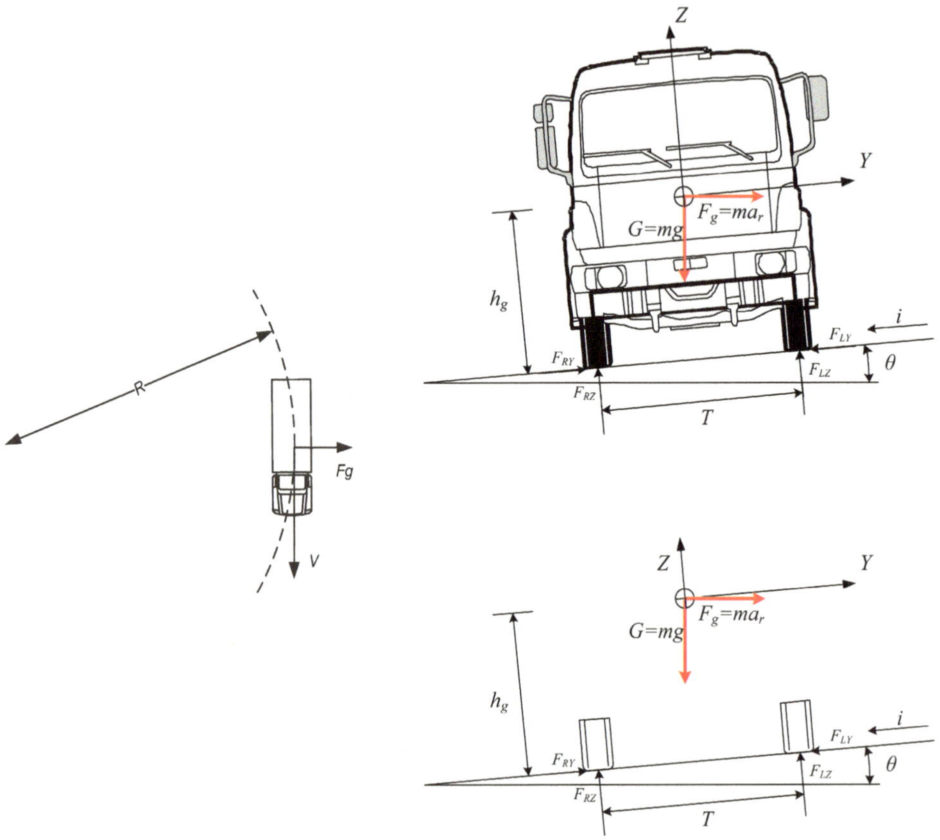

图 7-43　车辆侧翻状态的受力分析

其中，离心力 F_g 可以表示如下：

$$F_g = \frac{Gv^2}{gR}$$

将以上两式联立化简得

$$v = \sqrt{\frac{(T + 2h_g i)gR}{2h_g - Ti}} \tag{7-93}$$

（六）基于抛物运动的车速计算

交通事故中常见抛物运动过程，如：车辆驶出道路后的坠落过程；行人或两轮车当事人与汽车发生碰撞后，人体的摔抛过程等。在车速鉴定实践中，也可以根据抛物运动进行速度计算。

1. 简单平抛运动

假设行人与汽车碰撞后，人体碰撞后做平抛运动，其运动过程如图 7-44 所示。

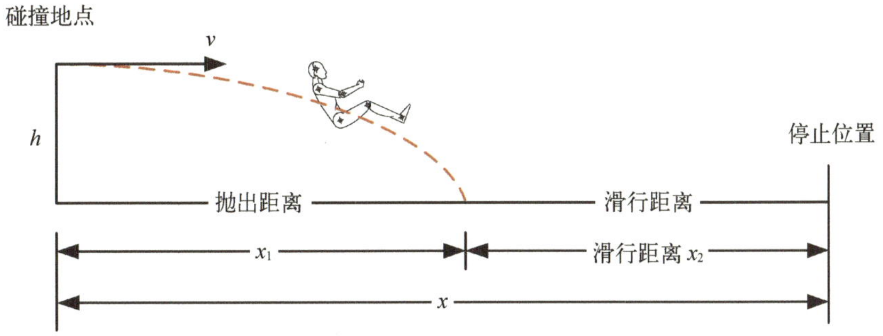

图 7-44　平抛运动过程分析

根据人体碰撞后的运动距离推算人车碰撞时，车辆的碰撞速度。设定：

v——车辆与人体碰撞时的速度；

m——人体的质量；

h——人体抛出时的高度（发动机舱盖+躯体半径）；

x——人体碰撞后的水平运动距离；

x_1——人体的抛出距离；

x_2——人体在地面上的滑动距离；

t——人体抛出时的下落时间；

μ——人体在地面上的滑动阻力系数；

对人体碰撞后的水平运动过程进行分析得

$$x_1 = vt$$

对人体碰撞后的垂直运动过程进行分析得

$$h = \frac{1}{2}gt^2$$

合并以上两式，削去 t，则进一步整理得

$$x_1 = v\sqrt{\frac{2h}{g}}$$

$$\frac{1}{2}mv^2 = mg\mu x_2$$

$$x_2 = \frac{v^2}{2g\mu}$$

$$x = x_1 + x_2 = v\sqrt{\frac{2h}{g}} + \frac{v^2}{2g\mu}$$

$$v = \mu\sqrt{2g}\left(\sqrt{h + \frac{x}{\mu}} - \sqrt{h}\right) \tag{7-94}$$

2. 质点阶段运动分析

将研究对象视为质点，对其碰撞后的运动过程进行分析并建立运动模型。设质点抛出速度为 V，速度方向与水平方向的夹角为 θ，水平分量为 u，垂直分量为 v。质点碰撞后的运动过程大致可以分为初抛、弹跳和滑行三个阶段，如图 7-45 所示。

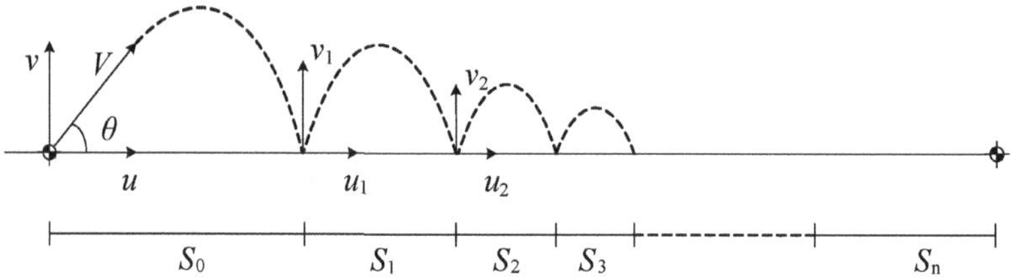

图 7-45　分阶段质点运动示意图

（1）初抛阶段

设质点初抛阶段的运动时间为 t_{s0}，根据运动方程可得

$$t_{s0} = \frac{2v}{g}$$

则质点初抛过程的水平位移 S_0 则可由下式表示：

$$S_0 = \frac{2uv}{g}$$

（2）弹跳阶段

设质点在路面上的反弹系数为 e，阻力系数为 μ，则质点第一次着地后的垂直弹起速度 v_1 可由下式表示：

$$v_1 = ev$$

着地后的水平速度 u_1 可以表示为

$$u_1 = u - \mu(v + v_1) = u - \mu v - \mu ev$$

第一次弹起后（至第二次落地）的运动距离 S_1 则可以表示为

$$S_1 = \frac{2u_1v_1}{g} = \frac{2}{g}(evu - \mu ev^2 - \mu e^2v^2)$$

同样，对该质点第二次弹起的过程进行分析有下式成立：

$$v_2 = ev_1 = e^2v$$

$$u_2 = u_1 - \mu(v_1 + v_2) = u_1 - \mu v_1(1 + e) = u - \mu v - 2\mu ev - \mu e^2v$$

$$S_2 = \frac{2u_2v_2}{g} = \frac{2}{g}(e^2vu - \mu e^2v^2 - 2\mu e^3v^2 - \mu e^4v^2)$$

对该质点第三次弹起的过程进行分析，同理有以下成立：

$$v_3 = ev_2 = e^3 v$$

$$u_3 = u_2 - \mu v_2(1+e) = u - \mu v - 2\mu ev - 2\mu e^2 v - \mu e^3 v$$

$$S_3 = \frac{2u_3 v_3}{g} = \frac{2}{g}(e^3 vu - \mu e^3 v^2 - 2\mu e^4 v^2 - 2\mu e^5 v^2 - \mu e^6 v^2)$$

对该质点第四次弹起的过程进行分析，同理有以下成立：

$$v_4 = ev_3 = e^4 v$$

$$u_4 = u_3 - \mu v_3(1+e) = u - \mu v - 2\mu ev - 2\mu e^2 v - 2\mu e^3 v - \mu e^4 v$$

$$S_4 = \frac{2u_4 v_4}{g} = \frac{2}{g}(e^4 vu - \mu e^4 v^2 - 2\mu e^5 v^2 - 2\mu e^6 v^2 - 2\mu e^7 v^2 - \mu e^8 v^2)$$

……

则质点滑行前的运动（初抛 & 弹跳）距离可由下式表示：

$$\begin{aligned}\sum S &= S_0 + S_1 + S_2 + S_3 + S_4 + \cdots \\ &= \frac{2}{g}(uv + euv + e^2 uv + \cdots - \mu ev^2 - 2\mu e^2 v^2 - 3\mu e^3 v^2 - 4\mu e^4 v^2 - 5\mu e^5 v^2 - \cdots) \\ &= \frac{2}{g}\left[\frac{uv}{1-e} - \frac{\mu ev^2}{(1-e)^2}\right]\end{aligned}$$

（3）滑行阶段

根据以上分析及推导，质点滑行前的水平速度则可以表示为

$$u_n = u - \mu v(1 + 2e + 2e + 2e + \cdots) = u + \mu v - \frac{2\mu v}{1-e} = \frac{u(1-e) - \mu v(1+e)}{1-e}$$

则质点的滑行 S_n 可以表示为

$$S_n = \frac{u_n^2}{2\mu g} = \frac{[u(1-e) - \mu v(1+e)]^2}{2\mu g(1-e)^2}$$

因此，碰撞后质点总的运动距离可以表示为

$$\begin{aligned}S &= \frac{1}{g}\left[\frac{2uv}{1-e} - \frac{2\mu ev^2}{(1-e)^2} + \frac{u^2(1-e)^2}{2\mu(1-e)^2} - \frac{2\mu uv(1-e)(1+e)}{2\mu(1-e)^2} + \frac{\mu^2 v^2(1+e)^2}{2\mu(1-e)^2}\right] \\ &= \frac{1}{2\mu g}(u + \mu v)^2\end{aligned}$$

又因为有

$$u = V\cos\theta;\ v = V\sin\theta$$

上式可以进一步整理得

$$S=\frac{V^2}{2\mu g}(\cos\theta+\mu\sin\theta)^2$$

$$V=\frac{\sqrt{2\mu gS}}{\cos\theta+\mu\sin\theta}$$

进一步整理，则有

$$V_{\min}=\sqrt{\frac{2\mu gS}{1+\mu^2}};\ V_{\max}=\sqrt{2\mu gS} \tag{7-95}$$

3. 质点运动微分方程

设质点与地面间的摩擦阻力系数为 μ，碰撞后的水平位移为 x，则水平方向速度可以表示为 x'，水平方向加速度可以表示为 x''；质点碰撞后的垂直位移为 y，则垂直方向速度可以表示为 y'，垂直方向加速度可以表示为 y''，垂直方向的位移为 H。

以质点碰撞后的瞬间位置为坐标原点，水平运动方向为 x 轴正方向，垂直运动方向为 y 轴正方向建立二维平面直角坐标系。则质点水平位移为 x，水平速度为 x'（u），水平加速度 x''；垂直位移为 y，垂直速度为 y'（v），垂直加速度为 y''，如图 7-46 所示。

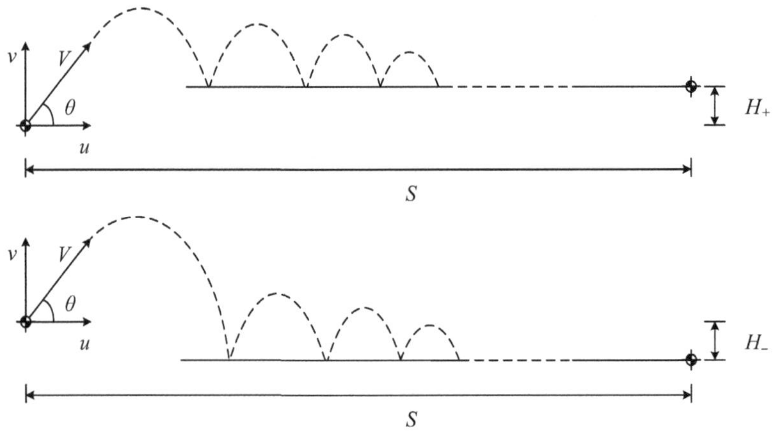

图 7-46　质点抛射运动示意图

对质点的运动过程进行分析，根据牛顿第二定律有以下成立：

$$R-mg=my''$$

$$-\mu R=mx''$$

其中，R 是地面反力。以上两式联立，消去 R 得

$$x''+\mu y''=-\mu g$$

上式适应于质点碰撞后的整个运动过程，包括初抛、弹跳和滑行三个阶段。设定：

$$x + \mu y = z$$

则上式可以变换为

$$z'' = -\mu g$$

对上式积分得

$$z'^2 = -2\mu g z + C$$

质点碰撞后瞬间，有以下成立：

$$z' = u + \mu v$$
$$z = 0$$

因此，有以下成立：

$$C = (u + \mu v)^2$$

当质点位于最终位置时，有以下成立：

$$z' = 0$$
$$z_+ = S + \mu H_+;\ z_- = S - \mu H_-$$

综合以上，即有

$$(u + \mu v)^2 = 2\mu g(S + \mu H_+);\ (u + \mu v)^2 = 2\mu g(S - \mu H_-)$$

进一步整理可得

$$V_+ = \sqrt{\frac{2\mu g(S + \mu H_+)}{(\cos\theta + \mu\sin\theta)^2}};\ V_- = \sqrt{\frac{2\mu g(S - \mu H_-)}{(\cos\theta + \mu\sin\theta)^2}}$$

进一步整理，则有

$$V_{+\min} = \sqrt{\frac{2\mu g(S + \mu H_+)}{1 + \mu^2}};\ V_{+\max} = \sqrt{2\mu g(S + \mu H_+)}$$
$$V_{-\min} = \sqrt{\frac{2\mu g(S - \mu H_-)}{1 + \mu^2}};\ V_{-\max} = \sqrt{2\mu g(S - \mu H_-)} \quad (7\text{-}96)$$

第四节　典型道路交通事故车速鉴定案例

一、EDR 数据在一维碰撞事故中的应用

（一）基本案情

2016 年 10 月某日某时许，别克牌小型轿车（甲车）在某高速公路某方向 626 km + 32 m 处与其前方某号牌半挂牵引车及其拖挂的半挂车（乙车）发生交通事故。2017 年 10 月，办案单位根据案件调查需要，委托对甲乙两车的速度进行重新鉴定。

图 7-47　事故现场照片

（二）检验所见

1. 检验方法

参照 GA 41-2014《道路交通事故痕迹物证勘验》、GA/T 1087-2013《道路交通事故痕迹鉴定》及 GB/T 33195-2016《道路交通事故车辆速度鉴定》有关条款及检验方法对甲乙两车进行检验，并读取甲车安全气囊感应及诊断模块（SDM）中记录的数据，对甲乙两车事故发生时的速度进行分析计算。

2. 检验所见

（1）甲车

车辆识别代号为 ×××。车顶前部向后撕脱挤压变形，其外侧及右前车门上边梁

图 7-48　事故车辆前观照

前上侧见挫印，表层黑色涂层呈减层，黏附绿色及橙色物质。前风窗玻璃碎裂、缺损。发动机舱盖弯折变形，局部见由前向后的割裂，其右端脱位并向左移位，伴刮擦痕迹，表层黑色涂层呈减层，黏附橙色物质。发动机舱内部件破损移位。前保险杠缺损脱位，其外侧见刮擦痕迹，表层黑色涂层呈减层，黏附橙色物质。右后视镜断落。左后视镜向前翻转。左前轮向后移位。左前车门弯折变形。仪表台破损脱位。转向盘扭曲变形。主、副安全气囊均已展开。前排安全带已锁死。

利用 CDR（CRASH DATA RETRIEVAL SYSTEM）提取该车安全气囊感应及诊断模块（SDM）中记录的数据：

Event Data (General)

Ignition Cycles At Investigation	10786
Dynamic Deployment Event Counter	1

Event Data (Event Record 2)

Event Recording Complete	Yes
Event Record Type	Deployment
Ignition Cycles At Event	10785
Event Severity Status: Rollover	No
Event Severity Status: Rear	No
Event Severity Status: Right Side	No
Event Severity Status: Left Side	No
Event Severity Status: Frontal Stage 2	Yes
Event Severity Status: Frontal Stage 1	Yes
Event Severity Status: Frontal Pretensioner	Yes
Longitudinal SDM Recorded Vehicle Velocity Change at time of Maximum SDM Recorded Vehicle Velocity Change MPH [km/h]	−48 [−78]
Lateral SDM Recorded Vehicle Velocity Change at time of Maximum SDM Recorded Vehicle Velocity Change MPH [km/h]	−1 [−1]

Pre-Crash Data –2.5 to –.5 sec (Event Record 2)

Times (sec)	Accelerator Pedal Position (percent)	Brake Switch Circuit State	Vehicle Speed (MPH [km/h])
–2.5	23	Off	71 [115]
–2.0	23	Off	71 [115]
–1.5	23	Off	71 [115]
–1.0	24	Off	71 [115]
–0.5	24	Off	71 [115]

（2）乙车

牵引车车架钢印号为 ×××，半挂车车架钢印号为 ×××。货箱后侧左部变形，伴撞击刮擦痕迹。左后组合灯破损。后保险杠缺失。第六轴左、右轮胎均已拆除。第六轴左部向前移位，其钢板弹簧吊耳支架断裂。车辆后侧距地高 143 cm 以下、距车左端 0～142 cm 范围内见刮擦痕迹，表层绿色及橙色涂层呈减层，黏附黑色物质。

图 7-49

图 7-50

（三）书证摘录

1. 委托方出具的说明

甲车车内共有三名当事人。分别为 ×××，男，30 岁；×××，男，33 岁；×××，女，32 岁。

事故现场勘查完毕后我单位委托某检测中心对乙车总重进行测量。测量结果为 44 980 kg，由在场见证的当事人 ××× 确认并在过磅单上签字。

2. 甲车机动车行驶证

整备质量为 1 750 kg。

（四）分析计算

甲乙两车所检见的痕迹，在部位、受力方向及附着物等方面均可以互相印证，符合甲车正面与乙车后侧左部碰撞形成的特征。

甲乙两车碰撞时，甲车安全气囊感应及诊断模块（SDM）的记录功能被激活，记录了甲车碰撞前 2.5 秒内的速度及相关操作情况等信息。提取出的数据显示，甲车碰撞中纵向最大速度变化值为−78 km/h、横向最大速度变化值为−1 km/h。甲车碰撞前 2.5 秒内油门踏板位置开度在 23% 至 24% 间、制动踏板开关保持在“关闭”状态、速度保持在 115 km/h。根据上述数据，甲车事故发生时油门踏板被踩下、制动踏板未被踩下、速度约为 115 km/h。

根据委托方提供的案情信息、出具的说明及甲车机动车行驶证，取甲车事发时的质量：

$$m_1 = 1\ 750 + 60 \times 3 = 1\ 930 \text{ kg}$$

乙车事发时的质量：

$$m_2 = 44\ 980 + 60 \times 2 = 45\ 100 \text{ kg}$$

甲车碰撞时的速度：

$$v_{10} = 115 \text{ km/h}$$

Pre–Crash Data −2.5 to −.5 sec

Times (sec)	Accelerator Pedal Position (percent)	Brake Switch Circuit State	Engine Speed	Throttle Position (%)	Vehicle Speed (MPH [km/h])
−2.5	23	Off	2 240	59	71 [115]
−2.0	23	Off	2 240	59	71 [115]
−1.5	23	Off	2 176	59	71 [115]
−1.0	24	Off	2 176	59	71 [115]
−0.5	24	Off	2 176	59	71 [115] → v_{20}

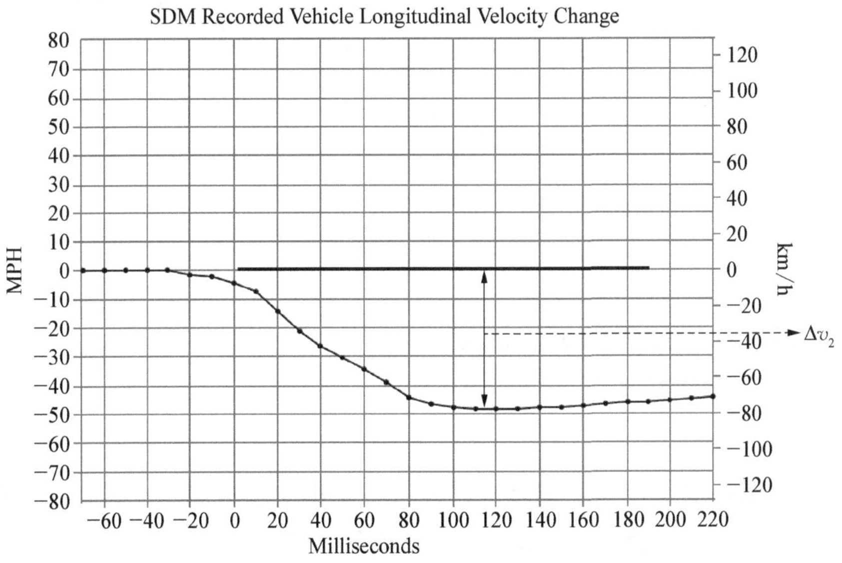

根据甲乙两车的碰撞形态分析，碰撞后两车达到共同速度，并有下式成立：

$$v_{11} = v_{21} = v_c = 115 - 78 = 37\ \text{km/h}$$

代入动量守恒公式，计算乙车碰撞时的速度 v_{20}。

$$m_1 v_{10} + m_2 v_{20} = (m_1 + m_2) v_c$$

$$v_{20} = \frac{(m_1 + m_2) v_c - m_1 v_{10}}{m_2} \approx 33.66\ \text{km/h}$$

根据上述分析计算，乙车事故发生时的速度约为 34 km/h。

基于两车碰撞形态，两车碰撞后的瞬时速度相等，即有下列关系成立：

$$v_{11} = v_{21}$$

根据动量守恒定律，且有下列关系成立：

$$m_1 \Delta v_1 = m_2 \Delta v_2$$

即

$$\Delta v_1 = \frac{m_2 \Delta v_2}{m_1}$$

又因

$$v_{10} + \Delta v_1 = v_{11} = v_{21}$$

则

$$v_{10} = v_{21} - \Delta v_1 = (v_{20} - \Delta v_2) - \frac{m_2 \Delta v_2}{m_1}$$

即

$$v_{10} = v_{20} - \frac{(m_1 + m_2) \Delta v_2}{m_1}$$

二、基于事故车辆故障数据的速度鉴定

（一）基本案情

2018 年 2 月某日某时许，某号牌玛莎拉蒂牌小型越野客车在某高速公路某方向 500 km ＋ 600 m 处与其前方某号牌半挂牵引车及其拖挂的半挂车发生交通事故。2019

图 7-51　事故现场照片

图 7-52

图 7-53　玛莎拉蒂牌小型越野客车前部痕迹

年 1 月，办案单位根据案件调查需要，委托对某号牌玛莎拉蒂牌小型越野客车碰撞时的速度进行重新鉴定。

（二）检验所见

1. 鉴定方法

参照 GB/T 33195-2016《道路交通事故车辆速度鉴定》、GA 41-2014《道路交通事故痕迹物证勘验》及 GA/T 1087-2013《道路交通事故痕迹鉴定》有关条款及检验方法，对委托事项作出鉴定意见。

2. 检验所见

（1）被鉴定车辆

车辆识别代号为 ×××260。

车辆前保险杠脱落、缺失。左、右纵梁前部均见碰撞痕迹，并向右弯折变形。左、右前照灯均脱落、缺失。左、右前轮均瘪气。左、右前翼子板均向后挤压变形。发动机罩前端与锁扣脱开，并向后挤压变形，局部见破口。前风窗玻璃碎裂，并见多处破口。左、右后视镜均异常定位，均向前旋转约 90°。主、副驾驶座安全气囊均展开。主、副驾驶座安全带均锁止，并收紧于左、右 B 柱内侧。仪表板显示：前照灯近光灯故障，行驶里程为 10 566 km。

（2）读取诊断故障码

利用 Panasonic CF-D1 汽车故障电脑诊断仪读取被鉴定车辆诊断故障码。车辆视图页示，VIN 为 ×××260。共读取到 65 组诊断故障码，其中，诊断故障码 ETM U0151-00 为与乘员约束控制器（ORC）失去通讯（该故障诊断码内容示，原始里程表值为 10 560 km，最新的里程表数为 10 560 km）；诊断故障码 TPM_M161 C0077-00 为轮胎压力低（该故障诊断码内容示，原始里程表值为 10 560 km，最新的里程表数为 10 560 km）；诊断故障码 DDM B1F06-14 为后视镜位置传感器控制电路-电路对地短路或开路（该故障诊断码内容示，原始里程表值为 10 560 km，最新的里程表数为 10 560 km）；诊断故障码 BCM_MY18 B181E-13 为发动机罩半开输入电路开路（该故障诊断码内容示，原始里程表值为 10 560 km，最新的里程表数为 10 560 km）；诊断故障码 BCM_MY18 B178E-15 为前照灯开关输入电路对蓄电池短路或开路（该故障诊断码内容示，原始里程表值为 10 560 km，最新的里程表数为 10 560 km）；诊断故障码 BCM_MY18 B283E-14 为左侧 HID 前照灯控制电路-电路对地短路或开路（该故障诊断码内容示，原始里程表值为 10 560 km，最新的里程表数为 10 560 km）；诊断故障码 BCM_MY18 B283F-14 为右侧 HID 前照灯控制电路-电路对地短路或开路（该故障诊断码内容示，原始里程表值为 10 560 km，最新的里程表数为 10 560 km）；诊断故障码 BCM_MY18 B162A-15 为左侧近光灯控制电路对电池短路或开路（该故障诊断码内容示，原始里程表值为 10 560 km，最新的里程表数为 10 560 km）；诊断故障码 BCM_MY18 B162E-15 为右侧近光灯控制电路对电池短路或开路（该故障诊断码内容示，原始里程表值为 10 560 km，最新的里程表数为 10 560 km）；诊断故障码 ASCM C211B-92 为点火运行 / 启动输入性能或运行不正确（该故障诊断码内容示，原始里程表值为 10 560 km，最新的里程表数为 10 560 km，车速为 144.818 00 km/h，发动机每分钟转数为 2 200 RPM）；诊断故障码 ASCM C15B3-11 为右前加速度传感器-电路对地短路（该故障诊断码内容示，原始里程表值为 10 560 km，最新的里程表数为 10 560 km，车速为 144.818 00 km/h，发动机每分钟转数为 2 200 RPM）。

图 7-54　诊断故障码 ASCM C211B-92 所示内容截屏一

图 7-55　诊断故障码 ASCM C211B-92 所示内容截屏二

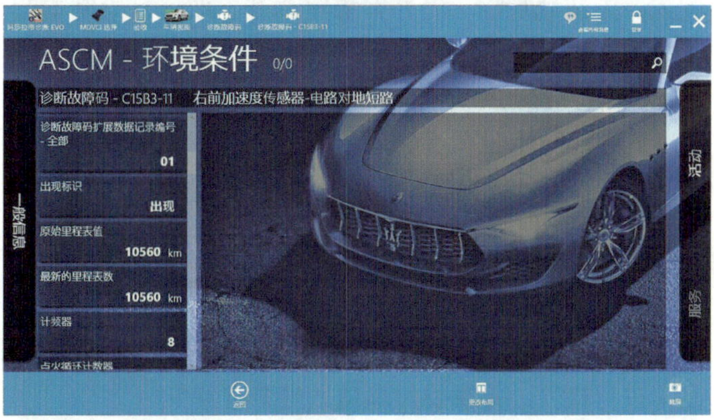

图 7-56　诊断故障码 ASCM C15B3-11 所示内容截屏一

图 7-57　诊断故障码 ASCM C15B3-11 所示内容截屏二

（三）分析说明

将被鉴定车辆损坏情况与被鉴定车辆中读取的诊断故障码所示故障比对、分析，发现诊断故障码所示故障与对应的车辆损坏情况吻合。被鉴定车辆仪表板所示里程数 10 566 km 与上述诊断故障码中的里程数 10 560 km 接近。

上述诊断故障码中 ASCM C211B-92（点火运行 / 启动输入性能或运行不正确）及 ASCM C15B3-11（右前加速度传感器-电路对地短路）均显示了原始里程表值为 10 560 km 及最新的里程表数为 10 560 km 时，对应的车速为 144.818 00 km/h，对应的发动机每分钟转数为 2 200 RPM。

综合上述分析，可以认为读取的诊断故障码所示信息为被鉴定车辆碰撞时的车辆状态，被鉴定车辆碰撞时的速度约为 145 km/h。

三、基于视频和事故形态的综合鉴定

（一）基本案情

2017 年 12 月某日某时许，某号牌解放牌重型厢式货车沿某公路由东向西行驶至某路口处，与由北向南行走的行人发生碰撞。事故发生时该重型厢式货车上有一名驾驶人，未装载货物。经办案警察调查、取证，绘制本起事故道路交通事故现场图一份，拍摄现场勘验照片及车辆检验照片若干张，提取到事发地点的监控视频两段。2018 年 1 月，办案单位委托鉴定某号牌解放牌重型厢式货车事发时的行驶速度。

（二）检验所见

1. 鉴定方法

参照 GB/T 33195-2016《道路交通事故车辆速度鉴定》及 GA/T 1133-2014《基于视频图像的车辆行驶速度技术鉴定》的有关方法和公式，对提供的鉴定材料（送检样品）进行检验，并对委托事项做出鉴定意见。

2. 检验所见

（1）道路交通事故现场图

事故地点为 ×× 市 ×× 区 ×× 公路 ×× 路口，天气晴，干燥沥青路面。×× 公路为东西走向，×× 路为斜向南北走向，×× 公路与 ×× 路平面斜交叉。×× 公路为双向四车道，道路中间设有中央隔离带，两条机动车道总宽 720 cm，机动车道分道线为虚线，机动车道两侧各有一条非机动车道及一条人行道。

以 ×× 公路由东向西方向机非隔离带南边缘为基准。被鉴定车辆头西尾东停于 ×× 公路由东向西机动车一车道内，右前轮、右后轮分别距基准线 520 cm、550 cm，右前轮在地面留有一条由东向西走向制动痕迹，制动痕迹长 3 600 cm，痕迹起点位于由

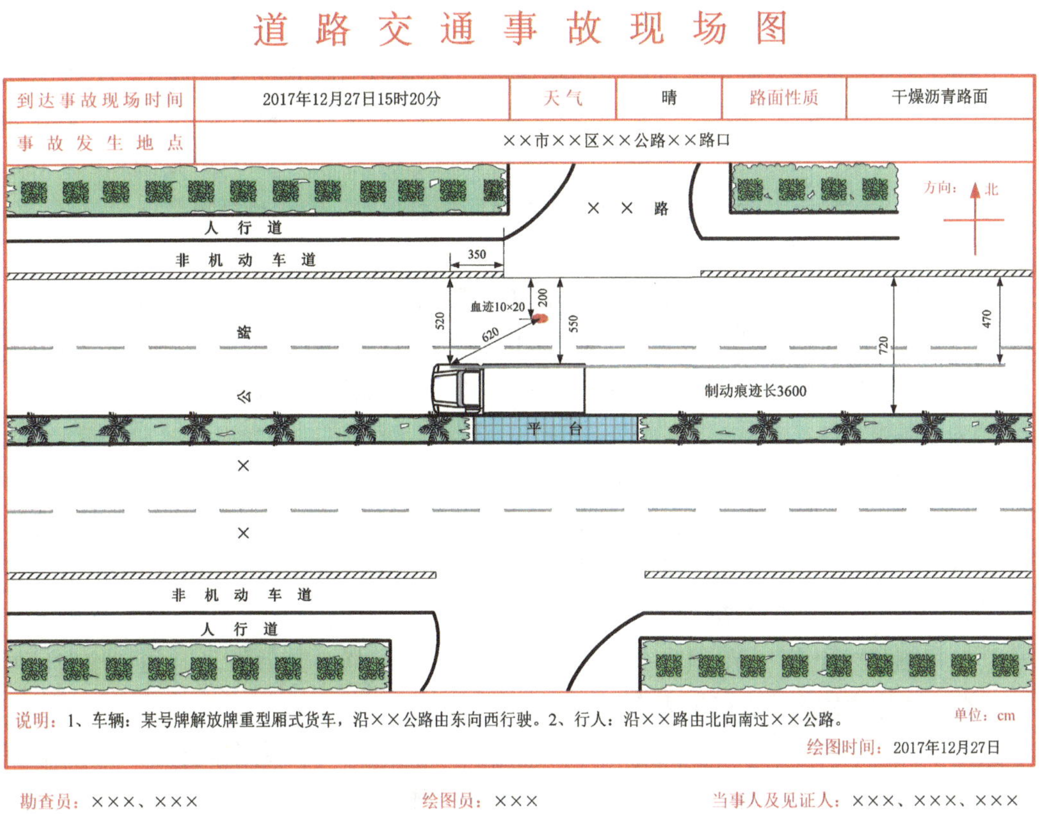

图 7-58　道路交通事故现场图

东向西机动车一车道内，距基准线 470 cm，终点位于被鉴定车辆右前轮下方；距被鉴定车辆右前轮东偏北方向 620 cm 处有一处 10 cm × 20 cm 血迹，该血迹位于东向西机动车二车道内，中心点距基准线 200 cm。

（2）车辆信息

品　牌	解放牌	整车型号	CA5160XXYPK2L5E5A80
整备质量	7 700 kg	核定载质量	8 105 kg
轴　数	2	轴　距	5 700 mm
外廓尺寸	10 000 × 2 550 × 3 995 mm		

经测量，货厢外廓尺寸约为 780 cm，轮辋外侧半径约为 30 cm，车轮半径约为 50 cm。

（3）制动性能测试单

测试单编号为 2018-test，日期：2018 年 1 月 3 日，测试地点：× × 公路 × × 路口，测试路面为干燥沥青路面，初速度为 29.8 km/h，制动距离为 8.3 m，协调时间为 0.320 s，MFDD 为 6.01 m/s^2，装载情况为空载，没有超出试车道，结论为合格。测试使用仪器已经过校准。

（4）车辆检验照片

被鉴定车辆（某号牌解放牌重型厢式货车）车身颜色为橘红色，右前照灯灯罩距地高 66 cm～87 cm 范围见破损，右前照灯灯罩上部相邻前保险杠距地高 88 cm～92 cm 范围见水平方向条状刮擦痕迹；车辆右前包角饰罩距地高 95 cm～100 cm 范围见破裂；右车门距地高 98 cm～106 cm 范围见前高后低横向刮擦痕迹，表层橘红色涂层呈减层。

（5）现场勘验照片

事故发生路段位于一交叉路口，主干道为双向四车道，干燥沥青路面，磨损较小，道路中央设有绿化隔离带，两侧设有非机动车道和人行道。在由东向西方向第一车道内见有一条连续的纵向深色单轮制动痕迹，痕迹起点和止点清晰可见。

（6）视频文件

1）名为“2018 Speed Estimation 01”的视频文件

文件名为“2018 Speed Estimation 01”的 MP4 文件，大小为 7.55 MB，哈希值 MD5 为 ×××。视频画面连续，播放总时长约为 1 分 03 秒，共 1 581 帧，帧率为 25 帧 / 秒，分辨率为 720 × 576 像素。

视频图像左上部显示“12-27-2017 星期三”等字样，其后数显时间。按时间顺序，视频图像中依次检见以下内容：

在 15 : 07 : 57 第 7 帧，被鉴定车辆在视频画面左侧中下部自左向右驶入视频监控范围，此时其右前部已与一着黄色上衣的行人发生碰撞；

在 15 : 07 : 57—15 : 07 : 59 许，被鉴定车辆制动并最终停定于视频画面中部路面上，被鉴定车辆右侧下方、后方路面上留有一条深色拖痕，该痕迹左端延伸至视频监控范围左边缘，未能检见痕迹起点位置（结合事故现场图及现场勘验照片分析，该痕迹应为记录的 3 600 cm 长制动痕迹的一部分）。与此同时，行人向被鉴定车辆右前方翻滚、滑移，并最终停定于被鉴定车辆右侧车道内。

2）名为“2018 Speed Estimation 02”的视频文件

文件名为“2018 Speed Estimation 02”的 MP4 文件，文件大小 19.6 MB，哈希值 MD5 为 ××× 视频画面连续，播放总时长约为 1 分 00 秒，共 1 523 帧，帧率为 25 帧 / 秒，分辨率为 1 920 × 1 080 像素。

视频图像左上部显示“12-27-2017 星期三”字样，其后数显时间。按时间顺序，视频图像中依次检见以下内容：

在 15 : 06 : 57 许，行人在视频图像右侧中部由右向左步行进入视频监控范围；

在 15 : 07 : 14 许，行人进入机动车道内；

在 15 : 07 : 16 第 4 帧图像上，被鉴定车辆在视频图像右侧中部由右向左沿第一车道驶入视频监控范围；

在 15 : 07 : 16 第 11 帧图像上，选取被鉴定车辆左前轮轴心外端所处空间位置为参考点 A；

在 15 : 07 : 16 第 16 帧图像上，选取被鉴定车辆左前轮轴心外端所处空间位置为参考点 a；

在 15：07：16 第 21 帧图像上，参考点 A 位于被鉴定车辆左后轮轮辋后半部分，此时被鉴定车辆尚未与行人发生碰撞；

在 15：07：16 第 22 帧图像上，被鉴定车辆右前部与行人发生碰撞；

在 15：07：17 第 20 帧图像上，选取被鉴定车辆左前轮轴心外端所处的空间位置为参考点 B；

图 7-59　15：07：16 第 11 帧

图 7-60　15：07：16 第 21 帧

图 7-61　15 : 07 : 17 第 20 帧

图 7-62　15 : 07 : 18 第 19 帧

在 15 : 07 : 18 第 7 帧图像上，选取被鉴定车辆左前轮轴心外端所处的空间位置为参考点 b；

在 15 : 07 : 18 第 19 帧图像上，参考点 B 位于被鉴定车辆左后轮轮辋后半部分，此时被鉴定车辆尚未停止前进；

在 15 : 07 : 19 第 8 帧图像上，被鉴定车辆车轮停定于画面左侧路面上，其下方和后方路面上留有深色制动痕迹，制动痕迹右端延伸至视频监控范围右边缘，视频中未能检见该痕迹起点位置。

（三）分析计算

1. 基于视频的车速计算

（1）被鉴定车辆通过参考点 A 时的速度

根据视频图像检验所见，利用速度定义求解被鉴定车辆通过参考点 A 时的速度，公式如下：

$$v = \frac{l}{t} \tag{7-97}$$

由视频图像及被鉴定车辆参数信息，被鉴定车辆特征部位通过空间参考点 A 的时间及距离计算如下。

视频帧率为 25 帧 / 秒，设帧间间隔为 t'，则有

$$t' = \frac{1}{25}$$

行驶时间 t_A 计算如下：

$$t_A = (21 - 11) \times t' = 10 \times \frac{1}{25} = \frac{2}{5}\text{s}$$

行驶距离 l_A 满足以下关系式：

$$l_A > 5.7\ \text{m}$$

$$l_A < 5.7 + 0.3 = 6.0\ \text{m}$$

将参数代入式（7−97）整理计算得

$$v_A = \frac{l_A}{t_A} > 5.7 \times \frac{5}{2} = 14.25\ \text{m/s} = 51.30\ \text{km/h}$$

$$v_A = \frac{l_A}{t_A} < 6.0 \times \frac{5}{2} = 15\ \text{m/s} = 54\ \text{km/h}$$

根据以上计算结果，被鉴定车辆通过参考点 A 时的速度 v_A 大于 51 km/h，小于 54 km/h。

（2）被鉴定车辆通过参考点 B 时的速度

根据视频图像检验所见，利用速度定义根据公式（7−97）求解被鉴定车辆通过参考点 B 时的速度。

由视频图像及被鉴定车辆参数信息，被鉴定车辆特征部位通过空间参考点 A 的时间及距离计算如下。

视频帧率为 25 帧 / 秒，设帧间间隔为 t'，则有

$$t' = \frac{1}{25}$$

行驶时间 t_B 计算如下：

$$t_B = (25 + 19 - 20) \times t' = 24 \times \frac{1}{25} = \frac{24}{25}\text{ s}$$

行驶距离 l_B 满足以下关系式：

$$l_B > 5.7\text{ m}$$
$$l_B < 5.7 + 0.3 = 6.0\text{ m}$$

将参数代入式（7-97）整理计算得

$$v_B = \frac{l_B}{t_B} > 5.7 \times \frac{25}{24} \approx 5.94\text{ m/s} \approx 21.38\text{ km/h}$$
$$v_B = \frac{l_B}{t_B} < 6.0 \times \frac{25}{24} = 6.25\text{ m/s} = 22.50\text{ km/h}$$

根据以上计算结果，被鉴定车辆通过参考点 B 时的速度 v_B 大于 21 km/h，小于 23 km/h。

综上，被鉴定车辆通过参考点 A（碰撞行人之前）速度为 51 km/h～54 km/h，通过参考点 B（碰撞行人之后）速度为 21 km/h～23 km/h，存在明显的速度降低，结合上述对两视频文件中检验所见的深色制动痕迹起点延伸至视频范围以外，以及事故现场勘验照片、现场图中记录的制动痕迹连续无间断分析，被鉴定车辆进入视频监控范围至完全停止应一直处于制动减速状态。

（3）被鉴定车辆通过参考点 a 和 b 之间的减速度

上述视频二中，被鉴定车辆左前轮轴心通过参考点 a 和 b 之间的过程包含了其在视频范围内碰撞前和碰撞后的大部分过程。

通过参考点 a 和 b 之间历时 t_{ab} 为

$$t_{ab} = 41 \times \frac{1}{25} = 1.64\text{ s}$$

由于制动痕迹连续无间断，因此被鉴定车辆的制动过程可近似认为匀减速运动，设被鉴定车辆左前轮轴心通过参考点 a 瞬时速度为 v_a，通过参考点 b 瞬时速度为 v_b，根据运动学原理，匀减速运动的平均速度等于其中间时刻的瞬时速度，因此有

$$v_a = v_A$$
$$v_b = v_B$$

设参考点 a 和 b 之间平均减速度值为 a'，根据运动学原理知

$$a' = \left|\frac{v_b - v_a}{t_{ab}}\right|$$

又因为

$$51\ \text{km/h} < v_A < 54\ \text{km/h}$$
$$21\ \text{km/h} < v_B < 23\ \text{km/h}$$

故

$$a' = \left|\frac{v_b - v_a}{t_{ab}}\right| > \left|\frac{23 - 51}{3.6 \times 1.64}\right| \approx 4.74\ \text{m/s}^2$$
$$a' = \left|\frac{v_b - v_a}{t_{ab}}\right| < \left|\frac{21 - 54}{3.6 \times 1.64}\right| \approx 5.59\ \text{m/s}^2$$

根据以上计算结果，被鉴定车辆通过参考点 a 和 b 之间的平均减速值 a' 小于 5.6 m/s^2，大于 4.7 m/s^2。

2. 基于事故形态和制动痕迹的车速计算

事故现场图中，被鉴定车辆与行人发生碰撞后，路面上留有一条 36 m 长制动痕迹，该痕迹止点位于被鉴定车辆右前轮着地点。同时，现场勘验照片显示，该制动痕迹为单轮制动痕迹，由此可判定该制动痕迹为被鉴定车辆右前轮制动过程所产生。结合事故形态特征，因此，可根据制动痕迹计算被鉴定车辆在制动痕迹起点时的速度。

由功能转换原理及能量守恒定律有下式成立：

$$\frac{1}{2}mv_1^2 - \frac{1}{2}mv_2^2 = mas + E_{crash}$$

式中：m 为被鉴定车辆质量；v_1 为被鉴定车辆在制动痕迹起点时的速度；v_2 为被鉴定车辆在制动痕迹终点时的速度，其值为 0；s 为制动痕迹长度；a 为减速度；E_{crash} 为被鉴定车辆与行人发生碰撞损失的能量，由于被鉴定车辆的质量远远大于行人的质量，故该部分被鉴定车辆的能量损失可忽略不计，即 $E_{crash} \approx 0$。上式简化后可得

$$v_1 = \sqrt{2as}$$

考虑到制动协调时间内车速的降低，因此，被鉴定车辆制动前的速度 v 为

$$v = \Delta v + v_1 = \frac{1}{2}at + \sqrt{2as} \tag{7-98}$$

式中，Δv 为被鉴定车辆在制动协调时间内的速度降低值；t 为制动协调时间。

根据以上计算结果，被鉴定车辆通过参考点 a 和 b 的平均减速度值 a' 为

$$4.7\ \mathrm{m/s^2} < a' < 5.6\ \mathrm{m/s^2}$$

由道路交通事故现场图及制动性能测试单所示，结合事故案情，制动距离 s 取 36 m，制动协调协调时间 t 取 0.32 s，将以上参数代入式（7-98）中整理得被鉴定车辆制动前速度为

$$\begin{aligned} v &= \frac{1}{2}at + \sqrt{2as} > \frac{1}{2} \times 4.7 \times 0.32 + \sqrt{2 \times 4.7 \times 36} \\ &\approx 19.15\ \mathrm{m/s} = 68.94\ \mathrm{km/h} \\ v &= \frac{1}{2}at + \sqrt{2as} < \frac{1}{2} \times 5.6 \times 0.32 + \sqrt{2 \times 5.6 \times 36} \\ &\approx 20.98\ \mathrm{m/s} \approx 75.53\ \mathrm{km/h} \end{aligned}$$

因此，根据视频中平均减速度计算所得被鉴定车辆制动前的速度 v 大于 68 km/h、小于 76 km/h。

根据视频计算被鉴定车辆通过参考点 A 过程中的平均速度约为 51 km/h～54 km/h，通过参考点 B 过程中的平均速度约为 21 km/h～23 km/h。由于视频中被鉴定车辆产生的制动痕迹起点不在监控范围内，所以，仅通过视频计算的速度为制动过程中的车速，不能反映制动前的车速。

在该起事故中，根据监控视频结合事故现场图、现场勘验照片等材料可知，被鉴定车辆驾驶员在碰撞前已采取了制动等避险措施。由于视频中被鉴定车辆已经处于制动过程中，视频真实反映了车辆的减速过程。因此，本次鉴定采用视频中的平均减速度值代表被鉴定车辆在产生制动痕迹阶段的制动减速度，得到被鉴定车辆制动前的行驶速度大于 68 km/h、小于 76 km/h。

第八章

基于EDR的道路交通事故鉴定

事件数据记录系统（EDR）是以记录车辆碰撞事件为目的装置或功能，该系统可以记录车辆碰撞前的行驶状态、驾驶操作、功能响应，以及车辆碰撞后的速度变化等信息。ABS、ESP 等汽车电子制动控制系统的广泛应用，事故现场已经很难再发现典型的车辆制动痕迹；车身结构不断优化，以及超强度钢材的大量使用，使得传统车辆碰撞参数的计算方法已经不能与目前的车身强度相匹配。汽车安全技术的不断发展已经给道路交通事故重建带来了新的挑战，而基于视频图像的事故鉴定，也往往受到监控视频范围和图像效果的限制。与此同时，随着汽车电子系统的不断发展，汽车事件数据记录系统（EDR）正在逐步被政府管理部门、司法机关、汽车厂商、保险公司所认可，成为道路交通事故调查和鉴定的重要技术手段。

目前，EDR 记录的数据中一般包括：车辆碰撞前（激活前或达到触发条件前）一定时间范围内的车辆速度、发动机转速、油门踏板位置、制动踏板操作情况，以及车辆碰撞后一定时间范围内的速度变化情况等。这些数据不仅可以用于具体案件的鉴定工作，分析道路交通事故的成因，还可以用于鉴定事故过程中车辆主、被动安全系统是否工作正常。该技术的应用可以有效提高道路交通事故鉴定的可信度和精度。因此，本章主要通过对 EDR 技术的介绍、基于 EDR 数据的事故特点分析、基于 EDR 数据鉴定的一般方法，以及典型的鉴定应用案例，介绍基于 EDR 的道路交通事故鉴定技术。

第一节　EDR 技术介绍

一、车辆行驶记录装置

随着汽车工业和交通运输业的发展，智能汽车和智能交通已经成为当今汽车技术发展的主要方向之一。为了实时监测车辆的行驶状态，记录车辆的行驶过程和运行工况，越来越多的车辆行驶信息记录装置被应用在现代车辆上。从车载记录数据的使用目的来分，目前的车辆行驶信息记录装置大致可以分为两类，一类是以车辆运行管理为目的的车辆行驶记录仪，主要用于运输企业、交通运输和交通安全管理部门等检测、管理在用的营运车辆，这类装置普遍是在车辆销售后，由运输企业或运输监管部门统一安装。目前，中国、欧洲和日本普遍使用这类车载记录装置。例如：2003 年 9 月 1 日中国开始实施 GB/T 19056–2003《汽车行驶记录仪》，当前代替标准为 GB/T 19056–2012《汽车行驶记录仪》，该标准将汽车行驶记录仪定义为：“对车辆行驶速度、时间、里程、位置以及有关车辆行驶的其他状态信息进行记录、存储并可通过数据通信实现数据输出的数字式电子记录装置”。这种智能交通监控工具的使用，可以有效遏制疲劳驾驶、超速行驶等违章行为，约束驾驶员不良驾驶习惯；同时，也可以为道路交通事故调查和分析提供参考。

另一类则是以记录车辆碰撞事件为目的事件记录装置或功能，主要用于道路交通事故调查和分析。Event Data Recorder（事件数据记录系统）是目前此类技术的代表，该技术最早起源于美国的通用汽车公司，并在 20 世纪 90 年代基本形成了现代 EDR 技术。2006 年美国交通部公路交通安全管理局（NHTSA）在“49 CFR Part 563”联邦法规中将 EDR 定义为：“用于记录车辆碰撞前（速度与时间）和碰撞时（速度变化与时间）对应时间序列的车辆动力学数据的装置或功能”。碰撞车辆的 EDR 系统可以记录事件发生过程中的车辆的行驶状态、驾驶措施、功能响应，以及碰撞过程中的减速等信息。目前 EDR 数据中一般包括：车辆碰撞前（激活前或达到触发条件前）一定时间范围内的车辆速度、发动机转速、油门踏板位置、制动踏板操作情况，以及车辆碰撞后一定时间范围内的速度变化情况。EDR 数据不仅可以直接应用于具体案件的鉴定工作，也可以利用 EDR 数据开展关于道路交通事故再现技术的科研项目。

二、EDR 技术的发展

20 世纪 70 年代，美国国家公路安全管理局和通用汽车公司就已经开始使用数据记录装置。第一个有文献记载使用数据记录装置的是 1973～1976 年间安装了气囊约束系统的一批通用汽车，但该记录装置仅用于判断：碰撞级别是否低于展开阀值；碰撞是否发生在气垫展开之前；碰撞强度是否超过 30 英里 / 小时（1 英里＝ 1.61 公里）的前置固定碰撞强度。

另一个关于 EDR 研究的文献记录是 1974 年 NHTSA 的一项研究，这个研究项目在 1 050 辆出厂后的车辆上安装了两轴加速度（碰撞数据）采集装置，但并不记录碰撞前的数据。这些 EDR 数据目的是为了在安装和使用前确认碰撞测试。EDR 装置由好事达保险公司、GMC 等车队安装，车型包括德国的保时捷、奥迪汽车。在这次研究中，试验车辆行驶了 2 600 万英里，期间发生了大量碰撞事故。研究人员最终对 23 起碰撞的数据进行了分析，研究结果显示 EDR 数据可以提供准确、客观的碰撞数据。

早期的 EDR 仅记录了安全带使用情况、安全气囊报警灯工作情况以及加速度变化时间。从 1999 年开始，通用汽车安全气囊控制模块（ACM）扩大到记录碰撞前的数据，包括车辆速度、发动机转速以及加速、制动的使用，但此时数据的读取、检索功能尚没有对社会开放。

2000 年，Vetronix 公司发布了第一款商用 EDR 数据读取设备 Crash Data Retrieval（CDR）System，支持通用汽车公司自 1995 年至 2000 年制造的部分车辆，这也为执法人员和交通事故重建人员提供了读取数据、分析数据的渠道。

2001 年，NHTSA 的一份报告中显示丰田、本田和大众生产的部分车辆已经具备在某些特定事件中记录 EDR 数据的功能。同时，丰田、日产数年前生产的部分车辆就已经安装了具备记录 EDR 数据的装置，记录碰撞前的速度数据和碰撞过程中的速度变化数据，但当时使用的数据读取工具并不是目前使用的 CDR 系统。

2003 年，Vetronix CDR 系统增加了读取部分福特车辆 EDR 数据的功能，同年 BOSCH 公司收购了 Vetronix 公司，并继续开展 CDR 系统的相关工作。经过三年的发展，CDR 系统的效果已经得到了广泛认可，并被美国国家公路交通安全管理局、美国全国运输安全委员会、加拿大交通部，以及北美地区的一些警察局和私人碰撞重建机构所认可和使用。

2003～2007 年，BOSCH CDR 系统的数据读取范围不断扩大，可以读取更多通用、福特车辆的 EDR 数据。到 2007 年，该系统已经扩展到读取通用车辆侧翻传感器数据和福特动力控制系统数据，并增加了读取克莱斯勒车辆 EDR 数据的功能。

一些车辆生产厂商安装了 EDR 数据记录装置，而另一些车辆生产厂商则把此类数据作为机密信息。博世公司不断通过与汽车生产厂商达成协议，持续扩大 CDR 系统的研究和应用范围，现在 BOSCH CDR 系统已经成为使用最广泛的车辆 EDR 数据提取系统。至 2018 年 4 月，version18.0.1 是 CDR 系统的最新版本，可以读取的 EDR 数据包括以下车辆品牌（表 8-1）。

表 8-1　CDR version18.0.1 可以读取 EDR 数据的车辆品牌

Acura	Alfa Romeo	Alpheon	Audi	Bentley
BMW	Buick	Cadillac	Chevrolet	Chrysler
Daewoo	Dodge	Fiat	Ford	Geo
GM	GMC	Holden	Honda	HSV
Hummer	Infiniti	Isuzu	Jeep	Lamborghini
Lancia	Lexus	Lincoln	Maserati	Mazda
Mercury	MINI	Mitsubishi	Nissan	Oldsmobile
Mercedes-Benz	Opel	Pagani	Pontiac	RAM
SAAB	Saturn	Scion	Smart	SRT
Rolls-Royce	Sterling	Subaru	Suzuki	Toyota
Volkswagen	Volvo			

强制性国家标准 GB 7258-2017《机动车运行安全技术条件》要求乘用车应配备事件数据记录系统（EDR）或车载视频行驶记录装置。配备了事件数据记录系统（EDR）的汽车，其产品使用说明书应包括“本车配备了事件数据记录系统（EDR）”等内容的声明；对 EDR 所记录数据项的含义及可能的用途加以说明；对 EDR 数据读取工具的获取途径加以说明。目前，与该标准配套的另一项强制性国家标准《汽车事件数据记录系统（EDR）》正在制定过程中。

三、EDR 的相关标准

（一）IEEE Std 1616—Motor Vehicle Event Data Recorders

2004 年 9 月，国际电气电子工程师学会（IEEE）发布“Motor Vehicle Event Data Recorders”标准。该标准以用户需求为导向，确定了 EDR 应包含的数据元素，并对其定义及解释。其中，以 6 个用户群体为例，分别阐述了其可以利用的 EDR 数据元素，并简要分析了其如何利用 EDR 数据解决有关问题，这 6 个用户群体分别是：① 美国交通运输安全局（NTSB）；② 碰撞研究调查机构；③ 汽车行业；④ 紧急应对小组；⑤ 道路基础设施设计群体；⑥ 保险行业。该标准在对上述用户群体分析的基础上，确定了 EDR 可能记录的 86 个数据元素，并分别给出轻型车辆（质量≤ 4 500 kg）及特种轻型车辆（质量≤ 4 500 kg）EDR 的推荐记录数据元素表，但未规定 EDR 必须记录的数据元素。此外，该标准还规定了所有道路车辆安装的 EDR 应具备最低的性能要求——防篡改和防撞。

IEEE Std 1616 中，将 EDR 定义为：车辆中用于记录碰撞前或碰撞过程中的任何车辆或乘员数据的一种装置或功能，以便在碰撞后检索记录的数据。

（二）SAE J1698—Vehicle Event Data Recorder

2003 年 12 月，国际自动机工程师学会（SAE）发布 SAE J1698 Event Data Recorder - Output Data Definition，该推荐操作规程旨在汇编各种制造商目前正在记录和存储的与车辆碰撞相关的数据元素，以及合理预测未来将要记录的元素，并建立一种显示和呈现所记录数据的通用格式。本版规程仅适用于单车正面碰撞事件中记录的车辆数据。本推荐规程仅适用于上述数据的下载后格式，不用于标准化任何车载存储单元中存储的数据格式，也不用于标准化数据记录、存储或提取方法。因当时各车企技术不一，该规程不旨在标准化或强制记录任何特定数据元素，也不旨在指定最小数据集。2005 年 3 月，SAE 发布 SAE J1698-1 Event Data Recorder-Output Data Definition，该推荐操作规程在 SAE J1698 基础上增加侧面碰撞及追尾碰撞的相关记录数据元素的定义及格式。2013 年 4 月，SAE 发布修订版 SAE J1698-1，本次修订是根据最新信息及自 2005 年首次发布本规程以来出现的监管环境进行更新，旨在管理适用于轻型机动车出厂设备记录的数据元素定义及记录格式。2016 年 3 月，SAE 发布 SAE J1698-1A Pedestrian Protection EDR Output Data Definition Appendix to SAE J1698-1 Event Data Recorder-Output Data Definition，该规程作为 SAE J1698-1 的附录，在 SAE J1698-1 的基础上增加了与轻型车辆行人保护系统相关的 EDR 记录参数及定义。2017 年 2 月，SAE 发布修订版 SAE J1698-1，本次修订将 SAE J1698-1A 合并至 SAE J1698-1，并对部分数据元素的定义更新。2018 年 5 月，SAE 发布修订版 SAE J1698-1，本次修订是根据自动驾驶系统（ADS）功能相关的信息增加记录 ADS 相关数据，并对部分数据的定义更新。

2004 年 5 月，SAE 发布 SAE J1698-2 Event Data Recorder-Retrieval Tool Protocol，该推荐操作规程旨在确定如何从机动车中提取事件数据的通用方法，包括输出 SAE J1698 中定义的数据元素的事件记录所需的事件数据集。并且，利用现有的行业标准定义一个通用物理接口及事件数据检索协议。2013 年 1 月，SAE 发布修订版 SAE J1698-2，本次修订纳入了 EDR 数据读取当前最佳实践的新信息，符合当前 EDR 数据读取的常用方法，旨在用于开发 EDR 检索工具，并生成具有 SAE J1698-1 规定的数据元素格式的 EDR 记录报告。2018 年 3 月，SAE 发布新的 SAE J1698-2，本次发布未作更新，是 2013 版本的重申版。

2013 年 6 月，SAE 发布 SAE J1698-3 Event Data Recorder-Compliance Assessment，该推荐操作规程规定了用于验证 EDR 记录数据是否符合必要规定及要求的程序，以确保 EDR 数据在行业内的一致性。2015 年 12 月，SAE 发布修订版 SAE J1698-3，本次修订细化了测量 EDR 输出记录相对输入数据有效性的方法。

SAE J1698 中，将 EDR 定义为：汽车上一个或多个电子模块中用于监测车辆及乘员保护系统在事件触发前及事件时的时间序列数据，并能实现事件发生后记录数据可读取的设备。但这些数据不包括冻结帧（freeze frame）数据（非 EDR 数据）、诊断数据、车联网系统数据。（SAEJ 1698 中未找到本段表述）

（三）49 CFR part 563

2006 年 8 月 28 日，NHTSA 发布了美国联邦法规——49 CFR part 563，规定了安装 EDR 的车辆应该满足的数据标准和检索方法。该规定适用于 2010 年 9 月 1 日及以后生产且销售于美国本土的总重量不超过 8 500 磅（3 855 kg）和整备质量不超过 5 500 磅（2 495 kg）的乘用车、多用途乘用车、卡车及公共汽车，但不包括改装的厢式货车和邮政服务用车。

2008 年 1 月 14 日，NHTSA 发布修订版的 49 CFR part 563。此次修订考虑了部分企业提出的申请，对 2006 版的规定作了相应的修订。最大的变化是速度变化量与加速度的记录精度从 ±5% 降低到 ±10%、增加定义“最大速度变化量、合量”以及延后法规生效时间到 2012 年 9 月 1 日。

2008 年 2 月 13 日，NHTSA 发布第二次修订的 49 CFR part 563。本次修订版对“7（b）表Ⅱ”中的一些状态量的记录时间间隔或记录时间的印刷错误进行了修订。

美国交通部公路交通安全管理局（NHTSA）在 2012 年版的“49 CFR Part 563”联邦法规中规定，新生产的乘用车辆必须安装具有统一采样精度、采集方式、存储方式、保存时间、记录功能，并可以提供用于读取数据的商业化 EDR 装置。

（四）GB《汽车事件数据记录系统》

为了配合强制性国家标准 GB 7258-2017《机动车运行安全技术条件》的相关要求，全国汽车标准化技术委员会于 2016 年在工业和信息化部装备工业司和国家标准化管理委员会的指导下开始启动组织 EDR 标准的前期研究工作，国家标准化管理委员会于 2017 年正式下达了强制性国家标准《汽车事件数据记录系统》的制定计划。

该标准适用于安装了汽车事件数据记录系统的 M1 类车辆，其他车辆可参考执行。规定了 M1 类车辆的汽车事件数据记录系统的术语和定义、技术要求、试验方法和要求、外观和标识、型式检验、说明书和实施日期。其中，碰撞事件定义为：达到或超过触发阈值的碰撞或其他物理事件，或者其他任何导致不可逆约束装置展开的事件；汽车事件数据记录系统（EDR）定义为：由一个或多个电子模块构成，具有检测、采集并记录碰撞事件发生前、发生时、发生后车辆和乘员保护系统的数据功能的装置或系统。

该标准对于碰撞事件的触发阈值、锁定条件，以及碰撞事件的起点、终点提出了明确的要求。要求符合定义的碰撞事件应被 EDR 系统识别，并且应按照要求对碰撞事件中的数据项目进行记录；EDR 数据应记录在非易失性存储器中，EDR 系统应至少能记录连续三次碰撞事件数据；按照时间顺序，当前时间应覆盖之前非锁定事件数据，锁定事件数据不应被后续事件的数据所覆盖。

四、EDR 数据

（一）EDR 事件类型

目前，EDR 触发记录信号一般来自安全气囊控制算法的信号源，所以 EDR 通常集成在安全气囊 ECU 中。EDR 一般记录两类事件：非点爆事件（Non-Deployment Event）和点爆事件（Deployment Event）。

非点爆事件是指减速度达到事件的触发阈值，但不足以触发安全气囊点爆的碰撞事件。非点爆事件的数据不被锁定，一般情况下，这类数据在两种情况下将会被擦除或改写：

1）如果记录的事件的个数达到预定容量，最先被记录的非点爆事件将会被新产生的非点爆事件或点爆事件所覆盖。

2）非点爆事件在保存 250 个点火周期后也会被擦除。

点爆事件是指减速度达到安全气囊点爆的触发阈值，且安全气囊点爆的碰撞事件。点爆事件的数据不能被擦除或改写，一旦安全气囊被点爆，就会被写入“锁存 DTC”。

（二）EDR 的报告文件

目前，使用 BOSCH CDR 系统可以读取车辆的 EDR 数据，生成的典型 CDR 文件主要包括以下几个部分：

1）CDR 文件信息。该部分主要包括：车辆识别代号、信息读取时间、EDR 设备类型、事件类型等。

2）数据的使用条件说明。

3）数据读取时的系统状态。该部分主要包括：记录的事件次数、数据读取时的点火次数、终端模块编号、软件模块信息等。

4）对应事件时的系统状态。该部分主要包括：记录的事件类型、事件是否记录完整、记录信息是否锁止、本次事件的次序、与后一次记录事件的间隔时间、本次碰撞时的点火次数、被激活的碰撞类型算法、前排乘员的安全带使用情况、最大速度变化量及其对应的产生时间。

5）对应事件的碰撞数据。该部分主要包括：纵向速度变化数据及曲线、纵向加速度曲线；侧向速度变化数据及曲线、测量加速度曲线，以及翻滚数据等。

6）对应事件的碰撞前数据。该部分主要包括碰撞前一段时间内的：加速踏板位置、制动系统状态、发动机转速、发动机节气门开度、车辆速度等。

7）EDR 数据中的原始十六进制数据。

（三）EDR 的数据内容

1. 美国联邦法规 49 CFR Part 563

（1）必须记录的元素

美国联邦法规“49 CFR Part 563”中规定安装 EDR 的车辆必须记录表 8-2 中的所列的数据元素。

表 8-2　所有装配 EDR 的车辆必须记录的 15 个数据元素

数　据　元　素	记录范围或时间（相对于时间 0 点）	每秒的数据采样率
纵向速度变化量（MPH［km/h］）	0～250 ms	100
最大纵向速度变化量（MPH［km/h］）	0～300 ms	N/A
达到最大纵向速度变化量时的时间（ms）	0～300 ms	N/A
车速（MPH［km/h］）	−5.0～0 s	2
发动机节气门开度（%）/ 加速踏板位置（%）	−5.0～0 s	2
制动系统（开 / 关）	−5.0～0 s	2
碰撞时的点火周期	−1.0 s	N/A
数据下载时的点火周期	下载时	N/A
驾驶员安全带使用状态	−1.0 s	N/A
正面气囊警示灯（开 / 关）	−1.0 s	N/A
驾驶员前侧安全气囊的展开时间（第一级）（ms）	事故发生时	N/A
右前乘员前侧安全气囊的展开时间（第一级）（ms）	事故发生时	N/A
多次事件的次数	事故发生时	N/A
多次事件的时间间隔（ms）	按照需要记录	N/A
记录事件的完整性（是 / 否）	数据记录结束时	N/A

注：“N/A”表示“不适用”。

该法规还详细规定了对应数据的记录范围或时间及每秒的数据采样率。EDR 可记录的时间范围为–5s～300 ms，这段时间可以完整地记录碰撞事故发生的全过程。

（2）记录的其他数据

除了上述 15 个基本数据元素外，目前 EDR 还记录了更多的数据元素，以供各领域研究人员使用。从下载的 EDR 报告中整理出 42 个常见数据元素（EDR 可记录的数据≥ 86 个），并分成五个类别：识别信息数据、系统状态数据、碰撞前数据、碰撞后数据和约束系统数据，如表 8–3 所示。

表 8–3 EDR 常见数据元素分类

类 别	数 据 名 称
识别信息数据	车辆识别代码（VIN）
	终端模块零件号
	EDR 版本
	EDR 设备类型
系统状态数据	记录事件的类型（Deployment/Non–Deployment）
	碰撞类型（正碰 / 追尾，侧碰，翻车）
	记录事件的完整性（是 / 否）
	碰撞记录锁定（是 / 否）
	多次事件的次数
	事件的时间间隔（s）
	故障诊断码存在（是 / 否）
	数据下载时的点火次数
	碰撞时的点火次数
碰撞前数据	车速（MPH[km/h]）
	发动机转速（r/min）
	马达转速（r/min）
	制动踏板开 / 关状态（开 / 关）
	制动踏板位置（%，0 =未踩，100 =全部踩下）
	制动油压（MPa）
	加速踏板位置（%，0 =未踩，100 =全部踩下）
	方向盘转角（°）
	节气门位置（%，0 =未开，100 =全开）
	巡航控制开 / 关状态（开 / 关）
	偏航率（°/s）

续 表

类　别	数　据　名　称
碰撞前数据	翻转率（°/s）
	档位（适用于自动挡汽车）
碰撞后数据	最大纵向速度变化量（MPH[km/h]）
	达到最大纵向速度变化量的时间（ms）
	最大横向速度变化量（MPH[km/h]）
	达到最大横向速度变化量的时间（ms）
	纵向速度变化量曲线
	纵向速度变化量数据（记录间隔 0～250 ms，采样频率 10 ms）
	横向加速度数据（记录间隔 0～250 ms，采样频率 10 ms）
	纵向加速度曲线
	纵向加速度数据（记录间隔 0～250 ms，采样频率 10 ms）
	横向加速度曲线
	横向加速度数据（记录间隔 0～250 ms，采样频率 10 ms）
约束系统数据	安全气囊算法激活状态（Yes/No）
	安全气囊点爆时间（ms）
	安全带使用状态（Buckled/Not Buckled）
	安全带预紧器点爆时间（ms）
	主动式头枕点爆时间（ms）

2. GB《汽车事件数据记录系统》

该标准对数据元素的名称、单位、分辨率、最小范围、最小准确度、记录基准时间、最小记录区间、最小记录频率、记录等级进行了规定。EDR 记录的数据元素按照以下要求分成了 A、B 两级：

A 级数据元素：配备 EDR 系统的车辆应记录的数据。数据元素的名称、最小记录区间、最小记录频率及数据说明见表 8-4。

B 级数据元素：配备 EDR 系统的车辆且配备了相关装置或具有相关功能时应记录的相关数据。B 级数据元素的名称、最小记录区间、最小记录频率及数据说明见表 8-5。

表 8-4　A 级数据元素

序号	名　称	最小记录区间	最小记录频率	数 据 说 明
1[a]	纵向 delta-V	相对时间零点（±5 ms）0 ms 至 250 ms 或 0 ms 至碰撞事件终点＋30 ms，较短者	100 Hz	车辆纵向速度的变化。纵向 delta-V 仅为总 delta-V 的纵向分量。

续　表

序号	名　称	最小记录区间	最小记录频率	数 据 说 明
2[a]	最大记录纵向 delta-V	—	—	EDR 记录的 X 轴方向车辆速度累计变化的最大值。该数据应与“达到最大记录纵向 delta-V 时间”结合使用。
3[a]	达到最大记录纵向 delta-V 时间	—	—	沿 X 轴方向，EDR 记录的从时间零点到出现速度累计变化最大值所用的时间。该数据应与“最大记录纵向 delta-V”结合使用。
4[b]	削波标志	—	—	表示一个加速度传感器首次达到规定范围内最大值的时间点。
5	车辆速度	相对时间零点（−1.1 s～0 s）−5.0 s 至 0 s	2 Hz	轮边线速度或其他方式获取的车辆速度。
6	行车制动，开启或关闭	相对时间零点（−1.1 s～0 s）−5.0 s 至 0 s	2 Hz	用来检测驾驶员是否踩下制动踏板。
7	驾驶员安全带状态	—	—	驾驶员安全带带扣开关的状态。
8[c, d]	加速踏板位置，全开位置的百分比	相对时间零点（−1.1 s～0 s）−5.0 s 至 0 s	2 Hz	加速踏板实际位置与驾驶员全部踏下位置的百分比。
9[d, e]	每分钟转数（RPM）	相对时间零点（−1.1 s～0 s）−5.0 s 至 0 s	2 Hz	车辆发动机主曲轴的每分钟转数。
10	事件中上电周期	—	—	从首次使用记录 EDR 数据的 ECU 以来，到事件发生时记录 EDR 数据的 ECU 中动力循环的次数。动力循环的一个示例为，点火开关从“关闭 / 辅助”模式到“开启 / 运行”模式。
11	读取时上电周期	—	—	从首次使用记录 EDR 数据的 ECU 以来，到读取时记录 EDR 数据的 ECU 中动力循环的次数。动力循环的一个示例为，点火开关从“关闭 / 辅助”模式切换到“开启 / 运行”模式。
12	事件数据记录完整状态	—	—	事件数据是否被完整记录并存储到记录 EDR 数据的 ECU 中的状态标识。

续 表

序号	名 称	最小记录区间	最小记录频率	数 据 说 明
13	本次事件距离上次事件的时间间隔	—	—	如果5秒内发生两个事件，该时间为事件X开始到事件X-1开始经过的时间。
14	车辆识别代号	—	—	车辆制造商指定的车辆识别代号（VIN）。
15	记录EDR数据的ECU硬件编号	—	—	车辆中实现EDR记录功能的ECU，可能有1个以上。
16	记录EDR数据的ECU序列号	—	—	车辆中实现EDR记录功能的ECU，可能有1个以上。
17	记录EDR数据的ECU软件编号	—	—	车辆中实现EDR记录功能的ECU，可能有1个以上。

[a] 如果记录了表3中的纵向加速度参数，纵向delta-V、最大记录纵向delta-V和达到最大记录纵向delta-V时间可不记录。

[b] 如果记录了表3中纵向或横向加速度参数，削波标志参数可不记录。

[c] 如果记录了表3中发动机节气门位置参数，加速踏板位置参数可不记录。

[d] 未配备气囊或采用K线的车辆可不记录。

[e] 纯电动汽车和插电式混合动力电动汽车可不记录。

表8-5 B级数据元素

序号	名 称	最小记录区间	最小记录频率	数 据 说 明
1[a]	纵向加速度	相对时间零点（±5 ms）0至250 ms或0至碰撞事件终点+30 ms，较短者	500 Hz	车辆上某点的矢量加速度在X轴方向上的分量。
2[a, b]	横向加速度	相对时间零点（±5 ms）0至250 ms或0至碰撞事件终点+30 ms，较短者	500 Hz	车辆上某点的矢量加速度在Y轴方向上的分量。
3[b]	横向delta-V	相对时间零点（±5 ms）0～250 ms或0 ms至碰撞事件终点+30 ms，较短者	100 Hz	车辆横向速度的变化横向delta-V仅为总delta-V的在Y轴方向上的分量。
4[b]	最大记录横向delta-V	—	—	EDR记录的Y轴方向车辆速度累计变化的最大值该数据应与“达到最大横向delta-V时间”结合使用。
5[b]	最大记录合量delta-V的平方	—	—	EDR记录的或者在沿X轴和Y轴方向矢量相加的数据，读取过程中处理的与时间相关的速度累计变化最大值的平方。

续　表

序号	名　称	最小记录区间	最小记录频率	数 据 说 明
6[b]	达到最大记录横向delta-V时间	—	—	沿Y轴方向，EDR记录的从时间零点到出现速度累计变化最大值所用的时间该数据应与“最大记录横向delta-V”结合使用。
7[b]	达到最大记录合量delta-V时间	—	—	EDR记录的或数据读取时处理的，从时间零点到最大记录合量delta-V出现所用的时间该数据应与“最大记录合量delta-V的平方”结合使用。
8	横摆角速度	相对时间零点（−1.1 s～0 s）−5.0 s至0 s	2 Hz	事件前和事件中车辆相对Z轴角度的变化，适用于具有电子稳定性控制系统的车辆。
9	转向角度	相对时间零点（−1.1 s～0 s）−5.0 s至0 s	2 Hz	转向盘的角坐标，该坐标上零值（0°）表示转向盘处于中间位置（直线行驶时），正值表示转向盘逆时针方向转动（向左）适用于具备采集转向角度传感器的车辆。
10	T_{end}	—	—	从事件开始（T_0）到事件终止经过的时间，制造商可以自主选择是否记录T_{end}。
11[c]	年	—	—	事件发生的年份，适用于出厂前配备卫星定位系统的车辆。
12[c]	月	—	—	事件发生的月份
13[c]	日	—	—	事件发生的日期
14[c]	时	—	—	事件发生当天的时间（小时）
15[c]	分	—	—	事件发生当天的时间（分钟）
16[c]	秒	—	—	事件发生当天的时间（秒）
17	挡位	相对时间零点（−1.1 s～0 s）−5.0 s至0 s	2 Hz	实际挡位，适用于该信号上总线的车辆。
18[d]	发动机节气门位置，全开位置的百分比	相对时间零点（−1.1 s～0 s）−5.0 s至0 s	2 Hz	发动机节流阀开启的百分比
19	制动踏板位置	相对时间零点（−1.1 s～0 s）−5.0 s至0 s	2 Hz	制动踏板实际位置，从未踩到完全踩下的区间。建议在EDR读取报告中说明，当制动踏板位置小于100%时车辆的制动系统可能实现100%制动，适用于具有制动踏板位置传感器的车辆。

续 表

序号	名 称	最小记录区间	最小记录频率	数 据 说 明
20	驻车系统状态	相对时间零点（−1.1 s～0 s）−5.0 s 至 0 s	2 Hz	用来探测驻车制动是否激活的状态，适用于驻车系统状态上总线的车辆。
21	转向信号开关状态	相对时间零点（−1.1 s～0 s）−5.0 s 至 0 s	2 Hz	用来表示驾驶员转向或变换车道意图的开关的状态，适用于转向信号上总线的车辆。
22	驾驶员安全带预紧装置展开时间	—	—	从事件起点（T_0）到驾驶员安全带预紧装置部署指令所经过的时间。
23	驾驶员正面气囊展开时间（第一阶段）	—	—	从事件起点（T_0）到第一阶段驾驶员正面气囊展开指令所经过的时间。
24	驾驶员正面气囊展开时间（第二阶段）	—	—	从事件起点（T_0）到第二阶段驾驶员正面气囊展开指令所经过的时间。
25	驾驶员侧面气囊展开时间	—	—	从事件起点（T_0）到驾驶员侧面气囊展开指令所经过的时间。
26	驾驶员侧面气帘展开时间	—	—	从事件起点（T_0）到驾驶员侧面气帘展开指令所经过的时间。
27	前排乘客安全带状态	—	—	前排乘客安全带带扣开关的状态，适用于具有安全带提醒装置的车辆。
28	前排乘客安全带预紧装置展开时间	—	—	从事件起点（T_0）到前排乘客安全带预紧装置展开指令所经过的时间。
29	前排乘客正面气囊抑制状态	—	—	前排乘客正面气囊显示的抑制状态，适用于具有正面气囊抑制开关的车辆。
30	前排乘客正面气囊展开时间（第一阶段）	—	—	从事件起点（T_0）到第一阶段前排乘客正面气囊展开指令所经过的时间。
31	前排乘客正面气囊展开时间（第二阶段）	—	—	从事件起点（T_0）到第二阶段前排乘客正面气囊展开指令所经过的时间。
32	前排乘客侧面气囊展开时间	—	—	从事件起点（T_0）到前排乘客侧面气囊展开指令所经过的时间。

续　表

序号	名　称	最小记录区间	最小记录频率	数 据 说 明
33	前排乘客侧面气帘展开时间	—	—	从事件起点（时间零点）到前排乘客侧面气帘展开指令所经过的时间。
34	乘员保护系统报警状态	—	—	乘员保护系统故障状态，适用于乘员保护系统报警状态上总线的车辆。
35	轮胎压力监测系统报警状态	—	—	当车载轮胎压力监测系统监测到一个或多个轮胎胎压低时的报警状态，适用于该报警状态上总线的车辆。
36	制动系统报警状态	相对时间零点（−1.1 s～0 s）−5.0 s 至 0 s	2 Hz	制动系统故障状态，适用于该报警状态上总线的车辆。
37[e]	定速巡航系统状态	相对时间零点（−1.1 s～0 s）−5.0 s 至 0 s	2 Hz	定速巡航系统的操作状态。
38[e]	自适应巡航系统状态	相对时间零点（−1.1 s～0 s）−5.0 s 至 0 s	2 Hz	自适应巡航系统的操作状态。
39[e]	防抱制动系统状态	相对时间零点（−1.1 s～0 s）−5.0 s 至 0 s	2 Hz	防抱制动系统的操作状态。
40[e]	自动紧急制动系统状态	相对时间零点（−1.1 s～0 s）−5.0 s 至 0 s	2 Hz	自动紧急制动系统的操作状态。
41[e]	电子稳定性控制系统状态	相对时间零点（−1.1 s～0 s）−5.0 s 至 0 s	2 Hz	电子稳定性控制系统的操作状态。
42[e]	牵引力控制系统状态	相对时间零点（−1.1 s～0 s）−5.0 s 至 0 s	2 Hz	牵引力控制系统的操作状态。
43	事件前同步计时时间	—	—	T_0 前最后一个数据采样点到 T_0 的相对时间，适用于具有事件前同步计时功能的车辆。

[a] 如果记录了表 2 和表 3 中的 delta−V 参数（包括 delta−V、最大记录 delta−V 和达到最大记录 delta−V 的时间），加速度参数可不记录。

[b] 配备侧面气囊或侧面气帘时应记录。

[c] 配备卫星定位装置时应记录。

[d] 如果记录了表 2 中加速踏板位置参数，发动机节气门位置参数可不记录。

[e] 如果该功能集成在其他系统中，可通过其他的系统的状态进行表示。

（四）EDR 的数据来源

1. 记录装置

从车辆设计和使用的角度来看，目前还没有专门用于 EDR 数据采集和记录的设备，而具备相关功能的部分车辆控制模块或设备的首要作用也并不是用于记录 EDR 数据，其数据记录功能仅仅是这些模块或设备的辅助功能。

从 EDR 数据的来源可知，EDR 本身不生成数据，而是由不同的车辆电子设备产生，然后通过 CAN 总线传递给具有 EDR 功能的装置。目前，一般乘用车辆记录 EDR 相关数据的装置有以下三种类型：

1）Electronic Control Module（ECM）电子控制系统和 Powertrain Control Module（PCM）动力控制系统。

2）Airbag Control Monitor（ACM）气囊控制系统、Sensing Diagnostic Module（SDM）传感诊断模块、Occupant Restraint Controller（ORC）乘员约束控制器、Restraints Control Module（RCM）约束控制模块。

3）Rollover Sensors（ROS）侧翻传感器。

2. 数据来源

（1）车速

速度数值是 EDR 数据中一项重要的内容，同时也是事故重建的重要目的之一。EDR 记录的车速来源于车速传感器。该传感器一般安装在变速箱上，读取变速器输出轴的齿轮转速，产生一个与车速成比例的电压信号，输出给 PCM。PCM 将其转化为变速器输出轴的转速，然后根据不同的驱动轮胎尺寸和最终传动齿轮比计算出车辆速度。因此，为保证 EDR 记录车速的准确性，调查人员应记录碰撞时车辆的轮胎尺寸与原始装配的轮胎尺寸，如果两者存在差异，应该对其记录的速度数值进行校正。此外，驱动轴传动比或者是动力控制系统程序也可以影响速度数值。

（2）发动机转速

发动机转速信号来源于曲轴位置传感器 3X 信号，该信号的信号源来自霍尔效应开关，曲轴每转动一圈，霍尔效应开关输出 3 个 ON-OFF 脉冲，作为 3X 传感器的信号，PCM 利用该信号计算发动机转速。

（3）节气门开度

节气门开度数据来源于节气门位置传感器。该传感器是一个简单的电位计，安装在加浓装置的末端，进气歧管的进口处。PCM 利用该传感器产生的电压信号计算节气门的开度，1V 对应 0% 开度，4V 对应 100% 开度。

（4）制动数据

制动数据的来源因车辆品牌的不同也有所不同。一般情况下，PCM、EBTCM（电子制动牵引控制模块）以及 BCM（车身控制模块）都能用来监控制动开关数据。制动踏板开关是一个简单的活塞式开关，一般记录为开或关。

五、EDR 数据的作用

通过 EDR 数据的深度分析和应用，获取与碰撞相关的交通事故基础大数据，深化对事故成因的认识，再通过深入挖掘事故的特征，对车辆被动安全性改进和相关标准的修订、车辆先进安全技术的应用、事故预防对策制定、交通安全改善等都具有非常重要的意义。

（一）用于事故处理和审理

EDR 数据中包括了碰撞前车辆的状态参数和驾驶人采取的动作等准确且可靠的信息，这些数据目前只能通过估算和分析得到。使用这些数据，可以更精确地进行事故重建，更准确地还原事故事实，提高事故处理和审理的公正性。

（二）用于车辆安全性改善

EDR 记录了与车辆主被动安全系统相关的大量数据，特别是与碰撞相关的速度、速度变化、气囊展开情况、乘员安全带使用情况、驾驶人应急操作行为、ABS 和 ESC 等主动安全系统状态等信息，评估安全系统在实际事故中的效果，以及构建交通危险场景和试验工况具有重要作用。

（三）用于交通安全改善和降低保险成本

通过对大量 EDR 数据进行统计分析，可以获取更为精细的交通事故特征，对于精细化事故预防对策制订具有重要作用。比如对某路段事故车辆事发前车速统计分析可以判断路段限速值的合理性和相关执法手段有效性，对驾驶人的处置措施分析结论可以为驾驶人培训、教育等源头环节提供内容支撑。此外，EDR 数据可用于证明相关人员、车辆在事故中是否存在责任，降低由于事实不清带来的诉讼和保险成本，研究还表明，通过宣传 EDR 在汽车上的安装和应用情况，可以改善驾驶人的驾驶行为。据估计，EDR 数据能在某些案件中降低的保险成本可达 20%。

六、EDR 数据的获取

早期 EDR 数据大多需要各汽车生产厂商专用的工具进行读取，市面上缺乏针对不同品牌汽车 EDR 读取的通用工具。1999 年，通用汽车公司独家授权 Vetronix 公司开发 CDR 系统。2000 年 3 月，美国 Vetronix 公司碰撞数据读取仪（Crash Data Retrieval，CDR）的出现，使得公众可以获取 EDR 数据下载和解读工具，极大地促进了 EDR 的普及和应用。CDR 最早是诞生于美国通用汽车公司授权 Vetronix 对基于 SDM 的 EDR 开发的一套数据读取工具，早期仅支持读取通用汽车 SDM，随后逐渐支持除通用以外的品牌车型，2003 年 CDR 开始支持读取部分福特汽车 EDR。后来 Bosch 公司收购了 Vetronix，负责 CDR 的后续开发。随着越来越多的汽车制造厂家授权 CDR 读取所生产的汽车上配备的 EDR，CDR 已经成为当前覆盖汽车品牌最多、使用最广泛的 EDR 解读工具。

目前，CDR（Crash Data Retrieval System）主要包括：CDR 接口模块、模块连接线、适配器、CDR 软件等。EDR 数据读取途径通常有两种：通过 OBD Ⅱ 标准接口读取如图 8-1）和连接 EDR 或内置 EDR 的控制模块（图 8-2）读取。前者直接连接 OBD Ⅱ接口，读取方便快捷；后者必须拆卸 EDR 或内置 EDR 的控制模块，且需要专门的模块连接线或适配器。

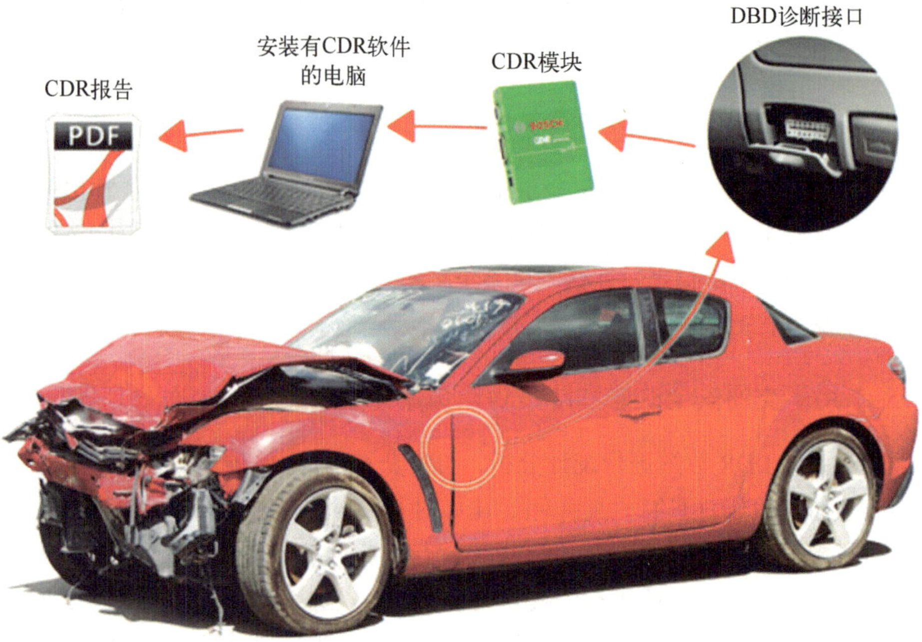

图 8-1　通过 OBD Ⅱ标准接口读取示意图

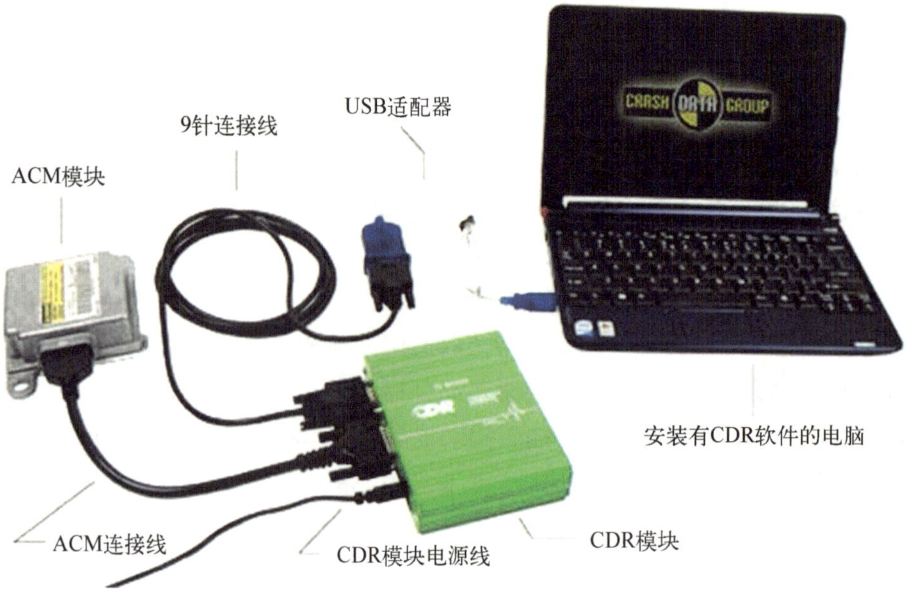

图 8-2　连接控制模块读取示意图

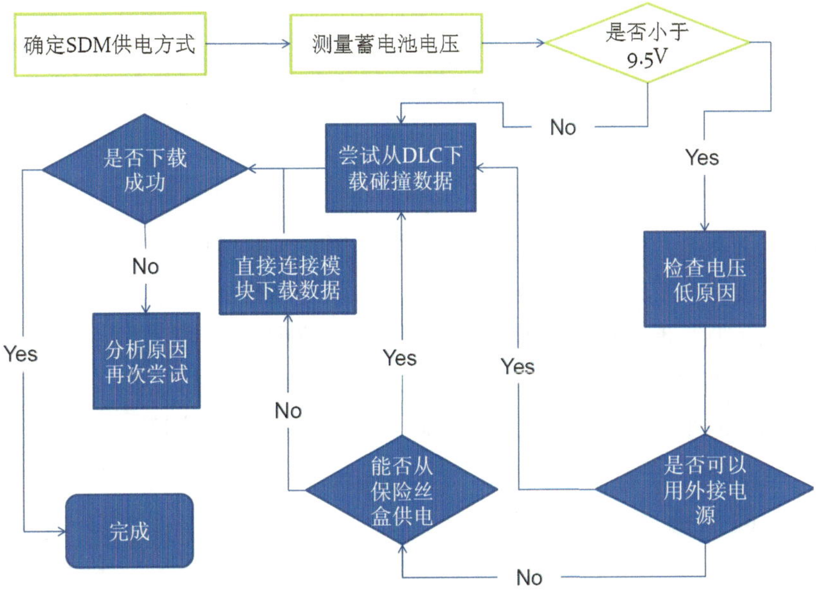

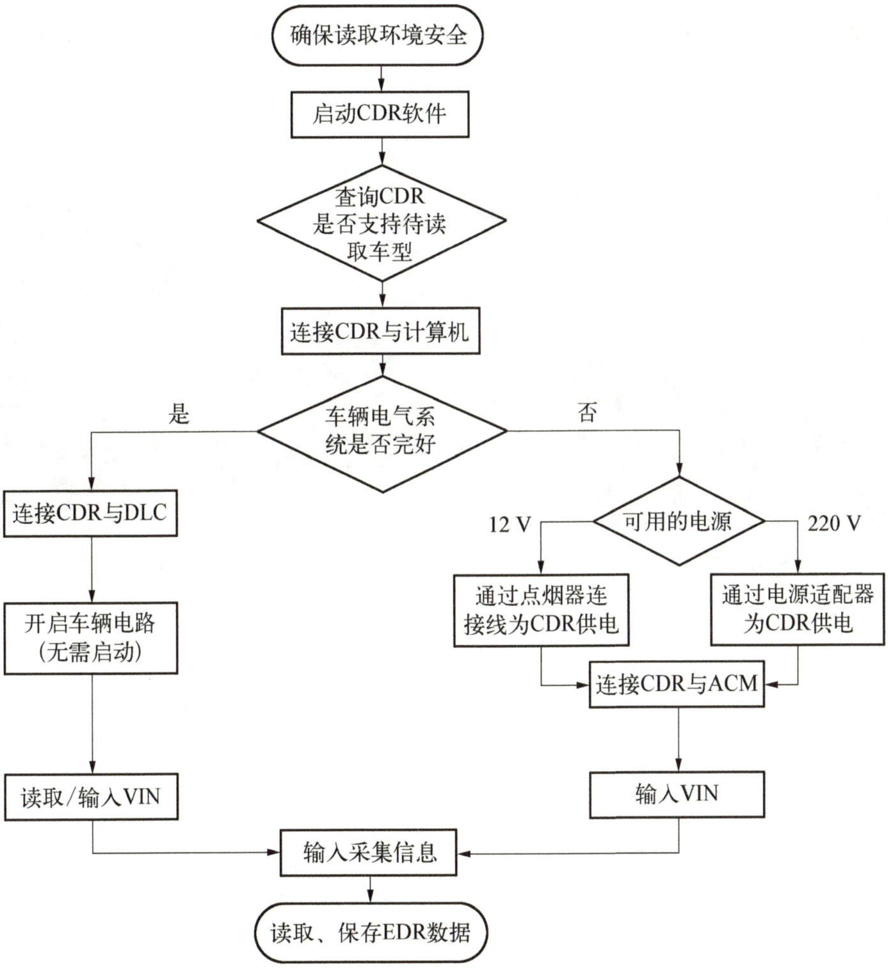

图 8-3　使用 CDR 读取 EDR 数据流程

第二节 基于 EDR 数据的交通事故特点分析

事故重建理论中对于车辆碰撞的基本假设包括：车辆碰撞力巨大，碰撞力通常是物体重量的十几倍甚至几十倍；碰撞持续时间非常短，包括变形和恢复阶段，一般在 0.1 s 左右，而且刚度越大，碰撞时间越短。在以上假设的基础上运用动量守恒定律、能量守恒定律和功能转换原理等动力学理论和方法进行事故重建。

碰撞车辆的 EDR 数据为证实上述假设提供了真实的碰撞数据。以下利用三起典型碰撞事故形态中的车辆 EDR 数据，对碰撞力和碰撞时间进行还原。

一、对向正面碰撞

案例 1 是发生在某路段上的一起典型对向碰撞事故，A 车为丰田 JTEBX9HJ 小型越野客车（陆地巡洋舰），B 车为现代 BH7167AY 小型轿车（伊兰特），A 车前侧与 B 车前侧发生正面碰撞。车辆痕迹及 A 车 EDR 数据如图 8-4、图 8-5 所示：

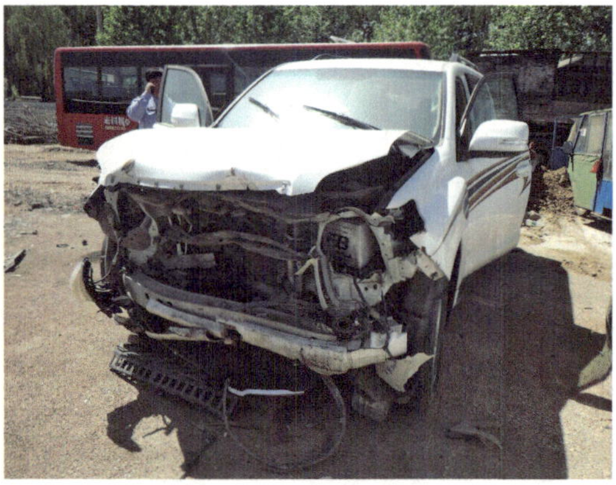

图 8-4 A 车前部痕迹

图 8-5 B 车前部痕迹

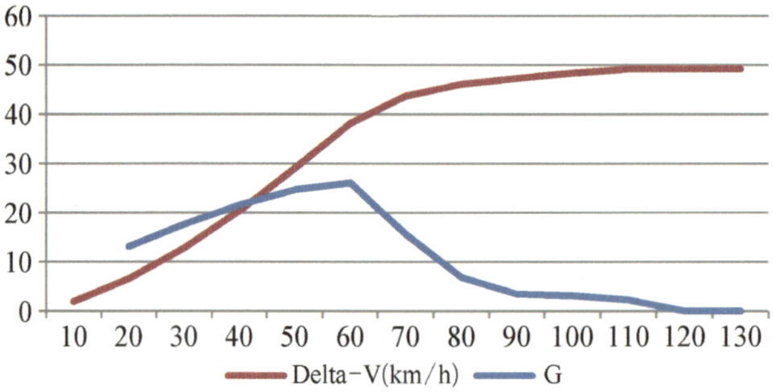

图 8-6 A 车 Delta-V/G 随时间 T（ms）变化曲线

图 8-6 显示的是 AB 两车碰撞过程中，A 车 EDR 数据中记录的 Delta-V（km/h）随时间 T（ms）变化的曲线（红色），以及据此计算的加速度（G）曲线（蓝色）。根据以上数据可知，两车直接碰撞持续时间约为 110 ms，加速峰值近似达到 26 G，即碰撞力峰值约为 A 车重量的 26 倍。

二、侧面直角碰撞

案例 2 是发生在某平面十字交叉路口的一起侧面直角碰撞事故，C 车为丰田牌 TV6460GLX-1 小型普通客车（RV4），D 车为长安 CAF7161M 小型轿车（马自达 3），C 车前侧与 D 车左侧后部发生碰撞。车辆痕迹及 C 车 EDR 数据如图 8-7、图 8-8 所示：

图 8-7　C 车前部痕迹

图 8-8　D 车左侧痕迹

图 8-9 显示的是 CD 两车碰撞过程中，C 车 EDR 数据中记录的 Delta-V（km/h）随时间 T（ms）变化的曲线（红色），以及据此计算的加速度（G）曲线（蓝色）。根据以上数据可知，两车直接碰撞持续时间约为 60 ms，加速峰值近似达到 17 G，即碰撞力峰值约为 C 车重量的 17 倍。

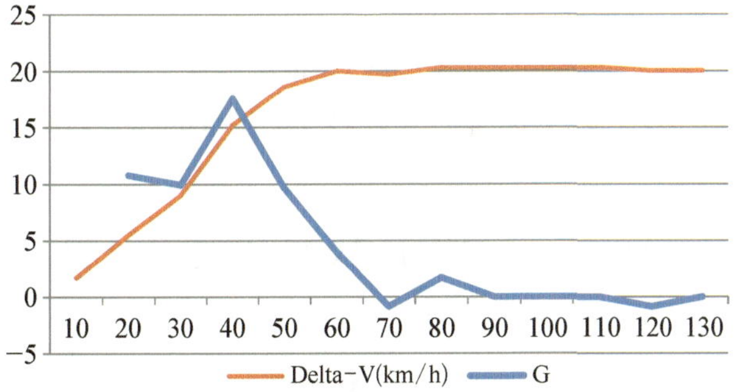

图 8-9　C 车 Delta-V/G 随时间 T（ms）变化曲线

三、同向追尾碰撞

案例3是发生在某高速公路路段上的一起同向追尾碰撞事故，E车为乘龙LZ4230QCA重型半挂车牵引车及其拖挂的骏强牌JQ9400CCY重型仓栅式半挂车，F车为别克SGM7242ATA小型轿车（君越），E车后侧与F车前侧发生追尾碰撞。车辆痕迹及F车EDR数据如图8-10、图8-11所示：

图8-10　E车后部痕迹

图8-11　F车前部痕迹

图8-12显示的是EF两车碰撞过程中，F车EDR数据中记录的Delta-V（km/h）随时间T（ms）变化的曲线（红色），以及据此计算的加速度（G）曲线（蓝色）。根据以上数据可知，两车直接碰撞持续时间约为120 ms，加速峰值近似达到30 G，即碰撞力峰值约为F车重量的30倍。

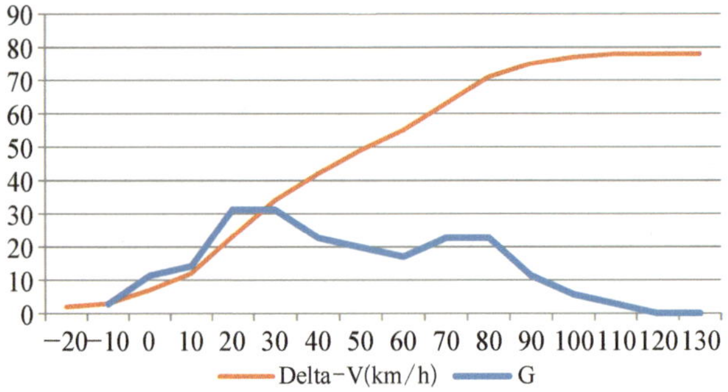

图8-12　F车Delta-V/G随时间T（ms）变化曲线

第三节　基于EDR数据鉴定的一般方法

在借鉴EDR相关国际法规、标准和技术文献的基础上，结合作者多年来利用EDR数据从事道路交通事故鉴定的工作经验，经过总结、提炼和专家论证，形成关于利用EDR数据进行道路交通事故鉴定的一般方法。

一、相关术语和定义

（一）事件数据记录系统

事件数据记录系统 Event Data Recorder（EDR）。包含在一个或多个车辆电子模块中，用于监测、采集并记录事件发生前、发生时和发生后车辆和乘员保护系统的时间序列数据的功能，旨在事件发生后提取数据。

（二）锁定事件

锁定事件 locked event。满足锁定条件，不被后序事件覆盖的 EDR 记录的事件。

（三）非锁定事件

非锁定事件 unlocked event。可以被后序事件覆盖的 EDR 记录的事件。

（四）点火周期

点火周期 ignition cycle。从首次使用车辆电子控制单元（ECU）以来的动力循环的数量。

示例：点火开关从“关闭 / 辅助”模式切换到“开启 / 运行”模式的数量。注：改写 SAE J1698-1 2017，定义 7.23。

（五）相邻事件触发记录时间间隔

相邻事件触发记录时间间隔 time from previous pre-crash trigger event。相邻两次事件碰撞记录触发建立的时间间隔。

二、数据提取

（一）准备工作

实施检验和数据提取前应进行以下工作：

1. 查阅读取设备支持的车型、模块列表，确认被鉴定车辆是否被事件数据读取设备（以下简称读取设备）支持；
2. 确认数据连接需要的电缆、连接线；
3. 确认事件数据记录的电子模块（以下简称数据记录模块）的位置及拆卸工具；
4. 确认保险丝盒及气囊保险丝位置；
5. 其他需要进行的相关准备工作。

事件数据读取设备应满足相关要求。

（二）诊断接口下载数据

供电检查。检查车辆是否有正常的供电，当被鉴定车辆无法正常供电时，可在确保安全的条件下，采取其他方法供电。

设备连接。连接计算机、数据转换模块、车辆诊断接口。

信息录入。输入调查人员及其他必要调查信息（例如：调查时间等），读取或输入车辆识别代码（VIN）、案件信息、注释等内容。

数据下载。启动需要下载数据模块的相应功能开始下载数据；监视数据下载过程，直至数据下载完成；保存数据至指定的文件夹，复查确保数据可查阅。

（三）数据记录模块下载数据

设备连接。连接计算机、数据记录模块和读取设备。

模块供电。使用电源适配器给数据记录模块或读取设备供电。在供电的状态下，微小的振动有可能改变原有的事件数据，设备连接后应保持模块处于静止状态。信息录入级数据下载同上。

（四）专用设备下载数据

采用其他专用设备下载数据时，应确保车辆检验、设备连接和数据下载过程中，数据保存在指定的介质内，不可复制于鉴定机构以外的设备或存储介质。数据下载步骤同上。

三、检验记录

（一）记录内容

应对鉴定过程进行实时记录并签名。记录内容应包括检验时间、地点、参加人员、使用工具、车辆 VIN、读取设备和下载所得数据文件的唯一性标识、检验过程及结果。记录的内容应当真实、客观、准确、完整、清晰，记录的文本资料、音像资料等应当存入鉴定档案。对数据提取过程中涉及的计算机操作进行记录时，可参见 GA/T 756-2008 相关要求。

需要进行现场勘验、痕迹检验、拍照时，按 GA 41 和 GA 50 的要求进行。通过其他专用设备下载数据时，应记录所用专用设备编号等唯一性标识；如需拆解车辆数据记录模块，应对拆解过程进行拍照或录像记录，其中应包括模块位置及编号信息等。

（二）记录方式

应采用录像、拍照等记录方式，也可结合文字、绘图、录音等记录方式。使用拍照或录像进行记录的，不得对原始图像进行修改。

四、数据确认

根据事故过程和碰撞形态，结合 EDR 数据使用说明，确认记录的具体数据与事件的关联性和准确性。数据确认可以通过 EDR 数据中的以下信息进行：

——事件对应的点火周期与调查时的点火周期；

——相邻事件触发记录时间间隔；

——气囊释放状态；

——锁定事件 / 非锁定事件；

——乘员占位信息中的安全带使用情况；

——档位信息；

——可以反映事件情况的其他信息。

五、基于 EDR 数据的鉴定

（一）建立时间轴

根据鉴定需要，建立数据时间轴，按以下方式进行：

1）根据触发先后顺序整理多次或单次的碰撞前数据和碰撞数据。

2）以最后一次碰撞触发处为时间零点，将碰撞前和碰撞中的与时间相关的数据统一在一个时间轴上，明确数据间的先后与重叠关系。这些数据包括：

——发动机转速；

——行驶速度；

——制动踏板位置；

——加速踏板位置；

——正面碰撞中的纵向速度变化量；

——侧向速度变化量；

——翻滚中的侧向速度变化量及翻滚角度。

（二）事故鉴定

1. 单车事故

根据 EDR 数据时间轴，针对鉴定内容的需要，将具体反映驾驶操作、车辆运动状态、车辆运行状态，以及碰撞数据等信息赋予事故车辆。并据此进行驾驶操作、车辆行驶速度、安全气囊误作用等鉴定。鉴定结果与已经现场勘查、调查确认的事故过程、视频资料等进行关联对应。根据其他鉴定方法进行鉴定时，可同时与基于 EDR 数据的鉴定结果进行比对或校验。

2. 两车及多车车辆事故

涉案车辆均读取到 EDR 数据时，鉴定方法同上。仅部分事故车辆读取到 EDR 数据时，可结合事故形态及其他鉴定材料，使用恰当的方法，计算其他无 EDR 数据车辆的速度等运动状态，具体按 GB/T 33195《道路交通事故车辆速度鉴定》进行。

第四节　基于 EDR 数据的鉴定应用

一、数据应用的注意事项

在国际上关于 EDR 数据的应用已经达成普遍共识，任何 EDR 数据必须在结合事故现场、痕迹、车辆运动、碰撞形态等物证的基础上，经过分析、确认后才可以用于事故分析和鉴定。EDR 数据往往包括多次事件数据、多种事件（碰撞）类型的多项参数的信息。因此，应用 EDR 数据进行事故分析和鉴定时，应首先注意以下三个方面：

（一）数据的相关性

事故车辆的 EDR 数据中可能包含多起事件的数据。因此，首先应根据事故现场、车辆痕迹、运动轨迹等物证，确认调查事件（事故）与数据的相关性。

例如：

在以下三辆事故车辆的 EDR 数据中均记录了六次事件及其对应的数据，鉴定人必须确认本次调查事件是六次事件中的哪一次事件，对应六组数据中的哪一组。判断数据的对应性是至关重要的，是后续分析和鉴定的前提。

事故车辆 1

CDR File Information

User Entered VIN/Frame Number	2T3BF4DV7AW******
User	
Case Number	
EDR Data Imaging Date	
Crash Date	
Filename	2014-75-024-V2-ACM.CDRX
Saved on	
Imaged with CDR version	Crash Data Retrieval Tool 12.2.1
Reported with CDR version	Crash Data Retrieval Tool 17.1
EDR Device Type	Airbag Control Module
Event(s) recovered	Front/Rear (2), Side (2), Rollover (2)

Event Record Summary at Retrieval

Events Recorded	TRG Count	Crash Type	Time (msec)	Pre-Crash & DTC Data Recording Status	Event & Crash Pulse Data Recording Status
Most Recent Event	11	Side Crash	0	Complete (Page 0)	Complete (Side Page 1)
1st Prior Event	10	Front/Rear Crash	−11	Complete (Page 0)	Complete (Front/Rear Page 1)
2nd Prior Event	9	Side Crash	−1 124	Complete (Page 1)	Complete (Side Page 0)
3rd Prior Event	8	Front/Rear Crash	−1 195	Complete (Page 1)	Complete (Front/Rear Page 0)
4th Prior Event	7	Rollover	N/A	N/A	Complete (Rollover Page 0)
5th Prior Event	6	Rollover	N/A	N/A	Complete (Rollover Page 1)

事故车辆 2

CDR File Information

User Entered VIN/Frame Number	JTMBD32VX65******
User	
Case Number	
EDR Data Imaging Date	
Crash Date	
Filename	2014-08-098-V2-ACM.CDRX
Saved on	
Imaged with CDR version	Crash Data Retrieval Tool 13.0.1
Reported with CDR version	Crash Data Retrieval Tool 17.1
EDR Device Type	Airbag Control Module
Event(s) recovered	Front/Rear (2), Side (2), Rollover (2)

Event Record Summary at Retrieval

Events Recorded	TRG Count	Crash Type	Time (msec)	Pre-Crash & DTC Data Recording Status	Event & Crash Pulse Data Recording Status
Most Recent Event	21	Front/Rear Crash	0	Complete (Page 0)	Complete (Front/Rear Page 1)
1st Prior Event	20	Front/Rear Crash	−16 381 or greater	Complete (Page 1)	Complete (Front/Rear Page 0)
2nd Prior Event	18	Side Crash	N/A	N/A	Complete (Side Page 1)

续 表

Events Recorded	TRG Count	Crash Type	Time (msec)	Pre-Crash & DTC Data Recording Status	Event & Crash Pulse Data Recording Status
3rd Prior Event	15	Side Crash	N/A	N/A	Complete (Side Page 0)
4th Prior Event	14	Rollover	N/A	N/A	Complete (Rollover Page 0)
5th Prior Event	12	Rollover	N/A	N/A	Complete (Rollover Page 1)

事故车辆 3

CDR File Information

User Entered VIN/Frame Number	2T3BF4DV5CW******
User	
Case Number	
EDR Data Imaging Date	
Crash Date	
Filename	2014-05-024-V2-ACM.CDRX
Saved on	
Imaged with CDR version	Crash Data Retrieval Tool 12.2.1
Reported with CDR version	Crash Data Retrieval Tool 17.1
EDR Device Type	Airbag Control Module
Event(s) recovered	Front/Rear (2), Side (2), Rollover (2)

Event Record Summary at Retrieval

Events Recorded	TRG Count	Crash Type	Time (msec)	Pre-Crash & DTC Data Recording Status	Event & Crash Pulse Data Recording Status
Most Recent Event	11	Side Crash	0	Complete (Page 0)	Complete (Side Page 1)
1st Prior Event	10	Front/Rear Crash	−3	Complete (Page 0)	Complete (Front/Rear Page 0)
2nd Prior Event	9	Rollover	−503	Complete (Page 1)	Complete (Rollover Page 1)
3rd Prior Event	8	Front/Rear Crash	−556	Complete (Page 1)	Complete (Front/Rear Page 1)
4th Prior Event	7	Side Crash	−559	Complete (Page 1)	Complete (Side Page 0)
5th Prior Event	6	Rollover	N/A	N/A	Complete (Rollover Page 0)

在另外的一起事故中，一辆雪佛兰牌 SGM7209ATA 小型轿车的前侧与一辆电动自行车发生碰撞。该小型轿车的发动机舱盖局部凹陷变形，安全气囊未展爆。事故发生后，立即读取了该小型轿车的 EDR 数据，部分信息摘录如下：

CDR File Information

User Entered VIN	LSGGG54Y8ES072846
User	
Case Number	
EDR Data Imaging Date	02/14/2019
Crash Date	
Filename	LSGGG54Y8ES072846_ACM.CDRX
Saved on	Thursday, February 14 2019 at 17:46:56
Imaged with CDR version	Crash Data Retrieval Tool 17.10
Imaged with Software Licensed to (Company Name)	Bosch Automotive Service Solutions
Reported with CDR version	Crash Data Retrieval Tool 17.10
Reported with Software Licensed to (Company Name)	Bosch Automotive Service Solutions
EDR Device Type	Airbag Control Module
Event(s) recovered	Non-Deployment

System Status at Time of Retrieval

Dynamic Deployment Event Counter	0
Multi-Event, Number of Events (Dynamic Event Counter)	1
Dynamic OnStar Notification Event Counter	0
Vehicle Identification Number (VIN)	LSGGG54Y8ES072846
Ignition Cycle, Download (Ignition Cycles at Investigation)	6 402
End Model Part Number	00CF6756
System Type	Continental

System Status at Event (Event Record 1)

Event Record Type	Non-Deployment
OnStar Deployment Status Data Sent	No
Complete file recorded (Event Recording Complete)	Yes
Crash Record Locked	No
OnStar SDM Recorded Vehicle Velocity Change Data Sent	No
Deployment Event Counter	0
Multi-Event, Number of Events (Event Counter)	1
OnStar Notification Event Counter	Data Not Available

续 表

Time From Event 1 to 2 (Time Between Events) (seconds)	Data Not Available
Ignition Cycle, Crash (Ignition Cycles at Event)	1 151
Algorithm Active: Frontal	Yes
Algorithm Active: Side	Yes
Algorithm Active: Rollover	No
Algorithm Active: Rear	Yes

根据被鉴定车辆安全气囊感应及诊断模块记录的数据显示，本次数据读取时的当前点火周期为 6 402；该模块只记录 1 次事故数据，该事故数据显示事发时的点火周期为 1 151。上述两个点火周期相差较大，因此，不能认定被鉴定车辆安全气囊感应及诊断模块中记录的数据为本次事故的数据。

（二）数据的准确性

在以上满足以上数据相关性的前提下，确认记录的数据信息是否可以真实反映车辆运行状态及驾驶员的操作。通过对事故现场痕迹、车辆碰撞损坏，以及车辆相关功能的检验，确认信息的准确性，能够真实反映车辆行驶状态及驾驶员操作。

例如：

2014 年 10 月 25 日，13 时 36 分许，发生在浙江高速收费站的一起单车事故的录像。车辆驶出高速公路时，撞击了收费站后车辆起火。驾驶员表述：事故前，车辆在高速公路上用定速巡航功能行驶，快到收费站的时候，想减速，却发现定速巡航无法解除、制动踏板踩下去没用。

办案单位需要对车辆是否因定速巡航无法解除而引发事故进行鉴定。鉴定过程中发现：油门、刹车踏板活动正常，无干涉、卡滞现象；提取到该事故车辆 EDR 数据，EDR 数据中记录了三组数据，鉴定人首先根据碰撞次数、事故形态、车辆损坏程度等物证，判断第一组数据（TRG7）是本次事故所对应的记录数据。摘录部分数据如下：

Pre-Crash Data，–5 to 0 seconds（Most Recent Frontal/Rear Event，TRG 7）

Time（sec）	–4.6	–3.6	–2.6	–1.6	–.6	0（TRG）
Vehicle Speed（MPH［km/h］）	64.6［104］	64.6［104］	65.9［106］	69.6［112］	72.1［116］	73.3［118］
Brake Switch	OFF	OFF	OFF	OFF	OFF	OFF
Accelerator Rate（V）	2.54	2.85	3.05	3.32	3.36	3.44
Engine RPM（RPM）	2 800	3 600	5 200	5 200	5 600	5 600

在进一步的鉴定中，为确认记录的数据是否可以真实反映驾驶操作情况，鉴定人在接通事故车辆部分元器件电源后，采取了相关操作并观测车辆的电信号。检验结果：

1）加速踏板未被踩下时，油门位置传感器电压信号为 0.8 V；

2）加速踏板踩到底时，油门位置传感器电压信号为 4.0 V；

3）制动踏板触发信号正常，踩下时显示为 ON，抬起时显示为 OFF。

在以上检验结果的基础上，确认该车记录的 EDR 数据可以真实反映操作。即事故发生前驾驶员踩了油门（加速踏板），没有踩刹车（制动踏板）。碰撞时车辆处于加速状态，而非匀速巡航。

（三）数据的技术意义

必须理解数据元素所对应的物理含义和技术意义，在理解这些数据的基础上，进一步结合车辆碰撞形态，应用经典力学、事故重建等原理和方法计算其他未知信息。

例如：

某高速公路上一起追尾事故，前车是一辆重型半挂牵引列车，后车是一辆小型轿车，事故导致后车前部钻入前车后部下侧。车辆痕迹如图（8-10、8-11）所示。

委托单位需要鉴定前车是否超低速（低于 60 km/h）行驶，后车是否超高速（高于 120 km/h）行驶。鉴定过程中，提取了后车的 EDR 数据，该数据包括了两次事件的数据，部分数据摘录如下：

CDR File Information

User Entered VIN	LSGGF53X0BH011222
User	
Case Number	
EDR Data Imaging Date	01/11/2016
Crash Date	
Filename	LSGGF53X0BH011222_ACM.CDRX
Saved on	Monday, January 11 2016 at 16:32:07
Collected with CDR version	Crash Data Retrieval Tool 11.1
Reported with CDR version	Crash Data Retrieval Tool 11.1
EDR Device Type	Airbag Control Module
Event(s) recovered	Non-Depolyment, Depolyment

以上数据显示，EDR 数据中记录了两组数据，分别对应的是一起非点爆事件，和一起点爆事件。根据被鉴定车辆（后车）检验所见的气囊点爆情况，结合事故形态和车辆损坏程度等物证，判断两次事件中的第二次事件是本次调查的事件。具体信息如下，其中，后车第二次数据中碰撞前的数据：

Pre-Crash Data –1 to –.5 sec (Event Record 2)

Times (sec)	Cruise Control Active	Cruise Control Resume Switch Active	Cruise Control Set Switch Active	Engine Torque (lb–ft[N–m])	Reduced Engine Power Mode Indicator
–1.0	No	No	No	126[171]	Off
–0.5	No	No	No	125[170]	Off

Pre-Crash Data –2.5 to –.5 sec (Event Record 2)

Times (sec)	Accelerator Pedal Position (percent)	Brake Switch Circuit State	Engine Speed	Throttle Position (%)	Vehicle Speed (MPH [km/h])
–2.5	23	Off	2 240	59	71 [115]
–2.0	23	Off	2 240	59	71 [115]
–1.5	23	Off	2 176	59	71 [115]
–1.0	24	Off	2 176	59	71 [115]
–0.5	24	Off	2 176	59	71 [115]

后车第二次数据中碰撞时的速度数据：

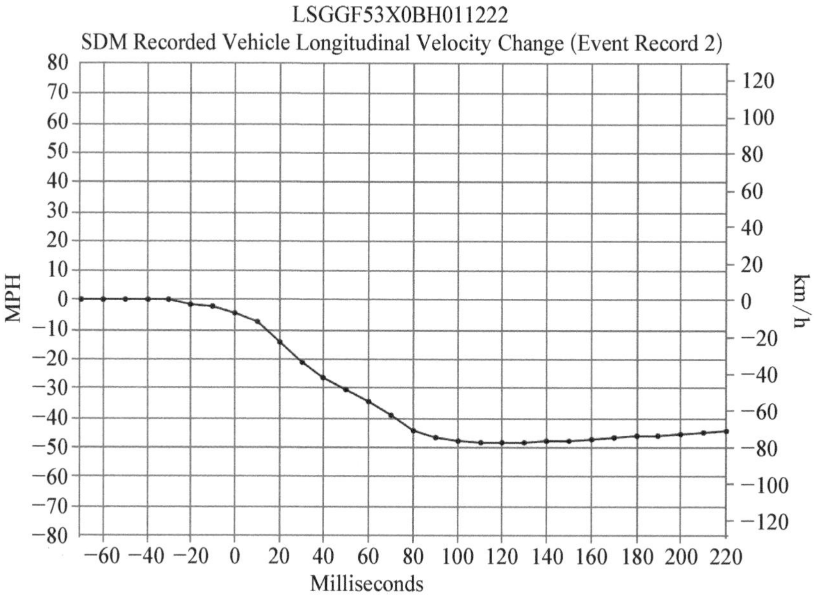

根据后车第二次数据中碰撞前的数据，结合车辆碰撞前的运动形态，记录的速度数值可以真实反映本次事故中候车的运动状态，即行驶速度 115 km/h，低于 120 km/h，未超出最高限速。

这起事故是一起典型的一维追尾碰撞事故。一般情况下，可以根据两车碰撞后的速度，结合根据塑性变形量计算得出的有效碰撞速度，进一步求解前车碰撞时的速度。由于这起事故中，小型轿车前部追尾钻入半挂列车后部，导致小型轿车前部产生了的不规则变形，因此无法根据现有鉴定标准所认可的方法计算出后车的有效碰撞速度，进而无法继续计算前车的有效碰撞速度和碰撞时的速度。

但 EDR 数据不仅记录了车辆碰撞前运动和操作，还记录了车辆碰撞过程中的速度变化情况。根据有效碰撞速度的定义，在这起事故中，后车的速度变化量即为该车的有效碰撞速度。为进一步结合动量守恒定律计算前车碰撞中的有效碰撞速度提供了条件。

前车速度计算过程示意如下：

Pre-Crash Data –2.5 to –.5 sec

Times (sec)	Accelerator Pedal Position (percent)	Brake Switch Circuit State	Engine Speed	Throttle Position (%)	Vehicle Speed (MPH [km/h])
–2.5	23	Off	2 240	59	71 [115]
–2.0	23	Off	2 240	59	71 [115]
–1.5	23	Off	2 176	59	71 [115]
–1.0	24	Off	2 176	59	71 [115]
–0.5	24	Off	2 176	59	71 [115] → v_{20}

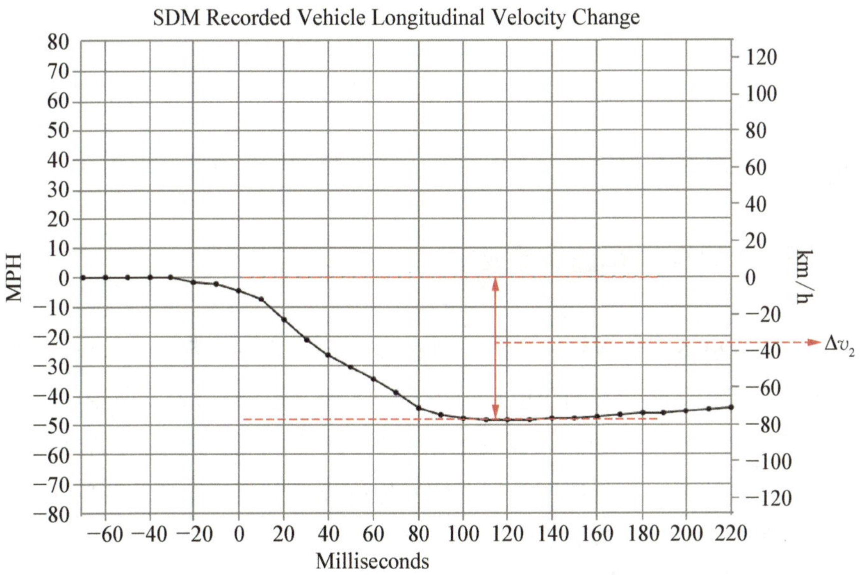

前车碰撞前后的速度分别为 v_{10}、v_{11}，后车碰撞前后的速度分别为 v_{20}、v_{21}，前后两车的有效碰撞速度分别为 Δv_1、Δv_2。根据两车碰撞形态分析，两车碰撞后的瞬时速度相等，即有下列关系成立：

$$v_{11} = v_{21}$$

两车碰撞满足动量守恒的条件，根据牛顿第三定理或动量守恒定律，且有下列关系成立：

$$m_1 \Delta v_1 = m_2 \Delta v_2$$

上式中，m_1、m_2 分别为前车、后车的质量。上式进一步整理变换得：

$$\Delta v_1 = \frac{m_2 \Delta v_2}{m_1}$$

又因：

$$v_{10} + \Delta v_1 = v_{11} = v_{21}$$

则：

$$v_{10} = v_{21} - \Delta v_1 = (v_{20} - \Delta v_2) - \frac{m_2 \Delta v_2}{m_1}$$

即：

$$v_{10} = v_{20} - \frac{(m_1 + m_2)\Delta v_2}{m_1}$$

根据事故车辆装载情况，将两车质量代入上式整理即可计算得出前车碰撞时速度。

二、基于 EDR 数据的车速鉴定应用

GB/T 33195-2016《道路交通事故车辆速度鉴定》之 5.7 条基于车载记录设备信息进行车速鉴定的方法，从标准的角度认可了利用 EDR 数据进行速度鉴定的方法；此外，该标准还定义了两个速度术语，道路交通事故瞬间车辆速度和道路交通事故车辆速度，其中，道路交通事故瞬间车辆速度是指车辆发生碰撞或倾覆或坠落瞬间的车辆速度，道路交通事故车辆速度则是指事故发生前采取避险措施瞬间的车辆速度。

目前，EDR 数据中不仅包含了车辆在事件发生前的速度情况，还包括对应时刻的驾驶操作行为。为许多无法通过路面制动痕迹计算采取制动措施时对应速度的案例，提供了有效且优于传统功能原理的解决途径。

例如：

在某段双向两车道的路段上，一辆雪佛兰科鲁兹小型轿车与一辆丰田陆地巡洋舰 SUV 发生碰撞。办案单位委托对涉案车辆的速度进行鉴定。事故现场如图所示：

图 8-13　道路交通事故现场照片一

图 8-14　道路交通事故现场照片二

图 8-15　道路交通事故现场照片三

事发地点为坡道弯道路段，部分路面积雪，路面上未检见两车碰撞前或碰撞后轮胎在地面上留下的痕迹。车辆痕迹检验发现，小型轿车左侧前部见撞击痕迹，并向内凹陷变形，安全气囊未点爆；SUV 前侧见撞击痕迹，并向后压缩变形，安全气囊点爆。根据车辆痕迹和现场情况分析，这起事故是一起典型的二维碰撞事故，但根据现有条件无法准确获知两车碰撞前后的操作过程和运动方向，无法使用动量守恒定律进行投影解析。因此，无法基于事故形态等传统方法进行速度计算。

鉴定过程中发现，这起事故涉案的两车均具有 EDR 功能，鉴定人利用 CDR 提取了两车的 EDR 数据，摘录部分数据如下所示：

小型轿车的 EDR 数据

CDR File Information

User Entered VIN	LSGPC52H4FF******
User	******
Case Number	******
EDR Data Imaging Date	June 16 2016
Crash Date	——
Filename	LSGPC52H4FF******_ACM.CDRX
Saved on	Thursday, June 16 2016 at ******
Collected with CDR version	Crash Data Retrieval Tool 16.4
Reported with CDR version	Crash Data Retrieval Tool 16.4
EDR Device Type	Airbag Control Module
Event(s) recovered	Non-Deployment

System Status at Time of Retrieval

Dynamic Deployment Event Counter	0
Multi-Event, Number of Events (Dynamic Event Counter)	0
Dynamic OnStar Notification Event Counter	0
Vehicle Identification Number (VIN)	LSGPC52H4FF030702
Ignition Cycle, Download (Ignition Cycles at Investigation)	3 137

System Status at Event (Event Record 1)

Event Record Type	Non-Deployment
OnStar Deployment Status Data Sent	No
Complete file recorded (Event Recording Complete)	Yes
Crash Record Locked	No
OnStar SDM Recorded Vehicle Velocity Change Data Sent	No
Deployment Event Counter	0
Multi-Event, Number of Events (Event Counter)	1
OnStar Notification Event Counter	1
Time From Event 1 to 2 (Time Between Events) (seconds)	Data Not Available
Ignition Cycle, Crash (Ignition Cycles at Event)	3 137

Pre-Crash Data –5.0 to –0.5 sec (Event Record 1)

Times (sec)	Accelerator Pedal, % Full (Accelerator Pedal Position)	Service Brake (Brake Switch Circuit State)	Engine RPM (Engine Speed)	Engine Throttle, % Full (Throttle Position)	Speed, Vehicle Indicated (Vehicle Speed) (MPH [km/h])
5.0	0	On	3 456	18	74 [119]
–4.5	0	On	3 392	18	72 [116]
–4.0	0	On	3 200	17	65 [105]
–3.5	0	On	2 816	17	58 [93]
–3.0	0	On	2 624	12	50 [80]
–2.5	0	On	2 304	11	43 [69]
–2.0	0	On	1 856	10	25 [41]
–1.5	0	On	640	8	21 [34]
–1.0	0	On	192	10	24 [38]
0.5	73	On	0	31	11 [17]

该车 EDR 数据中只记录 1 次气囊非展爆事件的数据，该数据显示事发时的点火周期为 3 137；本次数据读取时的当前点火周期为 3 137，对应的事件类型也是气囊非点爆

事件。根据小型轿车的气囊点爆情况，综合比较点火周期和事件类型，判断该车记录的这 1 次事件即是本次碰撞事故，确认了 EDR 数据与调查事故的相关性。在此基础上，结合事故现场和车辆痕迹，进一步确认碰撞前数据的准确性。

该车记录了碰撞前约 5 秒内的数据，记录的时间间隔为 0.5 秒，记录的数据包括加速踏板位置、制动功能开启情况、发动机转速、节气门开度和车辆速度。根据数据分析，该车碰撞前约 5 秒时的速度约为 119 km/h，制动功能已经开启，此后速度一直下降，制动功能一直处于开启状态。结合车辆碰撞部位和现场情况分析，该车采取制动措施前的速度应大于或等于 119 km/h，但根据现有条件无法准确判断该车碰撞时的速度。

SUV 的 EDR 数据

CDR File Information

User Entered VIN/Frame Number	LFMGJE722CS******
User	******
EDR Data Imaging Date	06/16/2016
Crash Date	——
Filename	LFMGJE722CS******_ACM.CDRX
Saved on	Thursday, June 16 2016 at ******
Collected with CDR version	Crash Data Retrieval Tool 16.6
Reported with CDR version	Crash Data Retrieval Tool 16.6
EDR Device Type	Airbag Control Module
Event(s) recovered	Front/Rear (2), Side (1)

Event Record Summary at Retrieval

Events Recorded	TRG	Count Crash Type Time (msec)	Pre-Crash & DTC Data Recording Status	Event & Crash Pulse Data	Recording Status
Most Recent Event	11	Front/Rear Crash	0	Complete (Page 1)	Complete (Front/Rear Page 1)
1st Prior Event	10	Front/Rear Crash	−16 381 or greater	Complete (Page 0)	Complete (Front/Rear Page 0)
2nd Prior Event	4	Side Crash	N/A	N/A	Complete (Side Page 0)

System Status at Event (Most Recent Event, TRG 11)

Recording Status, Front/Rear Crash Info.	Complete
Crash Type	Front/Rear Crash
TRG Count (times)	11

续 表

Previous Crash Type	No Event
Time from Pre-Crash TRG (msec)	0
Linked Pre-Crash Page	1
Time to Deployment Command，Front Airbag，Driver (msec)	4
Time to Deployment Command，Front Airbag，Passenger (msec)	4
Event Severity Status，Driver	Level 3
Event Severity Status，Passenger	Level 3
Time to Deployment Command，Pretensioner (msec)	4

Pre-Crash Data，−5 to 0 seconds (Most Recent Event，TRG 11)

Time (sec)	−4.1	−3.1	−2.1	−1.1	−.1	0 (TRG)
Vehicle Speed (MPH[km/h])	53.4［86］	52.2［84］	52.2［84］	51［82］	39.8［64］	39.8［64］
Brake Switch	OFF	OFF	OFF	ON	ON	ON
Accelerator Rate (V)	0.78	1.05	1.13	0.78	0.78	0.78
Engine RPM (RPM)	1 600	1 600	1 600	1 200	1 200	1 200

该车 EDR 数据中记录 3 次事件的数据，其中，纵向碰撞（前 / 后）2 次，侧向碰撞 1 次。根据车辆碰撞形态、气囊点爆情况和事件的间隔时间分析，判断最近记录的一次事件（TRG11）即是本次碰撞事故，确认了 EDR 数据与调查事故的相关性。在此基础上，结合事故现场和车辆痕迹，进一步确认碰撞前数据的准确性。

该车记录了碰撞前约 4.1 s 内的数据，记录的时间间隔为 1.0 s，记录的数据包括车辆速度、制动功能开启情况、加速踏板电压和发动机转速。根据数据分析，该车碰撞前约 1.1 s 时的速度约为 82 km/h，此时制动功能在已经开启，此后速度一直下降，碰撞时的速度约为 64 km/h，制动功能一直处于开启状态。结合车辆碰撞部位和现场情况分析，该车采取制动措施瞬间的速度约为 82 km/h、车碰撞时的速度约为 64 km/h。

第九章

道路交通事故信号灯指示状态鉴定

交通信号灯是交通信号的一种形式，对于路口交通事故，事故责任的认定直接取决于事故参与方进入路口时各自对应的信号灯指示状态。随着视频监控技术的快速发展和推广应用，各种监控设备被广泛应用在交通管理、社会治安、行车监控等领域，大量的图像素材给道路交通事故信号灯指示状态鉴定提供了基础条件。道路交通事故信号灯指示状态鉴定是根据图像中被鉴定车辆、人员的位置、运动状态，以及信号灯指示状态，结合信号灯控制方案和相关检验鉴定结果，通过分析计算，判断事故涉案车辆、人员在事故发生前，进入交通信号灯管控道路区域时所对应的信号指示状态。

本章介绍的主要内容包括：道路交通事故信号灯鉴定的目的和内容、交通信号灯的相关法律法规、交通信号灯的控制类型和方案、道路交通事故信号灯鉴定的一般方法，以及典型的道路交通事故信号灯状态鉴定案例。

第一节　信号灯指示状态鉴定的目的和内容

一、信号灯状态鉴定的目的

道路交通事故信号灯指示状态鉴定是以调查案件事实为目的，确定道路交通事故涉案机动车、非机动车或行人等交通参与者在事故发生前进入交通信号灯管控道路区域时所对应的信号指示状态（如：绿灯、黄灯、红灯）。

二、信号灯状态鉴定的内容

从委托事项和鉴定对象的角度出发，道路交通事故信号灯指示状态鉴定的内容包括：

确定道路交通事故涉案机动车、非机动车或行人等交通参与者在事故发生前进入交叉口时所对应的信号指示状态。

确定道路交通事故涉案机动车进入潮汐（可变）车道时所对应的信号指示状态。

第二节　道路交通信号灯

一、相关法规

（一）《中华人民共和国道路交通安全法》相关内容

《中华人民共和国道路交通安全法》（2011 年 4 月 22 日修订）

第二条　中华人民共和国境内的车辆驾驶人、行人、乘车人以及与道路交通活动有关的单位和个人，都应当遵守本法。

第二十六条　交通信号灯由红灯、绿灯、黄灯组成。红灯表示禁止通行，绿灯表示准许通行，黄灯表示警示。

第四十四条　机动车通过交叉路口，应当按照交通信号灯、交通标志、交通标线或者交通警察的指挥通过；通过没有交通信号灯、交通标志、交通标线或者交通警察指挥的交叉路口时，应当减速慢行，并让行人和优先通行的车辆先行。

第六十二条　行人通过路口或者横过道路，应当走人行横道或者过街设施；通过有交通信号灯的人行横道，应当按照交通信号灯指示通行；通过没有交通信号灯、人行横道的路口，或者在没有过街设施的路段横过道路，应当在确认安全后通过。

（二）《中华人民共和国道路交通安全法实施条例》相关内容

《中华人民共和国道路交通安全法实施条例》（2017 年 10 月 7 日修订）

第二条　中华人民共和国境内的车辆驾驶人、行人、乘车人以及与道路交通活动有关的单位和个人，应当遵守道路交通安全法和本条例。

第二十九条　交通信号灯分为：机动车信号灯、非机动车信号灯、人行横道信号灯、车道信号灯、方向指示信号灯、闪光警告信号灯、道路与铁路平面交叉道口信号灯。

第三十八条　机动车信号灯和非机动车信号灯表示：

（一）绿灯亮时，准许车辆通行，但转弯的车辆不得妨碍被放行的直行车辆、行人通行；

（二）黄灯亮时，已越过停止线的车辆可以继续通行；

（三）红灯亮时，禁止车辆通行。

在未设置非机动车信号灯和人行横道信号灯的路口，非机动车和行人应当按照机动车信号灯的表示通行。

红灯亮时，右转弯的车辆在不妨碍被放行的车辆、行人通行的情况下，可以通行。

第三十九条　人行横道信号灯表示：

（一）绿灯亮时，准许行人通过人行横道；

（二）红灯亮时，禁止行人进入人行横道，但是已经进入人行横道的，可以继续通过或者在道路中心线处停留等候。

第四十条　车道信号灯表示：

（一）绿色箭头灯亮时，准许本车道车辆按指示方向通行；

（二）红色叉形灯或者箭头灯亮时，禁止本车道车辆通行。

第四十一条　方向指示信号灯的箭头方向向左、向上、向右分别表示左转、直行、右转。

第四十二条　闪光警告信号灯为持续闪烁的黄灯，提示车辆、行人通行时注意瞭望，确认安全后通过。

第四十三条　道路与铁路平面交叉道口有两个红灯交替闪烁或者一个红灯亮时，表示禁止车辆、行人通行；红灯熄灭时，表示允许车辆、行人通行。

第五十一条　机动车通过有交通信号灯控制的交叉路口，应当按照下列规定通行：

（一）在划有导向车道的路口，按所需行进方向驶入导向车道；

（二）准备进入环形路口的让已在路口内的机动车先行；

（三）向左转弯时，靠路口中心点左侧转弯。转弯时开启转向灯，夜间行驶开启近光灯；

（四）遇放行信号时，依次通过；

（五）遇停止信号时，依次停在停止线以外。没有停止线的，停在路口以外；

（六）向右转弯遇有同车道前车正在等候放行信号时，依次停车等候；

（七）在没有方向指示信号灯的交叉路口，转弯的机动车让直行的车辆、行人先行。相对方向行驶的右转弯机动车让左转弯车辆先行。

第六十八条　非机动车通过有交通信号灯控制的交叉路口，应当按照下列规定通行：

（一）转弯的非机动车让直行的车辆、行人优先通行；

（二）遇有前方路口交通阻塞时，不得进入路口；

（三）向左转弯时，靠路口中心点的右侧转弯；

（四）遇有停止信号时，应当依次停在路口停止线以外。没有停止线的，停在路口以外；

（五）向右转弯遇有同方向前车正在等候放行信号时，在本车道内能够转弯的，可以通行；不能转弯的，依次等候。

二、相关术语

国家标准《道路交通信号灯》GB 14887-2011 第 4.1.4 规定：按信号灯功能分类，可分为机动车信号灯、非机动车信号灯、左转非机动车信号灯、人行横道信号灯、车道信号灯、方向指示信号灯、闪光警告信号灯、道口信号灯、掉头信号灯。

《道路交通信号控制系统术语》GB/T 31418-2015 规定的各信号灯的术语定义如下：

机动车信号灯：由红色、黄色、绿色三个几何位置分立的无图案圆形单元组成的一组道路交通信号灯，指挥机动车通行。

非机动车信号灯：由红色、黄色、绿色三个几何位置分立的内有自行车图案的圆形单元组成的一组道路交通信号灯，指挥非机动车通行。

左转非机动车信号灯：由红色、黄色、绿色三个几何位置分立的内有自行车和向左箭头图案的圆形单元组成的一组道路交通信号灯，指挥左转非机动车通行。

人行横道信号灯：由几何位置分立的内有红色行人站立图案的单元和内有绿色行人行走图案的单元组成的一组道路交通信号灯，指挥行人通行。

方向指示信号灯：由红色、黄色、绿色三个几何位置分立的内有同向箭头图案的圆形单元组成的一组道路交通信号灯，用于指挥某一方向机动车通行。箭头方向向左、向上和向右分别代表左转、直行和右转。绿色箭头：表示车辆允许沿箭头所指的方向通行；红色或黄色箭头：表示仅对箭头所指方向起红灯或黄灯的作用。

掉头信号灯：由红色、黄色、绿色三个几何位置分立的内有“掉头”形图案的圆形单元组成的一组道路交通信号灯，用于指挥机动车掉头。

车道信号灯：由一个红色交叉形图案单元和一个绿色向下箭头图案单元组成的道路交通信号灯。红色交叉形表示本车道不准车辆通行；绿色向下箭头表示本车道准许车辆通行。

道口信号灯：由两个或一个红色无图案圆形单元构成的道路交通信号灯。两个红灯交替闪烁或者一个红灯亮时，表示禁止车辆、行人通行；红灯熄灭时，表示允许车辆、行人通行。

闪光警告信号灯：由一个黄色无图案圆形单元构成的道路交通信号灯。工作状态闪烁，表示车辆、行人通行时应注意瞭望，在确保安全后通过（《道路交通信号灯设置与安装规范》GB 14886-2016 第 3.1.1 条）。

三、信号灯控制类型

（一）按控制范围

目前，按照控制范围和控制策略，信号灯的类型可分为：单个交叉口的交通控制、干道交叉口信号联动控制和区域交通信号控制系统。

1. 单个交叉口的交通控制

每个交叉口的交通控制信号只按照该交叉口的交通情况独立运行，不与其邻近交叉口的控制信号有任何联系的，称为单个交叉口交通控制，也称为单点信号控制，俗称“点控制”。这是交叉口交通信号控制的最基本形式。

2. 干道交叉口信号联动控制

把干道上若干连续交叉口的交通信号通过一定的方式连接起来，同时对各交叉口设计一种相互协调的配时方案，各交叉口的信号灯按此协调方案联合运行，使车辆通过这些交叉口时，不致经常遇上红灯，称为干道信号联动控制，也叫“绿波”信号控制，俗称“线控制”。

3. 区域交通信号控制系统

以某个区域中所有信号控制交叉口作为协调控制的对象，称为区域交通信号控制系统，俗称“面控制”。

控制区内各受控交通信号都受交通控制中心的集中控制。对范围较小的区域，可以整区集中控制；对范围较大的区域，可以分区分级控制。分区的结果往往使面控制成为一个由几条线控制组成的分级集中控制系统，这时，可认为各线控制是面控制中的一个单元，有时分区成为一个点、线、面控制的综合性分级控制系统。

（二）按控制方式

目前，按照控制方式，信号灯的类型可分为：定时控制、感应控制和自适应控制。

1. 定时控制

交叉口交通信号控制机均按事先设定的配时方案运行，也称定周期控制。一天只用一个配时方案的称为单段式定时控制；一天按不同时段的交通量采用几个配时方案的称为多段式定时控制。

最基本的控制方式是单个交叉口的定时控制。线控制、面控制也都可用定时控制的方式，也叫静态线控系统、静态面控系统。

2. 感应控制

感应控制是在交叉口进口道上设置车辆检测器，信号灯配时方案由计算机或智能化信号控制机计算，可随检测器检测到的车流信息而随时改变的一种控制方式。感应控制的基本方式是单个交叉口的感应控制，简称单点感应控制。单点感应控制随检测器设置方式的不同，可分为：

（1）半感应控制。只在交叉口部分进口道上设置检测器的感应控制。

（2）全感应控制。在交叉口全部进口道上都设置检测器的感应控制。

用感应控制方式的线控制、面控制就是交通信号自动控制系统。

3. 自适应控制

把交通系统作为一个不确定系统，能够连续测量其状态，如车流量、停车次数、延误时间、排队长度等，逐渐了解和掌握对象，并与希望的动态特性进行比较，利用差值以改变系统的可调参数或产生一个控制，从而保证不论环境如何变化，均可使控制效果达到最优或次最优的一种控制方式。

四、信号灯控制方案

目前，从控制范围来看，信号灯的控制类型包括：单个交叉口的交通控制（点控）、干道交叉口信号联动控制（线控）和区域交通信号控制系统（面控）；从控制方式来看，信号灯的控制类型包括：定时控制、感应控制和自适应控制。

从使用情况来看，单个交叉口的交通信号控制仍然是被运用得最为广泛的控制方式。同时，定时信号控制是各种控制方式中最基本的一种控制方式，也是被广泛采用的一种控制信号。因此，本书以单个交叉口的定时信号控制为例，介绍信号灯控制的基本方案。

（一）相位

相位是指同时获得通行权的一股或多股交通流所对应信号组的显示状态。是指在一个信号周期内，具有相同的信号灯色显示的一股或几股交通流的状态组合；是交叉口内各信号在一个信号周期内不发生变化的基本阶段；其每一种控制状态（一种通行权），即对各种进口道不同方向所显示的不同灯色的组合，即是一个信号灯相位。

（二）周期

周期是指信号灯色按设定的信号相位顺序变化一周所需的时间，是所有信号相位显示一次所需的时间之和。对应于某一进口道的信号灯各种灯色轮流显示一次所需的时间，即各种灯色显示时间的总和。

（三）相位方案

相位方案是轮流给某些方向的车辆或行人分配通行权信号的顺序。即相位方案是在一个信号周期内，安排了若干种控制状态（每一种控制状态对某些方向的车辆或行人配给通行权）。信号控制机按设定的相位方案，轮流开放不同的信号显示，轮流对各向车辆和行人给予通行权。在信号控制交叉口，其每一种控制状态（一种通行权），即对各进口道不同方向所显示的不同灯色的组合，称为一个信号相位。所有这些信号相位及其顺序统称为相位（相位方案），一般有两相位和多相位（三相位以上）。

相位方案常用相位图来表示，如图 9-1 所示。该图所表示的是最基本的相位方案，通常称此相位方案为基本相位方案。

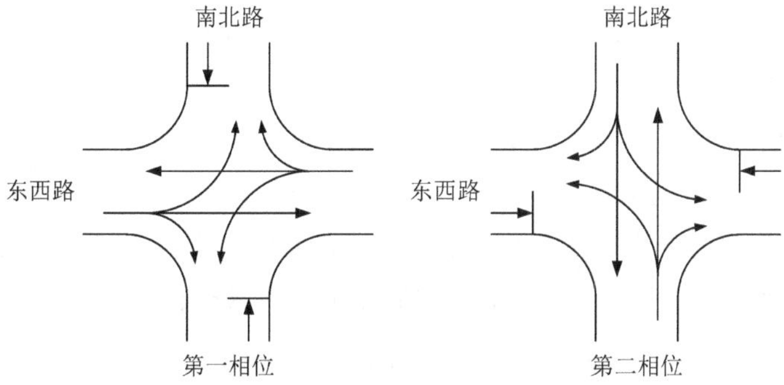

图 9-1　两相位信号的相位图

信号配时方案一般用信号配时图表达。图 9-2 所示是一种最基本的两相位信号配时图。图中第一相位，对不同方向显示的灯色组合是：东西向道路放绿灯，南北向道路放红灯。控制状态是给东西向车辆以通行权，南北向车辆不准通行。第二相位改东西向道路放红灯，南北向道路放绿灯，即给南北向车辆以通行权。

一般，信号控制多采用两相位配时方案。交叉口运行的影响非常大，所以在许多情况下，相位数、相位类型、相位次序等常常是要依据左转流量的要求来确定的。根据相位的设置是否允许左转车流与其他车流发生冲突，可以将相位分成允许冲突相位和保护转弯相位两类。当然，按照这个原理，对于右转车流同样也是适用的。例如在图 9-3

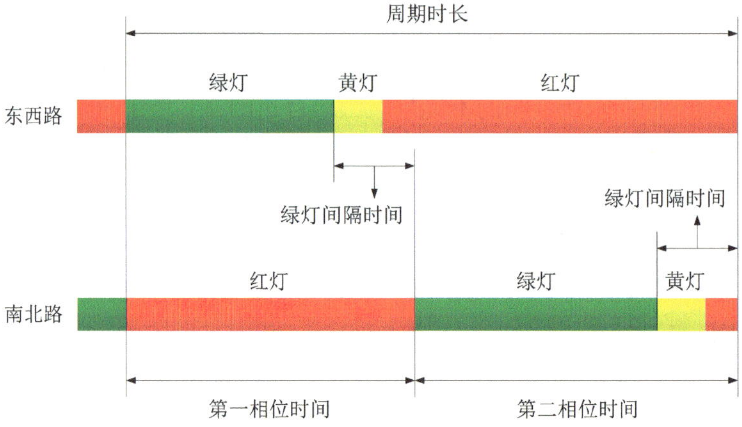

图 9-2　两相位信号配时图

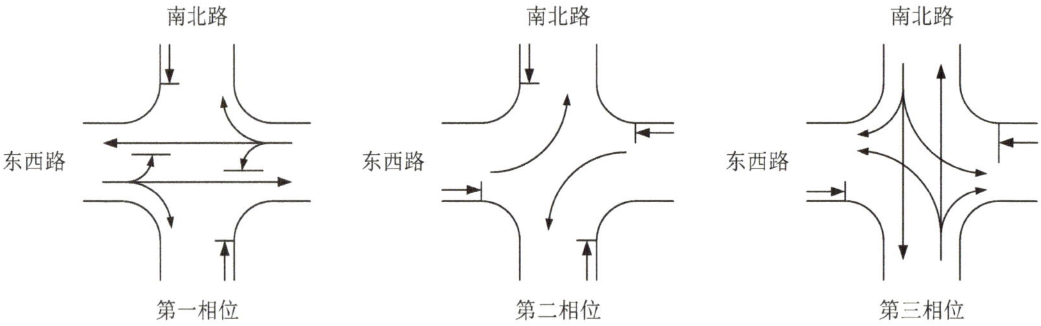

图 9-3　具有专用左转相位的三相位方案

中，由于东西两侧进口道左转车都相当多，而交叉口进口道上又设有专用左转车道时，可考虑用三相位信号配时方案。

三相位配时方案中，专用左转相位需要用绿色左转箭头灯。三相位配时方案各进口道不同方向的信号灯色组合为：对东向南和西向北左转车放绿色左转箭头灯，东、西直行车流及南、北直行车流均放红灯；另外两个相位就是基本的两相位信号组合。这三个相位按图 9-3 所示顺序排列，就形成一个三相位的配时控制方案。在这个相位方案中，东向南和西向北左转相位就是保护转弯相位，而北向东和南向西左转相位则是允许冲突相位。

第三节　信号灯指示状态鉴定的方法

道路交通事故信号灯指示状态鉴定是根据视频图像中被鉴定车辆、人员的位置、运动状态，以及信号灯指示状态，结合信号灯控制方案和相关检验鉴定结果，通过分析计算，判断事故涉案车辆、人员在事故发生前，进入交通信号灯管控道路区域时所对应的信号指示状态。

一、鉴定的基本条件

道路交通事故信号灯状态鉴定的基本条件包含以下四个方面：

1. 鉴定材料：视频图像、事故发生时交通信号配时方案，视情况还可能需要包括尺寸的现场图。

2. 目标车辆或行人：事故涉及的各当事方。包括涉案机动车、非机动车、行人。

3. 目标时间或空间位置：目标时间或空间位置通常为对应关系，一般为目标车辆或行人通过停止线的时刻；对于监控视频中无法确认停止线位置的情况，目标时刻一般选取车辆刚刚进入视频画面的时刻。

4. 当事各方行进方向：信号灯状态是针对某一交通流行进方向而言的，因此判断信号灯状态首先要明确目标车辆或行人所在的位置及其行进方向。

二、鉴定的一般方法

根据鉴定材料的来源和图像显示的内容，以下分别从这两方面总结归纳一般常用的鉴定方法。

（一）按鉴定材料

1. 单目监控图像

基于单个监控视频或卡口照片等单目监控图像，分析计算目标信号灯的指示状态。具体可以分为以下几种情况。

（1）图像中可以检见被鉴定对象到达路口相关交通控制区域边界，且可以检见目标信号灯的指示状态的，可以直接根据检视结果得出鉴定意见，如图 9-4 所示。

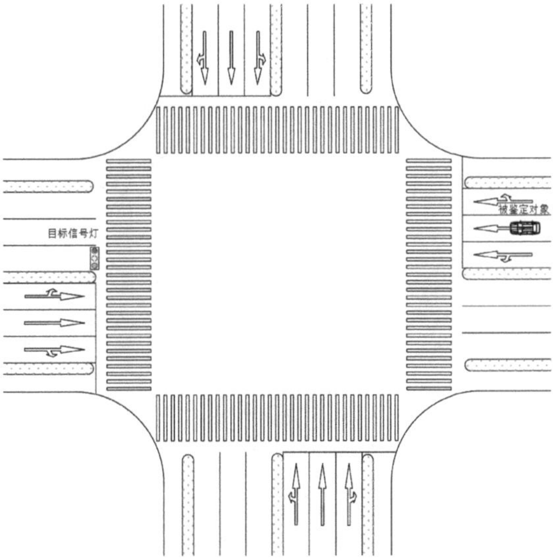

图 9-4　目标信号灯及被鉴定对象到达目标区域均可见

（2）图像中可以检见被鉴定对象进入路口相关交通控制区域边界的时刻，但未检见目标信号灯指示状态，但在图像中可以检见路口其他方向信号灯指示状态的，可以结合路口信号配时方案或现场勘查的信号灯工作情况，通过分析计算，判断鉴定对象进入交通管控区域时所对应的目标信号灯指示状态，如图 9-5 所示。

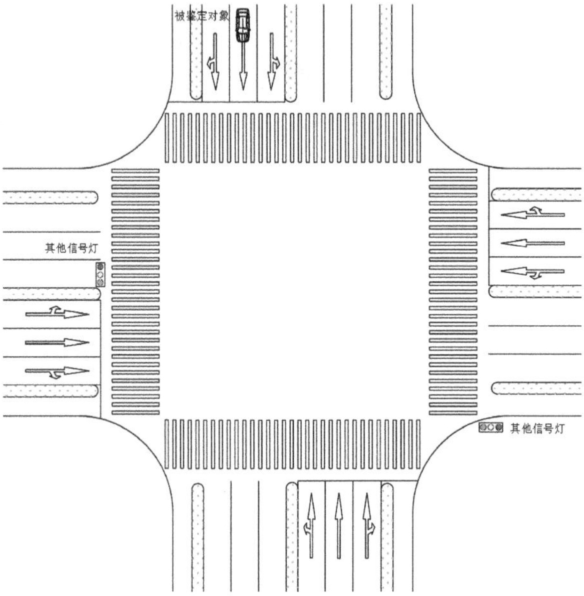

图 9-5　目标信号灯不可见但被鉴定对象到达目标区域可见

（3）图像中未检见被鉴定对象进入路口相关交通控制区域边界的时刻，但可以检见目标信号灯指示状态的，如图 9-6 所示。可以视情况采用以下两种方式：

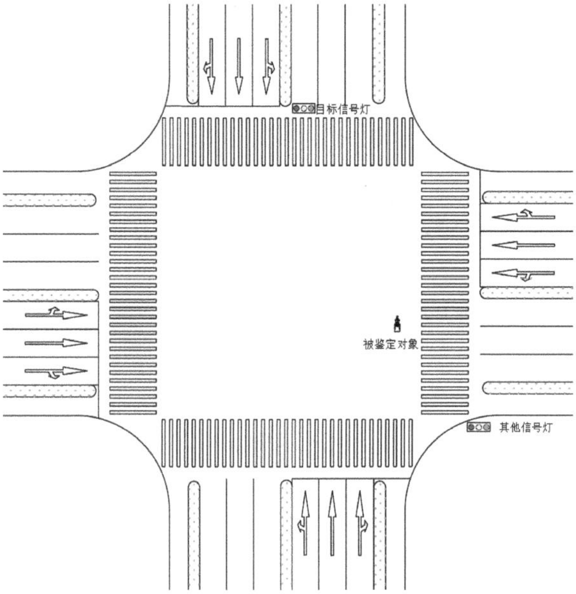

图 9-6　目标信号灯可见但被鉴定对象到达目标区域不可见

1）在图像中标定出被鉴定对象所在位置，利用标定位置至被鉴定对象进入路口相关交通控制区域边界的距离，结合被鉴定对象通过该段距离的速度，计算出其通过该段距离的时间，再利用被鉴定对象在标定位置的时刻，计算出其到达路口相关交通控制区域边界的时刻，分析判断被鉴定对象进入交通管控区域时所对应的目标信号灯指示状态。

2）在图像中标定出被鉴定对象在某一位置的时刻 A，结合目标信号灯指示状态的某一时刻 B，计算出两个时刻的时间差，结合被鉴定对象在该时间差内的速度，计算出其在该时间差内通过的距离 M，再利用时刻 A 中被鉴定对象的所在位置到其到达路口相关交通控制区域边界的距离 N，比较距离 M 和 N 的差值，分析判断被鉴定对象进入交通管控区域时所对应的目标信号灯指示状态。

（4）图像中未检见被鉴定对象进入路口相关交通控制区域边界的时刻，也未检见目标信号灯的指示状态的，但图像中可以检见路口其他方向信号灯的指示状态的，可以首先结合路口信号灯配时方案或现场勘查的信号灯工作情况，分析计算出图像中目标信号灯的工作情况。然后按照 1 中（3）的方法，通过分析计算，判断被鉴定对象进入交通管控区域时所对应的目标信号灯指示状态，如图 9-7 所示。

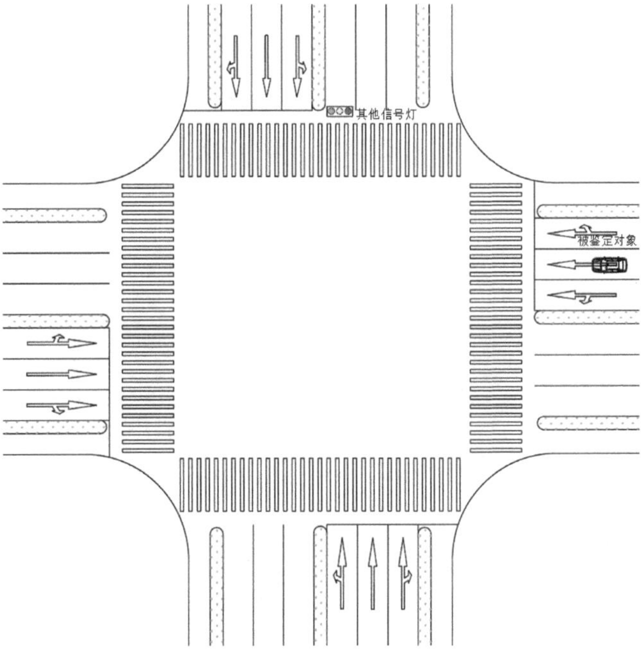

图 9-7　目标信号灯及被鉴定对象到达目标区域均不可见

2. 单目移动图像

视频行车记录仪是安装在车辆上的视频图像记录装置，可以客观记录车辆的行驶时间、路径、过程和沿途交通状况，也可以通过分析计算，重建车辆行驶状态。鉴定实践中可以利用视频行车记录仪拍摄的图像，分析计算目标信号灯的指示状态。

（1）利用被鉴定车辆的视频行车记录仪拍摄的视频图像分析计算目标信号灯的指示状态。首先应检验图像下边缘与被鉴定车辆车头的距离关系，然后结合图像中目标信号灯的工作状态，以及图像中反映的车辆行驶过程，通过分析计算，判断被鉴定对象进入

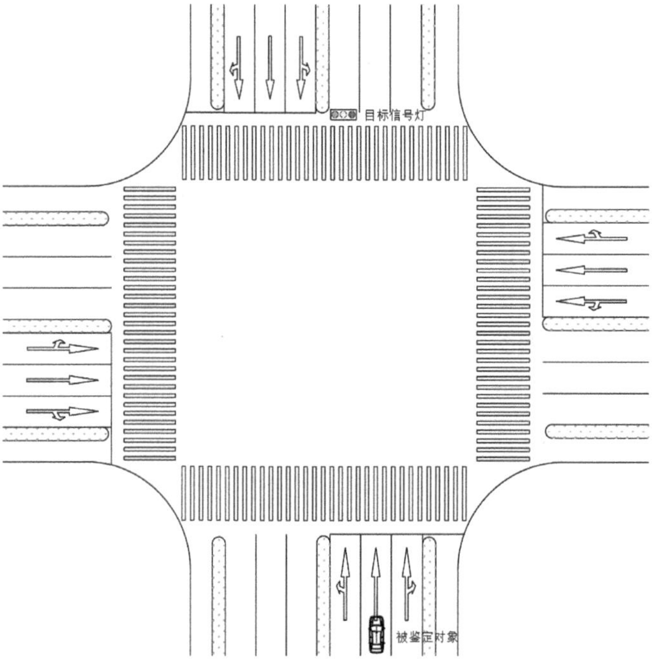

图 9-8　被鉴定对象车载行驶记录仪一

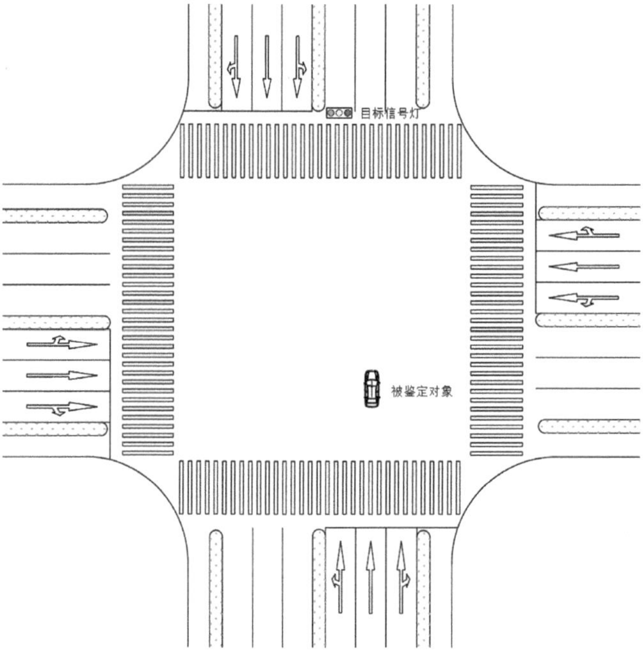

图 9-9　被鉴定对象车载行驶记录仪二

交通管控区域时所对应的目标信号灯指示状态，如图 9-8、图 9-9 所示。

（2）利用被鉴定车辆以外的其他视频行车记录仪拍摄的视频图像分析计算目标信号灯指示状态。

1）利用被鉴定车辆后方车辆视频行车记录仪拍摄的视频，图像中可以检见出被鉴定车辆进入路口相关交通控制区域边界的时刻及目标信号灯的指示状态。

2）利用被鉴定车辆对向车辆或垂直方向车辆视频行车记录仪拍摄的视频，图像中可以检见出被鉴定车辆进入路口相关交通控制区域边界的时刻及路口某个信号灯的工作情况，结合路口信号灯配时方案及现场勘查的信号灯工作情况，通过分析计算，判断被鉴定对象进入交通管控区域时所对应的目标信号灯指示状态，如图 9-10 所示。

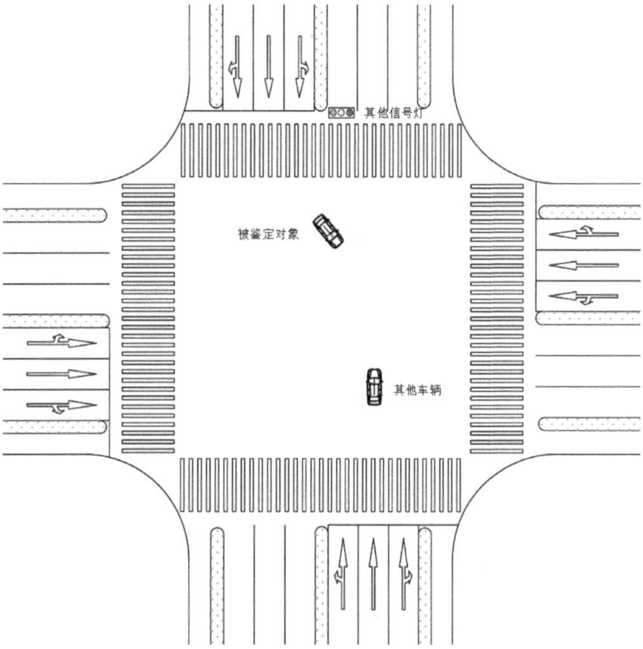

图 9-10　其他车辆车载行驶记录仪

3. 多目监控图像

利用多份监控视频或卡口照片（多角度）分析计算目标信号灯的指示状态。根据同一路口不同监控范围的检材中某些相同图像特征，建立不同监控范围视频图像间的时间对应关系。

如图 9-11、图 9-12 所示，为同一事故路口的两个不同方位的摄像机拍摄的监控视频，寻找两段视频中的某一动态参照物到达统一位置的时刻，从而将来自两个不同摄像机的视频图像关联在同一时间轴上。

（1）关联后的图像可以检见被鉴定对象进入路口相关交通控制区域边界的时刻或者检见被鉴定对象进入路口相关交通控制区域边界的连续性，且可以检见目标信号灯的指示状态的，可以直接根据检视结果得出鉴定意见。

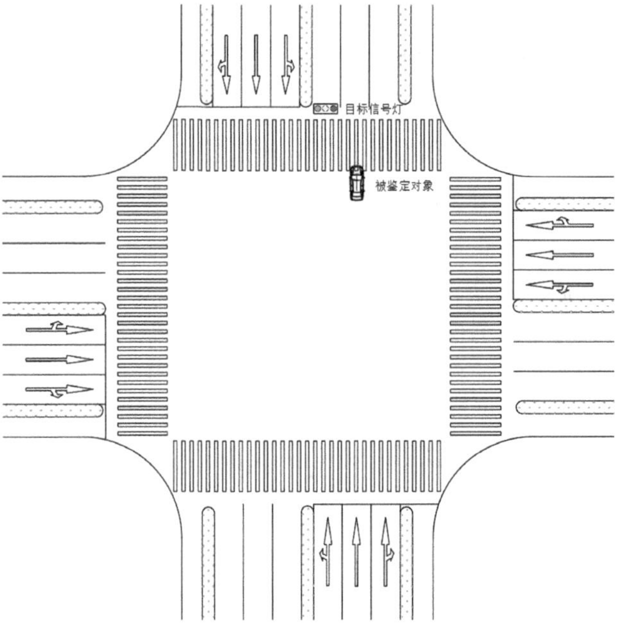

图 9-11　由东向西角度监控视频

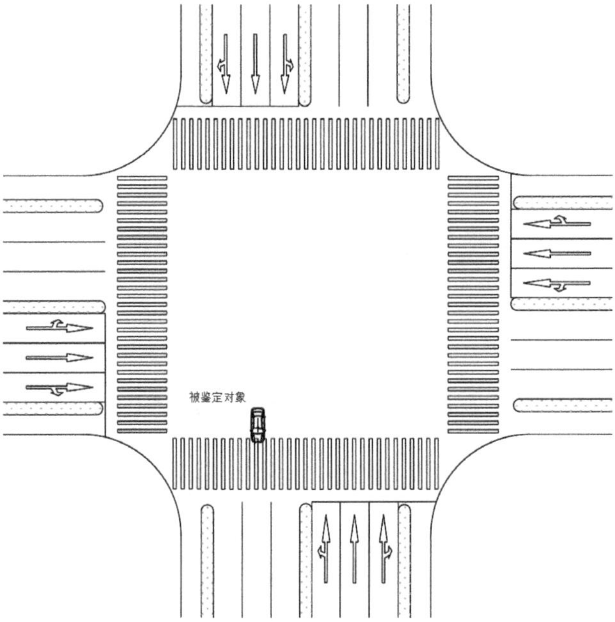

图 9-12　由西向东角度监控视频

（2）关联后的图像可以检见被鉴定对象进入路口相关交通控制区域边界的时刻或者检见被鉴定对象进入路口相关交通控制区域边界的连续性，却未检见目标信号灯的指示状态的，但图像中可以检见路口其他方向信号灯的指示状态的，可以结合路口信号配时方案或现场勘查的信号灯工作情况，通过分析计算，判断鉴定对象进入交通管控区域时所对应的目标信号灯指示状态。

（3）关联后的图像可以检见被鉴定对象进入路口相关交通控制区域边界的时刻，或者检见被鉴定对象进入路口相关交通控制区域边界的连续性，未检见目标信号灯的指示状态的，也未检见路口其他信号灯的指示状态的，但可以检见事故路口多个周期内的每个相位的车流情况的，在一定条件下且可控范围内，分析鉴定对象进入交通管控区域时所对应的目标信号灯指示状态。

（4）关联后的图像中未检见被鉴定对象进入路口相关交通控制区域边界的时刻，或者检见被鉴定车辆进入路口相关交通控制区域边界的连续性，但可以检见目标信号灯的指示状态的，参照上述 1 单目监控图像中（3）的方法。

（5）图像中未检见被鉴定对象进入路口相关交通控制区域边界的时刻，或者检见被鉴定车辆进入路口相关交通控制区域边界的连续性，也未检见目标信号灯指示状态的，但图像中可以检见路口其他方向信号灯的指示状态的，首先要结合路口信号灯配时方案或现场勘查的信号灯工作情况，分析计算出图像中目标信号灯的工作情况。然后参照上述 1 单目监控图像中（3）的方法，分析计算出目标信号灯的指示状态。

（6）若多份视频图像间无法准确找到对应关系，则可以根据多份图像资料在一段时间内的相关性，以及多份图像资料中事故路口每个相位的车流情况、信号灯配时方案、现场勘查的信号灯工作情况，在一定条件下且可靠范围内，分析鉴定对象进入交通管控区域时所对应的目标信号灯指示状态。

（二）按图像内容

根据视频图像中可以检见的内容，道路交通事故信号灯状态鉴定的常见方法主要包括以下五种：

第一种，根据检材视频图像中鉴定对象进入路口相关交通控制区域边界的时刻，以及此时图像中路口某一方向交通信号灯指示状态，或路口某一方向交通信号灯指示状态的起始时刻，结合该路口的交通信号灯配时方案及现场检验结果，通过分析计算，判断鉴定对象进入相关交通控制区域时对应的交通信号灯指示状态。

第二种，根据检材视频图像中鉴定对象进入路口相关交通控制区域边界的时刻，以及此时图像中路口某一方向交通流状态，或路口某一方向交通流的起始时刻，结合该路口的交通信号灯配时方案或现场检验结果，通过分析计算，判断鉴定对象进入相关交通控制区域时对应的交通信号灯指示状态。

第三种，根据检材视频图像中鉴定对象处于某一参考位置的时刻，以及此时图像中路口某一方向的交通信号灯指示状态，或路口某一方向交通信号灯指示状态的起始时刻，现场测量参考位置与相应交通控制区域边界间的距离，结合鉴定对象在视频区域内的速度，以及该路口的交通信号灯配时方案或现场检验结果，通过分析计算，判断鉴定对象进入相关交通控制区域时对应的交通信号灯指示状态。

第四种，根据检材视频图像中鉴定对象处于某一参考位置的时刻，以及此时图像中路口某一方向的交通流状态，或路口某一方向交通流起始时刻，现场测量参考位置与相应交通控制区域边界间的距离，结合鉴定对象在视频区域内的速度，以及该路口的交通信号灯配时方案或现场检验结果，通过分析计算，判断鉴定对象进入相关交通控制区域时对应的交通信号灯指示状态。

第五种，根据同一路口不同监控范围的检材视频图像中某些相同图像特征，建立不同监控范围视频图像间的时间对应关系，将其关联在统一的时间轴上。在此基础上，参照上述四种情况进一步分析处理。

（三）误差分析

1. 由拍摄频率产生的误差

由于摄像机拍摄频率与目标信号灯发光频率不同或不同步，视频图像中的信号灯周期并不完全等同于该信号灯事发时的周期。例如当摄像机捕捉图像频率过小（如帧率为5帧/秒），目标信号灯处于变色阶段的绿灯闪烁状态，逐帧播放视频，若第1帧图像显示目标信号灯为绿灯，第2帧图像显示目标信号灯无灯色，第3帧图像目标信号灯为黄灯，则存在第1、2帧帧间目标信号灯仍为绿灯的可能性，特殊情况下存在第2、3帧间目标信号灯仍为绿灯的可能性。

2. 由信号灯周期产生的误差

部分信号灯鉴定的案例需要用到不同相位间转换的时间关系，却不需要信号灯周期；但也有部分信号灯鉴定会涉及信号灯周期。例如被鉴定对象由东向西进入路口，该路口东西方向有直行及左转信号灯，南北方向为单一信号灯，视频图像只包含路口北侧单一信号灯，而被鉴定对象在东西方向直行与左转信号灯转换阶段进入路口，此时需要考虑路口东西方向直行信号灯的点亮时长。信号灯周期控制按照道路交通信号系统的控制方式可分为定时控制、感应控制、自适应控制。目前较多采用定时控制与自适应控制，在遇到自适应控制的路口时，上述情况中东西方向的直行信号灯点亮时长就存在误差，若被鉴定对象在设定的绿灯最小时长内进入路口则可以判定其在绿灯情况下进入路口。

3. 由分析计算产生的误差

在部分鉴定案例中，需要首先计算被鉴定对象事发时的行驶速度，然后进一步分析计算其通过进入路口的相关交通控制区域边界所在的时刻。而车速的计算结果往往会受到视频拍摄范围、拍摄角，以及测量误差等条件的约束，其结果可能是数值范围的形式出现，也可能存在一定误差，在使用被鉴定对象行驶速度这一参数进行分析计算前，应需对速度的计算结果进行评估。

在部分鉴定案例中，涉及标定位置至被鉴定对象进入路口的相关交通控制区域边界的距离，由于被鉴定对象在该段距离内存在行驶速度发生变化的可能性，故该段距离不宜过长。

4. 由图像配准、图形校正产生的误差

在部分鉴定案例中，涉及对被鉴定车辆车头所在位置与其进入路口的相关交通控制区域边界的相对位置关系的标定，在图像配准以及图形校正过程中，存在参考点选取、测量等环节的误差，鉴定实践中也应注意此类误差，并加以评估和控制。

三、鉴定的一般流程

（一）一般流程

基于视频图像进行道路交通事故信号灯状态鉴定的实践中，一般可以参考以下流程进行：

第一，对视频图像的唯一性特征和基本技术参数进行检验。

第二，对视频图像显示的内容进行检视，选择适当的鉴定方法，鉴定方法可以参考本章上述相关内容。

第三，根据视频检见结果和选取的鉴定方法，测量现场相关位置的距离。

第四，根据委托人直接提供的材料，或根据现场实地勘验，确认信号灯配时方案，其中包括：交通信号控制方式、获取信号配时方案及相位图。当需要使用信号灯周期进行分析计算时，必须使用委托人提供的信号灯配时方案。

第五，根据视频图像中特征时刻确定目标时段的信号相位，根据时间坐标轴标记特定时刻的位置。

第六，根据视频图像所示的内容，以及选取的鉴定方法，通过分析计算，判断鉴定对象进入相关交通控制区域时对应的交通信号灯指示状态。分析说明应具有对应的检验或材料依据，计算过程中应体现计算公式和参数选取的依据。

（二）关键环节

以上步骤中包含了四个关键环节：判断交通信号控制方式，确认信号配时方案及相位图，根据特征时刻确定所关注时段的周期相位，在相位图上根据时间轴标记所关注的特定时刻位置，进而确认目标车辆或行人在特定时刻所在行进方向的信号灯显示状态。在鉴定实践中可依次进行，如图 9-13 所示。

围绕以上四个关键环节及鉴定意见表述，分别阐述其技术要点：

第一，确认交通信号控制方式。针对信号机联网的情况，可由交通信号控制系统软件中直接查看其信号控制方式；对于未联网的单点信号控制机，可对不少于 5 个周期信号配时情况进行统计，并根据其周期变化情况确认其控制类型。

第二，获取信号配时方案及相位图。信号配时方案获取有两种方法：一是鉴定委托单位直接提供；二是鉴定机构检验分析获取。第一种方式通常适用于联网的交通信号控制机；针对第二种情形，可根据后续拍摄的信号状态变化确认信号灯相位配时参数。拍

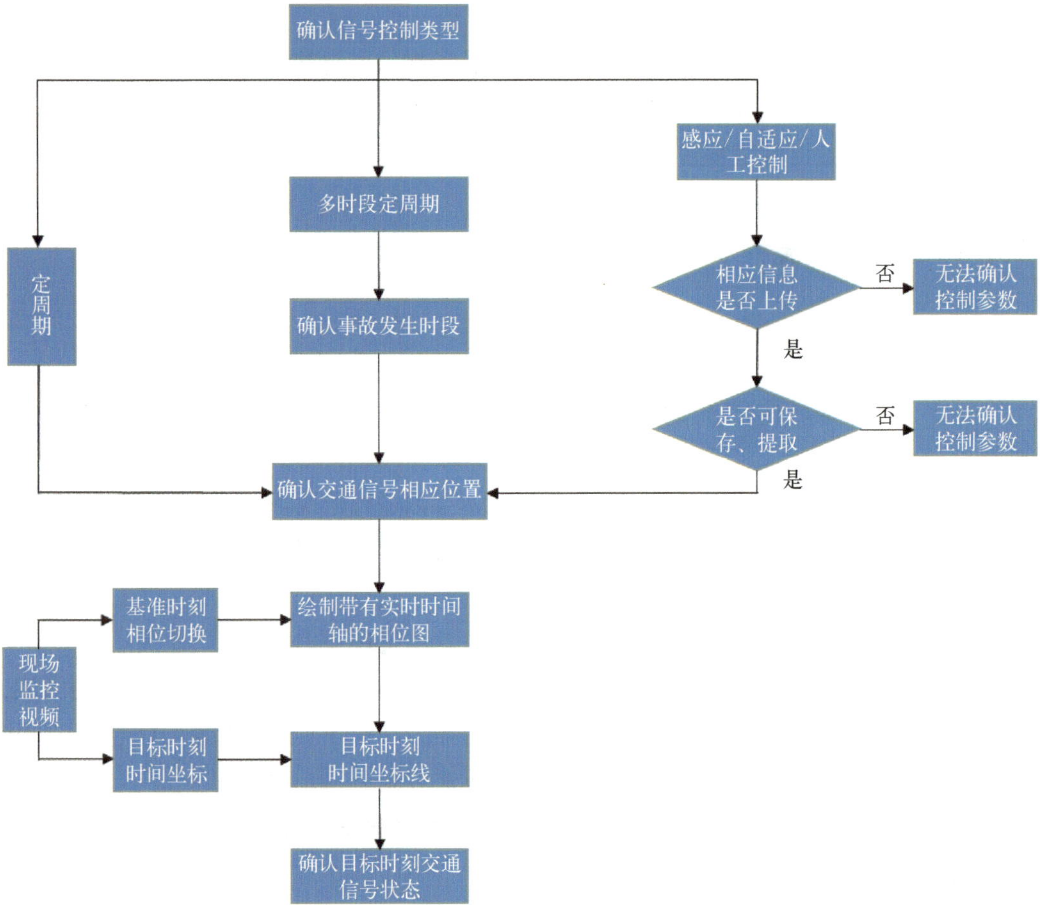

图 9-13　鉴定实践的关键流程

摄时间应不少于 5 个周期，并应确保所拍视频的帧率稳定、画面连续、时间经过校准，进而可依据视频及其显示的时间信息分析和确定信号周期、相位、绿灯、黄灯、全红时长等关键信息，并绘制信号相位图。目前，可依据时间信息包含信号灯倒计时显示器时间和屏幕显示时间两类。但考虑倒计时显示器种类多且工作原理不尽相同等因素，一般情况下宜采用屏幕显示时间作为时间分析依据。

第三，根据特征时刻确定目标时段的信号相位。根据信号配时方案所得的相位图是没有具体时间信息的一种对信号控制方案的客观表述。不能直接用于确认目标时间段的信号相位周期。为此，需要根据事故现场监控视频中某一个信号灯状态的变化时刻，确认关注时段信号相位的状况，即为信号相位图添加一条时间坐标轴。

第四，根据时间坐标轴标记特定时刻的位置。为信号相位图添加时间坐标后，即可方便地将所要分析的特定时刻标记到时间坐标轴相应的位置上，并可直接确定目标车辆或行人所处行进方向的信号灯状态。信号相位图及时刻标记，如图 9-14 所示。

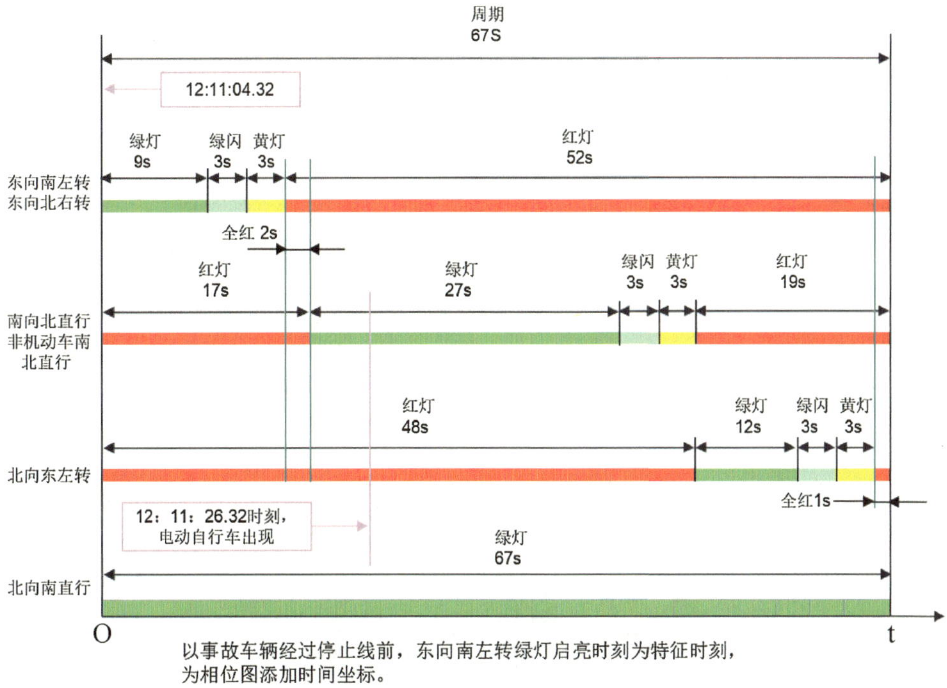

图 9-14　信号相位图及时刻标记

第四节　典型道路交通事故信号灯指示状态鉴定案例

案例一

（一）基本案情

某年某月某日 1 时 13 分许，甲乙两车在一十字路口发生事故。要求根据鉴定委托单位提供的事故监控视频、道路交通事故现场图、现场照片及事故交叉口信号灯配时方案等材料，对甲乙进入交叉口时的速度即交通信号灯情况进行鉴定。

（二）检验所见

以下摘录部分检验所见内容：

1. 视频图像

在 12 分 40 秒的第 18 帧图像上，由东向西方向的绿灯亮起。在 12 分 43 秒的第 19 帧图像上，乙车由南向北驶入交叉口视频监控范围。在 12 分 44 秒的第 4 帧图像上，甲车由东向西驶入交叉口视频监控范围。在 12 分 45 秒的第 6 帧图像上，甲乙两车在交叉口发生碰撞。

在 1 时 12 分 44 秒的第 4 帧图像上，拾取甲车车身右侧的一个特征点，以与该特征点重合的空间中的一点为 A 点，在 44 秒的第 21 帧图像上，甲车车身右侧的另一特征点与 A 点近似重合；在 1 时 12 分 44 秒的第 1 帧图像上，拾取乙车车身左侧的一个特征点，以与该特征点重合的空间中的一点为 B 点，在 44 秒的第 5 帧图像上，乙车车身左侧的另一特征点与 B 点重合。

2. 车辆检验

甲车唯一性标示 ×××，测得甲车车身上两个特征点的距离为 10.29 m。乙车唯一性标示 ×××，测得乙车车身上两个特征点的距离为 1.28 m。

3. 现场勘验

根据鉴定需要，结合道路交通事故现场图及照片，对事故交叉口各部尺寸进行现场勘测，如图 9-15 所示：

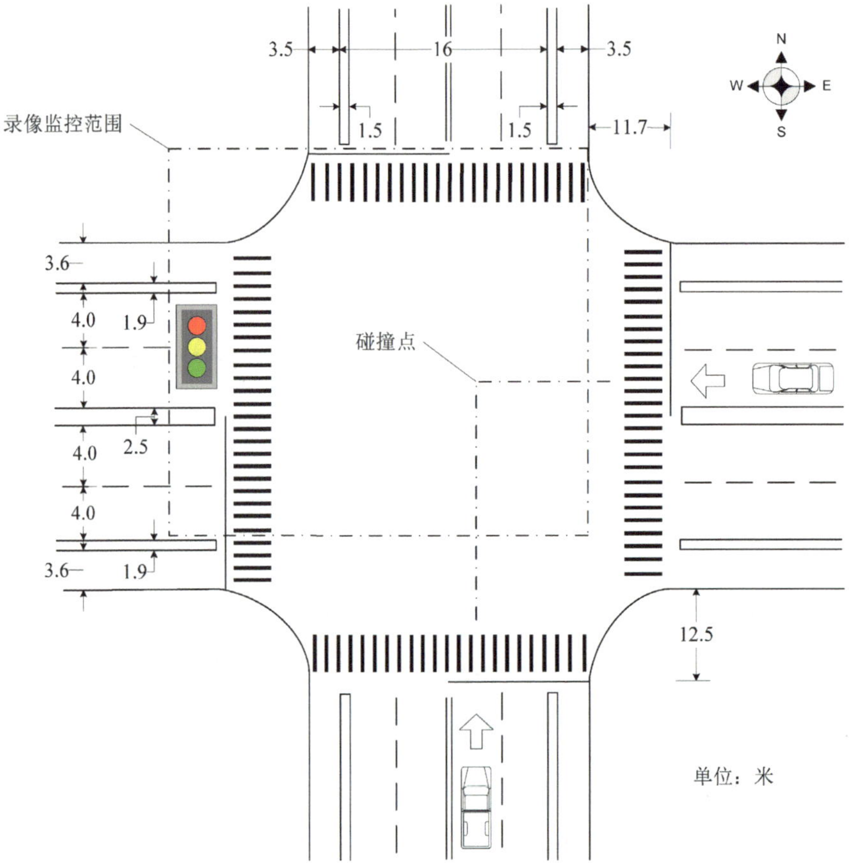

图 9-15　事故交叉口平面示意图

4. 信号灯配时方案

根据委托方提供的鉴定材料，该事故交叉口交通信号灯为两相位固定式信号配时，各相位具体配时方案如图 9-16 所示。

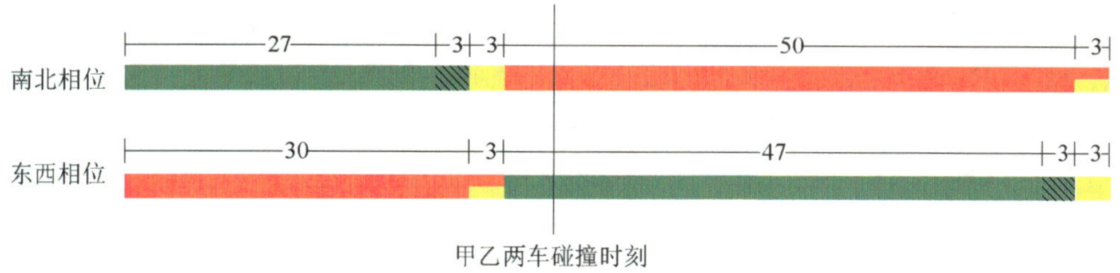

图 9-16　事故交叉口交通信号灯配时方案

（三）分析计算

1. 速度计算

视频中每 1 秒钟被分成 25 个单位时间间隔，设该单位时间间隔为 t'，则有：

$$t' = \frac{1}{25} = 0.04\ \text{s} \tag{9-1}$$

根据以上视频图像中检见甲车车身右侧两个特征点通过空间点 A 的过程，以及两个特征点间的距离测量结果。将参数代入式（9-2）计算得

$$v_1 = \frac{l}{t} = \frac{10.29}{t' \times 17} = 15.13\ \text{m/s} = 54.47\ \text{km/h} \tag{9-2}$$

根据以上视频图像中检见乙车车身左侧两个特征点通过空间点 A 的过程，以及两个特征点间的距离测量结果。将参数代入式（9-3）计算得

$$v_2 = \frac{l}{t} = \frac{1.28}{t' \times 4} = 8\ \text{m/s} = 28.8\ \text{km/h} \tag{9-3}$$

以上甲乙两车的速度计算结果与行车记录仪提取的数据以及基于事故形态计算得出的速度基本一致（具体内容省略）。

2. 信号灯状态

（1）甲车在进入交叉口时的交通信号灯

通过以上分析，甲乙两车在 1 时 12 分 45 秒的第 6 帧图像上，即交叉口东西相位绿灯亮起 4.48 秒后在交叉口内发生碰撞。因此，可以利用以上计算得出的甲车速度，计算出甲车在碰撞发生前 4.48 秒的位置。计算如下式（9-4）：

$$s_1 = v_1 \times 4.48 = 67.78\ \text{m} \tag{9-4}$$

由于交叉口东西方向的长度小于 67.78，因此，可以认定甲车在交叉口东西相位处于绿灯状态下，越过由东向西方向停车线进入交叉口。

（2）乙车在进入交叉口时的交通信号灯

根据视频检验，在 1 时 12 分 43 秒的第 19 帧图像上，乙车由南向北驶入交叉口视

频监控范围。其车头大约位于交叉口南侧由西向东道路中心延长线位置，距交叉口由南向北方向道路停车线北侧 22 米。而在 1 时 12 分 40 秒的第 18 帧图像上，由东向西方向的绿灯亮起，此时南北相位的红灯亮起。根据以上分析，计算乙车在刚出现在视频监控范围内前 3 秒的位置（南北相位红灯亮起时乙车的位置）。计算如式（9-5）所示：

$$s_2 = v_2 \times 3 = 24\ \text{m} \tag{9-5}$$

根据以上计算结果分析，乙车在交叉口南北相位处于红灯状态下，越过由南向北方向停车线进入交叉口。

参考文献

敖日其冷 . 2015. 痕迹司法鉴定 . 北京：法律出版社 .

公安部交通管理局，公安部交通管理科学研究所 . 2017. 道路交通信号灯与交通标志标线规范设置应用指南 . 北京：中国建筑工业出版社 .

霍宪丹，杜志淳，郭华 . 2013. 司法鉴定通论 . 北京：法律出版社 .

李江 . 2000. 交通事故力学 . 北京：机械工业出版社 .

李江等 . 2002. 交通工程学 . 北京：人民交通出版社 .

林洋 . 2001. 实用汽车事故鉴定学 . 黄永和译，张正智审校 . 北京：人民交通出版社 .

刘建军，班茂森，丁丰等 . 2001. 交通事故物证鉴定技术 . 北京：人民公安大学出版社 .

牛学军，张汉欣，李平凡 . 2018. 道路交通事故现场勘查 . 北京：中国人民公安大学出版社 .

吴兵，李晔 . 2015. 交通管理与控制 . 北京：人民交通出版社 .

王成荣 . 2012. 痕迹物证司法鉴定实务 . 北京：法律出版社 .

许洪国 . 2014. 汽车事故工程 . 北京：人民交通出版社 .

张道文，廖文俊 . 2012. 交通事故车辆安全技术鉴定教程 . 北京：北京大学出版社 .

张新海，李毅，许哲峰 . 2019. 道路交通事故重建基础 . 北京：北京大学出版社 .

山崎俊一 . 2012. 交通事故分析基础与应用 . 王宏雁，陈君毅译 . 北京：北京大学出版社 .

J. Stannard Baker, Lynn B. Fricke.2014. Traffic Crash Investigation. Evanston, Illinois: Northwestern university center for public safety.

K. Lynn B. Fricke. 2010.Traffic Crash Reconstruction. Evanston, Illinois: Northwestern university center for public safety.

Raymond M. Brach, Matthew Brach.2011.Vehicle Accident Analysis and Reconstruction Methods. Warrendale: SAE international.